모두를 움직이는 힘

모두를 움직이는 힘

—

2021년 9월 29일 초판 1쇄 발행
2021년 10월 13일 초판 3쇄 발행
—
지은이 마이클 하얏트
옮긴이 한미선
펴낸이 김정수, 강준규
책임편집 유형일
마케팅 추영대
마케팅지원 배진경, 임혜솔, 송지유, 이영선
—
펴낸곳 (주)로크미디어
출판등록 2003년 3월 24일
주소 서울시 마포구 성암로 330 DMC첨단산업센터 318호
전화 02-3273-5135
팩스 02-3273-5134
편집 070-7863-0333
홈페이지 http://rokmedia.com
이메일 rokmedia@empas.com
—
ISBN 979-11-354-6840-7 (03190)
책값은 표지 뒷면에 적혀 있습니다.
—

THE VISION DRIVEN LEADER

위대한 리더의 조건, **비전**

모두를 움직이는 힘

마이클 하얏트 지음 | 한미선 옮김

ROK
MEDIA

저자 소개
마이클 하얏트 Michael Hyatt

마이클 하얏트는 리더십 개발 회사인 마이클 하얏트&컴퍼니의 설립자이자 CEO이며, 여러 베스트셀러를 펴낸 작가다. 또한 리더십, 생산성, 목표 설정에 관해 효과적이며 탁월한 방법을 제시하는 뛰어난 멘토이기도 하다. 토머스 넬슨 출판사 Thomas Nelson Publishers의 전임 의장이자 CEO였으며, 현재 책과 강연 등을 통해 사람들이 일과 삶에서 크게 성공하도록 돕는 데 헌신하고 있다. 그가 이끄는 마이클 하얏트&컴퍼니는 미국에서 가장 빠르게 성장하는 기업들을 선정하는 Inc. 5000에 3년 연속 포함되었으며, 2020년에는 Inc.의 가장 일하기 좋은 회사 명단에 이름을 올렸다. 주요 저서로는 USA 투데이 베스트셀러 《세상과 타협하지 않고 진짜 나로 살기 위한 인생 계획》(대니얼 하카비와 공동 저술), 뉴욕타임스 베스트셀러 《돈이 보이는 플랫폼》, 월스트리트저널 베스트셀러 1위 《탁월한 인생을 만드는 법》 등이 있다. 그의 블로그 MichaelHyatt.com은 구글 순위에서 상위 0.5%에 속하며, 월 방문자가 백만 명이 넘는다. 지금까지 〈월스트리트저널〉, 〈포브스〉, 〈패스트컴퍼니〉, 〈엔터프레니어〉 등 다수의 매체에서 여러 번 특집으로 다뤄졌다.

역자 소개
한미선

　서울여자대학교 문헌정보학과 졸업 후 이화여자대학교 통역번역대학원 박사학위를 취득하였다. 현재 번역에이전시 엔터스코리아에서 출판 기획 및 전문 번역가로 활동하고 있다. 역서로는 《지워진 기억을 쫓는 남자》, 《사랑과 기도를 담아서》, 《하룻밤에 읽는 심리학 : 우리가 알아야 할 심리학의 모든 것》이 있다.

차례

비전은
모든 것의 원동력

THE

VISION

DRIVEN

LEADER

미래의 가능성을 그려낼 수 있는 능력과 그 비전을 타인과 나눌 수 있는 능력이 리더와 리더가 아닌 사람의 기준점이다.

– 허미니아 이바라(Herminia Ibarra)

좋은 리더의 기준은? 다른 사람이 알 수 없는 영역에 발을 들여놓게 하는 능력이다.

– 보 로토(Beau Lotto)

리더는 꿈이 이루어질 수 있다는 비전과 확신을 갖고 있다. 리더는 집념과 에너지를 불태워 그것을 해낸다.

– 랄프 로렌(Lalph Lauren)

당신은 지도자인가,
관리자인가?

─── 혼동의 대가 ───

> **"**
> 과거 혹은 현재에만 기대어 사는 사람은
> 미래를 놓칠 것이 자명하다.
> 존 F. 케네디(John F. Kennedy)[1]
> **"**

나는 우주시대의 서막이 오르던 때 성장기를 보냈다. 나의 학창 시절은 톰 스위프트*가 등장하는 공상 과학 소설과 우주여행에 대한 꿈으로 가득 찼다. 과학과 기술을 동경했으며, 이와 관련된 영화와 책을 닥치는 대로 보고 읽었다. 또한 내가 꿈꾸는 미래의 우주여행에 필요한 우주선 설계도를 만들고, 필요한 디테일을 꼼꼼하게 채우는 데 나의 모든 시간을 투자했다. 나는 우주 비행사가 되고 싶었다. 그런데 내 우주여행의 꿈이 점점 커진 데에는 과학 공상 소설이나 영화 이외에 또 다른 이유

---

* 미국 청소년 공상 과학 소설 및 모험 소설 시리즈의 주인공. -역자주

가 있었다. 실제로 당시 미국이 우주 개발 경쟁에 몰두해 있었던 것이다.

구소련(소비에트연방)이 1957년 10월 세계 최초의 인공위성 스푸트니크 1호를 발사하면서 우주 개발 경쟁이 본격화됐다. 내가 두 살 때의 일이다. 그리고 1961년 4월 구소련의 우주 비행사 유리 가가린^{Yuri Gagarin}이 최초로 지구 궤도를 비행하는 데 성공했다. 최초의 우주 비행은 인류가 거둔 엄청난 성과임에 분명했지만, 미국인들은 그저 앉아서 축하해줄 수만은 없었다.

냉전이 한창일 때 양국 간의 갈등은 최고조에 달했다. 우주 개발 경쟁에서 구소련이 앞섰을 때만 해도 미국의 자존심에 '상처가 조금 났다'쯤으로 넘어갈 수 있었지만, 성공은 다른 문제였다. 구소련의 성공은 미국 입장에서는 최악의 경우 생존을 위협받는 중차대한 문제였던 것이다. 내 또래이거나 나보다 나이가 많은 미국 학생은 만일에 있을 핵전쟁에 대비해 책상 밑으로 몸을 숨기는 대피 훈련을 의무적으로 받아야 했다. 또 뒷마당에 방공호를 설치하는 것이 대유행이 되었다. 군비 경쟁이 가열되면서, 모두가 '만에 하나 소련이 우주를 무기화하면 어떻게 하지?'라는 문제를 생각하기 시작했다. 미국은 소련의 행보에 대처해야만 했다. 하지만 방법이 문제였다.

구소련이 우주 개발 경쟁에서 우위를 차지하고 있는 것은 분명했지만, 당시 미국 대통령이었던 존 F. 케네디^{John F. Kennedy}는 우주를 양보할 수 없는 냉전의 중요 격전지라고 판단했다.

하지만 전임 대통령 드와이트 아이젠하워Dwight Eisenhower의 생각은 달랐다. 그는 마지못해 미항공우주국NASA을 설립하고 최초의 유인 우주 비행 탐사 계획인 머큐리 계획Mercury Program에 예산을 지원했다. 아이젠하워가 우주 개발을 주저한 이유는 이해할 만하다. 하지만 그의 망설임으로 구소련은 우주 개발 경쟁에서 미국보다 더 멀리 빠르게 앞서나갔다. 이와 관련해 한 작가는 "대통령의 늑장 대처로 미국인은 국민적 열등감을 느끼게 됐다."라고 평했다.[2]

케네디는 미국이 구소련에 더는 밀려서는 안 된다고 확신했다. 그는 가가린이 최초로 우주 비행에 성공한 지 6주 후 미 의회 상하원 합동회의에서 그의 임기 중 가장 강력한 설득의 메시지를 담은 연설을 했다. "이제 미국이 우주 개발 경쟁에서 확실한 우위를 점할 때가 왔습니다. 우주 개발에서 기선을 제압하는 것만이 미국의 미래를 보장받는 길입니다." 이렇게 자신의 의견을 밝힌 후 구체적인 계획과 목표에 대해 다음과 같이 개괄했다.

나는 미국이 인간을 달에 보내고 다시 미국으로 귀환시키는 데 혼신의 힘을 기울여야 한다고 확신한다. 인류에게 이보다 더 인상적이고, 장거리 우주 비행 탐사에 이보다 더 중요한 프로젝트는 없을 것이다. 또 이보다 더 어렵고 비용이 많이 드는 프로젝트도 없다. 이 프로젝트는 인간 한 명을 달에 보내는 것이 아니다. 미국이 달에 인간을 보내기로 결심을 굳힌다면, 미국이라는 나라 전체가 달 착륙에 성공하는 것이 된다. 그를 달에 보내기 위해 국민 전체가 노력해야 하기 때문이다.[3]

당시 많은 이가 케네디의 계획을 망상으로 여겼다. 달에 착륙한 인간을 무사히 귀환시키는 문제는 차치하더라도 인류의 현재 기술로 인간을 달에 착륙시키는 것이 가능한지에 대해 의구심을 품었다. 아이젠하워는 케네디의 구상이 터무니없다고 비판하면서, 그의 야심 찬 달 착륙 프로젝트를 '미친 짓' 혹은 '과시용 곡예'[4]라고 평가했다. NASA의 초대 국장 키스 글레넌T. Keith Glennan은 케네디의 계획을 '잘못된 선택'[5]이라고 비난했다.

대중의 비난과 의구심은 달 착륙 프로젝트가 진행되는 동안에도 수그러들지 않았다. 한 설문조사 기관에 따르면, 1961년 6월에서 1967년 7월 사이에 진행한 "당신은 정부가 인간의 달 착륙에 예산을 쓰는 것에 찬성하십니까?"라는 설문에 '그렇다'고 답한 미국인은 줄곧 50%가 안 됐다. 그러다가 예외적으로 내가 10학년이던 해, 한 달 동안 아주 잠시 대중의 의견이 인류의 달 착륙 프로젝트를 지지하는 쪽으로 기울었다.[6]

다행히도 존 F. 케네디는 비전을 제시할 줄 아는 지도자들이 알고 있는 사실, 즉 지도자가 충분히 매력적인 비전을 제시하면 사람들은 그 어떤 난관과 반대에도 이를 달성하기 위해 노력을 아끼지 않는다는 사실을 알고 있었다. 케네디는 모든 과학자, 공학자, 군인, 기술자, 도급업자, 공무원에게 "미국은 흥미진진한 모험의 세계인 우주에서 그 어떤 방해도 받지 않고 자유롭게 앞으로 나아가게 될 것"이라는 자신의 공약을 상기시켰다.[7] 반대론자의 비난에도 불구하고, 미국인들은 대통령의 비전을 현실로 바꾸는 데 기꺼이 힘을 보탰다.

이러한 노력은 믿기 어려울 정도의 도전과 치명적인 좌절을 이겨내게 했고─비록 존 F. 케네디가 살아서 이를 지켜보고 축하할 순 없었지만─마침내 1969년 7월 20일 달 착륙 프로젝트를 성공시켰다. 닐 암스트롱Neil Armstrong이 아폴로 11호에서 내려 달에 발을 딛는 최초의 인류가 된 것이다. 닐 암스트롱의 달 착륙은 당초 계획보다 빨리 성사됐다. 그해 6월 나는 열네 살이었다. 내 인생에서 그보다 더 흥분되고 경이로운 순간은 없었던 것 같다.

암스트롱은 7월 24일 태평양 해상으로 무사 귀환했다. 엄청난 희열에도 불구하고, 받아들이기 힘든 진실은 내가 달 착륙이 준 진정한 교훈을 깨닫기까지 상당히 오랜 시간이 걸렸다는 것이다. 무수히 많은 내 또래 아이처럼 우주 비행사가 되겠다던 내 꿈은 결국 내 회사를 차리겠다는 꿈으로 바뀌었다. 암스트롱의 달 표면 보행은 지도자의 비전이 무엇을 성취할 수 있는지를 단적으로 보여준 예다. 나는 십 대 때 그 교훈을 내 눈으로 확인했음에도, 수년 뒤 첫 번째 사업이 대실패로 끝난 후에야 비로소 케네디 대통령이 전 세계에 무엇을 확인시켜주었는

충분히 매력적인
비전을 제시하면,
사람들은 그 어떤
난관과 반대에도
이를 달성하기 위해
노력을 아끼지 않는다.

지를 깨닫게 됐다.

이 이야기는 나중에 내가 어떻게 재기하게 됐는지를 이야기하면서 다시 언급할 예정이다. 그에 앞서 이 말을 꼭 하고 싶다. 첫 번째 사업이 실패한 후 수십 년간 나는 여러 팀과 회사를 다시 성공적으로 이끌었다. 나는 회사의 중역을 지내기도 했고 중역들을 교육하기도 했다. 그리고 이 모든 경험을 통해 또 다른 사실 하나를 발견했다. 그것은 비전의 부재로 어려움을 겪은 지도자가 나만은 아니라는 사실이었다.

비전, 그까짓 것!

⋮

케네디 대통령의 달 착륙 프로젝트를 반추할 때마다, 그의 성공을 미국의 다른 전직 대통령의 이야기와 비교하게 된다.

조지 부시 대통령^{George H. W. Bush}은 비전이 없기로 유명했다. 그는 1987년 선거 유세 기간 중, 유권자의 마음을 사로잡을 방법이 필요하다는 것을 깨닫고는 동료에게 그럴 만한 이슈를 찾아내라고 주문했다. 그러자 그의 동료는 너무 서두르지 말라고 조언한다. 〈타임^{Time}〉지에 따르면, 그의 동료는 승리할 수 있는 무수히 많은 이슈를 알려주는 대신, 캠프 데이비드^{Camp David}*에

---

* 미국 메릴랜드주에 있는 미국 대통령 전용 별장. - 역자주

것이 괜찮고 주저할 필요가 없다는 생각을 심어준다. 확신에 찬 지도자가 사고의 틀을 깰 수 있는 비전을 제시할 때, 주변사람들은 과감하게 행동할 수 있다."[20]라고 말한다.

지도자의 의무 중 하나는 더 큰 목표와 역사로 조직을 이끄는 것이다. 조직이 원하는 것은 최선의 노력, 사고의 혁신, 상상력의 고취다. 그리고 '우리 조직이 달성하려는 목표가 그러한 영감을 주는가?' 혹은 '우리의 목표가 도전적인가? 아니면 그저 평범한가?'라고 자문하는 것도 바로 지도자의 몫이다.

2. 지도자들은 비전을 혼동한다

오늘날 비전을 추구하는 지도자가 없는 이유는 비전에 대한 오해에서 비롯된다. [질문 3]에서 보듯이 비전은 임무mission와는 다르다. 또한 [질문 6]에서 논의할 전략과도 다르다.

비전을 추구한다는 것은 미래를 내다보고, 그러한 미래의 가능성을 고무적이고 명확하며 현실성 있으면서 매력적인 방식으로 분명하게 표현(나는 이것을 '비전 스크립트vision script'라고 부른다)하는 행위를 말한다. 조직의 구성원들은 이렇게 표현된 가능성을 실천으로 옮겨 미래를 만든다. 그것이 바로 조지 이스트먼George Eastman, 헨리 포드Henry Ford, 스티브 잡스Steve Jobs 등과 같이 비전을 추구하는 지도자들이 각자의 분야에서 한 일이다. 이러한 지도자들은 사람들이 믿을 수 있는 것, 받아들일 수 있는 결과, 매력적인 포부와 같이 의미 있는 것을 찾고 있다는 사실을 본능적으로 알아차린다.

지도자들은 비전 수립을 정적인 자질 혹은 괴팍한 성격으로 오해하고 있다. 당신은 케네디처럼 강력한 비전의 소유자일 수도 있고, 아니면 부시처럼 비전이 없는 사람일 수도 있다. 하지만 방법만 안다면 누구나 미래에 대한 매력적인 비전을 수립할 수 있다. 궁극적 성공과 실패가 달려 있기 때문에 비전은 반드시 수립해야 한다. 그래서 당신은 이 책에서 제기하는 질문들이 비전을 수립하는 방법을 알려준다는 사실에 기뻐할 것이다.

우리가 미래에 대한 매력적이면서 일관된 비전을 갖고 있을 때, 그리고 그것을 조직원들에게 열정과 목적의식을 갖고 전달할 때, 그들은 동기가 부여되어 놀라운 성과를 달성하게 된다. 비전이 없는 사람, 좀 더 명확하게 말하면 비전 수립에 충분한 관심을 보이지 않는 사람은 리더십이라는 과제를 받아들일 준비가 안 된 것이다.

나는 수천 명의 비즈니스 리더가 성공적으로 사회생활과 사생활을 할 수 있게 코칭하면서, 변화를 촉진하는 비전의 대단한 힘을 직접 목격했다. 그러나 비전 수립에 필요한 일을 할 의지가 있을 때만 그러한 힘이 발휘된다. 케네디는 자신이 원하는 것이 무엇인지를 분명하게 전달하는 데 성공했고, 미국은 불가능한 것을 가능하게 하는 것으로 이에 응답했다. 나는 부시가 캠프 데이비드에 가지 않은 일을 후회한 적은 없는지 궁금하다.

3. 지도자들은 준비가 돼 있지 않다고 느낀다

지도자들이 비전의 중요성을 경시하거나 필요성을 느끼지 못하는 이유는 방어적이기 때문이다. 그들은 비전을 수립하고 매력적인 미래의 그림을 제시할 준비가 되어 있지 않다고 느낀다. 내 과거 보스가 그랬던 것처럼, 미래의 가능성이 그들을 불편하게 혹은 그보다 더 나쁜 감정을 느끼게 한다.

대부분 익숙하지 않은 일을 하는 걸 좋아하지 않는다. 그런데 이러한 도전이 지도자들에게는 특히 더 어렵다. 모든 해결책을 갖고 있어야 한다고들 생각하기 때문이다. 우리 또한 그들이 누구보다 유능해야 하며, 모든 것을 진두지휘해야 한다고 여긴다. 지도자 입장에서는 비전을 제시하지 못하면, 그것이 약점 혹은 부족함을 인정하는 것이나 마찬가지가 되다 보니, '그까짓 비전 같은 것'이라고 폄하하고 뒷전으로 미룬 뒤, 자신들의 강점인 전략수립, 집행, 팀 빌딩과 같은 업무에 천착하게 되는 것이다.

마이클 하얏트&컴퍼니에서는 비즈니스 액셀러레이터 Business Accelerator 프로그램을 통해 리더십 코칭 집중 과정을 운영하고 있다. 나는 성별에 상관없이 기업의 창업주 혹은 관리자로 승진한 사람들로부터 더 높이 올라가야 한다는 압박에 시달린다는 이야기를 들을 때가 많다. 그러기 위해서는 비전이 필요하다는 것을 알지만, 그들은 준비가 돼 있지 않다고 느낀다. 어떤 이들은 자신이 사기꾼 같다고 느낀다. 그런 자신의 실체가 발각되어 모든 것을 잃는 것은 시간문제라고 두려워한다.

나도 그랬다. 그래서 그들을 충분히 이해한다. 이렇게 느끼는 사람이 많은 이유는 아주 간단하다. 그들은 매력적인 미래의 그림을 그리는 법―조직에 동기를 부여할 수 있는 매력적이고 흥미진진하며, 도전적인 어떤 것을 제시하는 법―을 배운 적이 한 번도 없기 때문이다. 만약 당신도 그렇다면, 내가 도와줄 수 있을 것이다. 이 책이 매력적인 비전을 수립하고, 그것을 활용해 목적의식을 갖고 열정적으로 당신의 기업을 성장시킬 수 있는 길로 당신을 안내할 것이다.

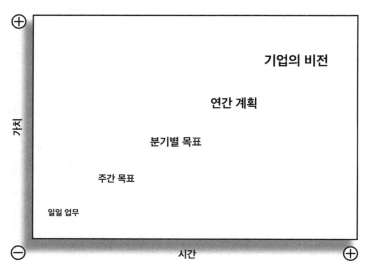

상대적 예상 소요 시간을 비교해보면, 비전은 훨씬 먼 미래의 이야기이기 때문에 일일 업무나 주간 과업이 더 중요하게 보일 수 있다. 그러나 상대적 가치를 고려하면 비전 수립이 지도자의 업무 목록에서 가장 중요한 덕목이라는 것을 분명히 알 수 있다. [질문6]에서는 이 일련의 과업이 시너지를 낼 수 있는 방법에 대해 살펴볼 것이다.

비전은
어떤 차이를 만드는가?

비전이 없는 지도자가 초래하는 부정적 결과

> **"**
> 어디로 가고 있는지 잘 모를 때 정신을 차려야 한다.
> 엉뚱한 곳으로 가게 될지도 모르니 말이다.
>
> 요기 베라(Yogi Berra)[1]
> **"**

나는 워드 퍼블리싱Word Publishing과 토머스 넬슨 출판사에서 근무한 후, 내 출판사를 직접 차리게 되어 몹시 기뻤다. 당시 나는 서른한 살이었지만, 나와 나의 파트너 로버트 울게무스Robert Wolgemuth는 우리가 준비되어 있음을 알았다. 둘 다 낙관적이고 자신만만하며 의욕이 넘치는 데다 작은 도시 하나를 비출 만한 충분한 에너지와 아이디어를 갖고 있었다.

우리는 어떤 비전을 갖고 출판사를 시작했을까? 우리는 다른 출판사들이 우리가 생각할 때 의미 있고 중요한 출판물의 출간을 거절하는 것을 봐 왔다. 그래서 우리가 이 업계에 뛰어들기만 한다면 성공할 것이라고 자신했다. 대형 출판사들이 찾

아내지 못한 원석을 찾아내기만 하면, 출판업계의 판도를 바꿀
수 있다고 자신한 것이다.

딱 이 정도가 사업을 시작하기 전 우리가 비즈니스 비전이
라고 생각한 것이었다. 처음에는 만사형통이었다. 우리는 그것
이 문제라는 것을 너무 늦게 깨달았다.

홈런!

⋮

우리는 1989년 5권의 책을 출간했다. 그해는 우리가 성공을 거
둔 첫해였다. 1988년 10월 LA 다저스가 월드시리즈 우승을 차
지했다. 같은 해 11월, 우리는 지인을 통해 다저스의 스타 투수
오렐 허샤이저Orel Hershiser와의 만남을 성사시켰다.

우리는 오렐과 그의 아내 그리고 그의 에이전트와 워싱턴에
서 처음 만나 상당히 긍정적인 대화를 나눴다. 그는 우리와 함
께 일하게 된다는 사실에 흥분한 듯 보였다. 이후 우리는 그들
과 전용기를 타고 뉴욕으로 날아가 저녁 식사를 함께했다. 테
네시주 내슈빌 출신의 반란을 꿈꾸는 나와 내 동업자에게는 꿈
만 같은 일이었다.

몹시 흥분되었지만 한편으론 우리가 이 책을 출간하기 위해
뉴욕의 다른 출판사들과 경쟁을 해야 한다는 의미이기도 했다.
우리는 세계에서 가장 큰 출판사들에 맞서 가격 경쟁을 해야 했

장은 이루어지지 않았다. 다음 달 유통사를 통한 매출은 4만 5,000달러였고, 이후 몇 달 동안에도 6만 달러를 넘지 못했다.

몇 달 지나지 않아 우리는 110만 달러의 채무를 안게 됐다. 이 돈을 마련하기 위해 출판계약서에서부터 사무실 집기에 이르기까지 회사가 보유한 모든 자산을 담보로 제공해야 했다. 매출이 감소했기 때문에 그 돈이 없었다면 회사는 파산하고 말았을 것이다. 그리고 그것이 우리의 실패 원인이 됐다. 당시 우리 혹은 그들도 모르는 사이, 파트너사의 소유주인 캐피탈 시티즈/에이비씨Capital Cities/ABC가 유통회사를 매각하기 위한 협상을 벌이고 있었던 것이다.

마침내 우리는 전화 한 통을 받았다. 파트너사의 CEO는 이렇게 말했다. "이 말을 어떻게 꺼내야 할지 모르겠지만, 아무래도 귀사의 채무를 해결해줘야겠소."

그들은 우리에게 부채상환까지 30일의 말미를 주었다. 방법이 없었다. 회사를 시작한 지 4년 만에 우리의 꿈은 끝이 났다. 로버트와 나의 여정은 패배로 마무리됐다. 나는 여전히 테네시주 브렌트우드 사무실에 18륜차가 와서 모든 것을 실어갔던 1992년 4월 어느 날을 기억하고 있다. 우리는 회사가 문을 닫던 날 출간하기 위해 인쇄하고 있던 작품을 포함해 모든 출판 프로젝트를 포기해야만 했다.

사람들이 나에게 당시의 실패에 대해 물어보면, 물론 그런 실패를 다시는 반복하고 싶지는 않지만, 세상을 다 준다고 해

나는 열정과 추진력,
참신한 아이디어가 있었고,
이를 실행할 능력도 있었다.
여분의 자신감도 있었다.
하지만 그 어떤 것도
비전을 대신하기에는
충분치 않았다.

도 그때의 경험과 바꾸지는 않을 것이라고 말한다. 이제까지 사업을 하면서 배운 가장 소중한 교훈 중 일부는 그때의 경험에서 얻었기 때문이다. 그 교훈 중 하나가 바로 가장 기초적이면서 무엇과도 바꿀 수 없는 비전의 중요성이다. 나는 1998년 토머스 넬슨 출판사로 돌아가, 비전의 중요성을 마음에 새기면서 승승장구했으며, 마침내 CEO 자리에까지 올랐다. 토머스 넬슨 출판사는 6년 전 워드 퍼블리싱을 인수했던 바로 그 회사였다.

로버트와 나는 열정과 추진력은 물론, 참신한 아이디어도 있었고, 이를 실행할 능력도 있었다. 그리고 여분의 자신감도 있었다. 하지만 그 어떤 것도 비전을 대신하기에는 충분치 않았다. 열정과 그 나머지는 임무를 수행하는 데 연료를 제공할 수는 있지만, 비전만이 목적지에 당신을 데려다주는 북극성 역할을 한다.

비전이 없는 지도자가 가져오는 여섯 가지 문제

⋮

비전은 어떤 차이를 만들 수 있는가? 이 문제에 답을 찾고 기업가와 기업 경영진과 일하거나 내가 직접 회사를 이끌면서, 비전이 없는 지도자들이 다음 여섯 가지 실수 중 적어도 한 개 이상을 저지른다는 사실을 알게 됐다. 비전이 없는 지도자들은 첫째, 미래에 대한 대비가 안 되어 있고, 둘째, 기회를 놓치고, 셋째, 우선순위를 정하는 데 우왕좌왕하며, 넷째, 전략을 집행하는 데 실수하고, 다섯째, 돈, 시간, 인재를 낭비하며, 여섯째, 조급하게 마무리를 짓는 경향이 있다.

1. 미래에 대한 대비책 결여

아무도 미래를 볼 수 없지만, 비전은 미래를 명확하게 바라보고 회사가 앞으로 일어날 일을 대비할 수 있게 해준다. 내가 알고 있는 일화 가운데 이를 가장 잘 보여주는 일이 20세기 초에 일어났다.

1800년대 후반 조지 이스트먼George Eastman*이 처음 카메라를 제작했을 때, 사진은 드문 문물이었다. 사진전문가들은 부피 큰 장비와 위험한 화학물질을 사용해야만 했다. 그 결과 평범한 사람이 사진을 찍는 횟수는 평생 한두 번이 고작이었다. 이스트먼은 카메라를 연필만큼 편하게 사용할 수 있게 하기 위해 사진술을 단순화해야겠다고 결심했다.[2]

1900년 이스트먼과 그가 설립한 코닥은 "버튼만 누르면 나머지는 우리가 다 합니다."라는 슬로건을 내세우며, 필름이 내장된 단순한 스냅샷 카메라 '브라우니Brownie'를 출시했다. 출시 첫해에 미국인들이 구매한 브라우니는 25만 대가 넘었다. 사

---

* 이스트먼 코닥을 설립하고 롤필름의 사용을 보급한 미국의 기업가.- 역자주

실상 하루아침에 이스트먼의 카메라가 세상을 담고 인생을 기억하는 방법을 획기적으로 바꾸어 놓았다. '코닥 모먼트^{Kodak} Moment'가 탄생한 것이다.

이후 90년 동안, 코닥과 이 회사의 필름은 사진 시장 전체의 90%를 점유하며 시장을 지배했다. 그러나 코닥은 안일해졌고 심지어 회사 창업자에게 영감을 줬던 고객 우선의 혁신이라는 비전에 대해서도 부정적으로 돌아섰다. 코닥의 이야기는 결국 회사를 파국으로 이끄는 것이 무엇인지를 보여주는 가장 좋은 예가 되었다.

코닥의 전기공학자 스티븐 새슨^{Steve Sasson}은 최초의 디지털 카메라를 발명했다. 이 기술이 경쟁자들의 레이더에 포착되기 훨씬 전인 1975년의 일이다. 하지만 불행하게도 코닥의 리더들은 필름이 없는 미래를 생각하지 못했고, 생각해보려고도 하지 않았다. 그들은 기존의 틀을 벗어난 비즈니스 수익 모델을 상상할 수 없었다. "필름 없이도 사진을 찍을 수 있는 카메라예요."라는 새슨의 말에 코닥 경영진의 반응은 "'고거' 귀엽게 생겼네요. 하지만 아무에게도 그것에 대해서는 발설하지 마세요."였다.[3]

부회장 돈 스트릭랜드^{Don Strickland}가 디지털로의 전환을 조언했을 때, 경영진은 그를 맹비난했다. "실제 우리는 세계 최초로 디지털카메라를 개발했다. 코닥은 1992년에 디지털카메라를 출시할 수도 있었다."라고 스트릭랜드는 회고했다. "우리는 필름의 사장을 두려워한 나머지 디지털카메라의 출시 혹은 판매 승인을 하지 못했다."[4] 당시의 리더는 업계를 혁신하고 대중에게 편리한 사진을 제공하겠다던 회사 창업자의 비전을 따르는 대신, 조직 내부에서 일어나는 혁신을 억압했다. 그 결과, 곧 닥칠 혁신의 바람을 탈 준비를 하지 못했다. 마침내 코닥이 자신들이 먼저 개발한 디지털 기술을 수용할 무렵, 미래는 이미 그들을 스쳐 지나갔다. 그리고 모두가 알다시피 이야기는 여기서 끝이 아니다.

1977년 디지털 이큅먼트 코퍼레이션Digital Equipment Corporation, DEC의 창립자 켄 올슨Ken Olsen은 이렇게 말했다. "누구도 자기 집에 컴퓨터를 둘 생각을 할 필요는 없다."[5] 반면 애플의 창립자 스티브 잡스는 이렇게 예측했다. "사람들 대부분이 집에 컴퓨터를 들여야 하는 가장 확실한 이유는 가정용 컴퓨터를 전국의 커뮤니케이션 네트워크에 연결시킬 수 있기 때문이다."[6] 잡스가 이 말을 한 때는 월드와이드웹(인터넷)이 발명되기 4년 전이었다.

잡스의 비전이 필연적인 것은 아니었다. 유일하게 믿을 수 있는 필연적 결과는 '정해진 결과는 거의 없다'는 사실뿐이다. 그러나 비전을 추구하는 지도자였던 잡스는 그 가능성을 예측하고 준비했다. 그 결과 가정용 PC 시장은 애플의 미래 성장을 위한 비옥한 영토가 됐다. 올슨은 현재에 갇혀 있었고, 그의 비전 부재는 DEC가 미래를 준비할 수 없음을 의미했다. 당신이 마지막으로 DEC라는 회사에 대해 들은 게 언제인지 기억나는가?

나는 종종 2011년 잡스의 장례식에서 그의 아내 로렌 파월 Laurene Powell이 했던 말을 곱씹어본다. "현재를 정확히 파악하는 것, 현실을 정확하게 알기 위해 그 앞에 놓인 수많은 장애물을 치우는 일은 정말 어렵다. 스티브는 현재를 통찰하고, 미래의 가능성, 필연적 미래를 정확하게 꿰뚫어 볼 줄 아는 엄청난 천부적 재능을 갖고 있었다. (중략) 그는 현재 무엇이 없는지를 생각했고, 그 부족함을 메우기 위해 곧바로 행동으로 옮겼다."[7]

잡스는 컴퓨터의 연산 능력이 필요한 곳은 주로 대기업이나 중소기업뿐이라는 것을 알았다. 하지만 그러한 현실에 부족함을 느꼈다. 그래서 IBM, 휴렛패커드Hewlett-Packard, 컴팩Compaq, 코모도어Commodore 같은 컴퓨터 회사들처럼 소규모 기업을 위한 컴퓨터를 제조하는 대신, 훨씬 더 먼 미래를 내다봤다. 이와 관련해서 잡스는 이렇게 말했다. "대부분의 가정에서 컴퓨터가 필수품이 되는 날이 올 것이다."[8] 그리고 나서 그는 '가정용 컴퓨터'[9] 제조에 착수했다. 그것이 당시 현실에서 부족한 부분이었다.

그는 혁신적인 아이폰을 출시할 때도 같은 태도를 보였다. 투박한 본체에 키판을 탑재한 손바닥만 한 휴대장비나 블랙베리가 대세를 이룰 때, 터치스크린 탑재를 채용했다. 이 결정은 코닥의 과거 모습과 오버랩 된다.

2017년 현재, 10억 이상의 스마트폰 이용자가 연간 약 1조

2천억 장의 디지털 사진을 찍고 있다. 스마트폰으로 사진을 촬영하는 것은 궁극의 편리성을 제공한다.[10] 우리가 춤추는 고양이 사진을 포스팅하든, 결혼, 출산, 운동경기에서의 승리 같은 소중한 순간을 포착하거나 보존하든, 필름 카메라가 통용되던 처음 100년 동안 촬영한 스냅사진의 총수보다 오늘날 2분 안에 찍는 사진의 수가 더 많다.[11]

컴퓨터 과학자 앨런 케이Alan Kay는 "미래를 예측하는 가장 좋은 방법은 그것을 발명하는 것이다."라고 말했다.[12] 이를 위한 첫걸음은 바로 비전이다. 비전이 없는 지도자들은 앞으로 일어날 일에 대한 대비가 되어 있지 않다. 스티브 잡스의 아이폰이나 그의 뒤를 따랐던 혁신가들이나 그를 모방한 사람들을 통해 조지 이스트먼의 비전은 계속해서 이어지고 있다. 반면 코닥의 시대는 완전히 막을 내렸다.

2. 놓친 기회

미래가 대비되어 있지 않다는 말은 현재에 중요한 기회들을 놓쳤음을 의미한다. 이유는? 비전은 우리가 예측한 미래에 존재하는 다양한 가능성을 계속 주시하게 하기 때문이다. 따라서 비전이 없으면, 이러한 기회들을 놓치게 된다.

1982년 텍사스 인스트루먼츠Texas Instruments의 세 명의 전직 경영간부는 신기술 시장에서 좋은 기회를 포착하고, 불과 8개월 만에 최초의 컴팩Compaq 컴퓨터를 선적했다. 나는 무수히 많은 얼리 어댑터 중 한 명이었다. 컴팩은 1억 1,100만 달러의 제품을 판매해 미국 비즈니스 역사상 첫해 매출 신기록을 세웠다.[13] 후발주자 컴팩은 역대 최단 시간에 매출 10억 달러대를 돌파한 기업이 됐다.[14] 1987년까지 판매된 개인용 컴퓨터 6대 중 1대는 컴팩의 PC였다.[15] 이러한 놀라운 성장으로 컴팩은 10년 뒤, 전 세계 PC 업계에서 난공불락의 선두자리를 지킬 수 있었다. 당시 컴팩은 주로 기업들에게 컴퓨터를 판매했다.[16] 그렇다면 지금은?

컴팩의 경영진은 업계 내의 동향을 파악하는 것을 그만뒀다. 컴팩은 비즈니스를 지속적으로 성장시킬 새로운 비전이 필요했지만, 현재의 성공에 안주

> **비전은 우리가 예측한 미래에 존재하는 다양한 가능성을 계속 주시할 수 있게 한다.**

했다. 변화하는 소비자의 입맛을 충족시키기 위해 노력하는 대신, 기존의 비즈니스 전략을 고수하면서, 1998년 디지털 이큅먼트 코퍼레이션DEC을 96억 달러에 인수했다.[17] 이쯤에서 이 이야기가 어떻게 진행될지 다들 알 것이다.

컴팩이 DEC를 인수해 몸집을 불려 기존 시장을 공략하는 데 열중하는 동안, 애플, 델, 케이트웨이는 무주공산이었던 가정용 컴퓨터 시장을 공략했다. 나중에 컴팩이 개인용 PC 시장으로 시선을 돌렸을 때는 이미 늦은 뒤였다. 3년 뒤 델은 PC 매출에서 컴팩을 앞지르며 업계 선두로 부상했다.[18]

컴팩이 소비자와 직접 거래하는 가정용 컴퓨터 시장의 수요

급증을 간과한 이유는 무엇일까? 북미 마케팅 사업부 부사장 잔 카를로 비소네Gian Carlo Bisone는 화려한 과거의 영광을 회고하며 이렇게 말했다. "성장은 최악의 탈취제예요. 그것으로 인해 많은 것이 가려지거든요." 최고재무책임자 대릴 화이트Daryl White는 약간의 자기성찰 후 이렇게 말했다. "우리는 우리의 성공만을 봤다."[19] DEC와 합병 이후 컴팩을 더욱 곤경에 빠뜨린 것은 '합병된 회사가 나아갈 방향이 명확하지 않았다는 것'이었다.[20] 달리 말하면 비전이 없었다.

이 이야기는 닉 스윈먼Nick Swinmurn과 토니 셰이Tony Hsieh의 이야기와 대조된다. 1999년 스윈먼은 신발을 온라인에서 판매하는 엉뚱한 발상을 하게 된다. 투자자들은 온라인 판매가 성공을 거둘 것이라고 절대 생각하지 않았다. 그들은 물류 및 고객 서비스 부문에서 많은 문제가 생길 것이라고 판단했다. 게다가 성공 가능성도 매우 낮아 보였다. 당시 유사한 판매 방식은 통신판매였는데, 전체 신발 판매에서 통신판매가 차지하는 비중은 불과 5%에 불과했다. 당연히 투자자 대부분은 그의 제안에 답하지 않았다. 그러나 셰이는 스윈먼이 자신을 설득할 때, 그의 말에서 귀가 쫑긋할 만한 중요한 것을 발견했다. 통신판매 시장 점유율은 5%에 불과하지만, 신발 시장의 전체 규모는 400억 달러나 된다는 사실 말이다.

만약 통신판매 매출이 이미 20억 달러라면, 물류 및 고객 서비스는 그다지 큰 문제가 아닌 것이 분명했다. 신발 시장 자체

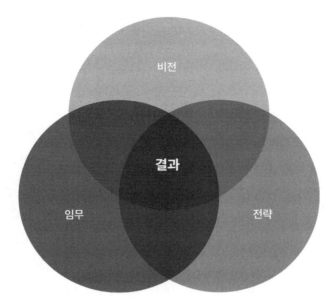

비전

결과

임무

전략

많은 지도자가 전략에 초점을 맞추는 반면, 일부 지도자는 회사의 임무를 강조한다. 다 괜찮지만 비전의 중요성을 간과한다면, 원하는 결과를 얻지는 못할 것이다.

의 잠재성은 어마어마했다. 결국 셰이는 투자를 결정했고 이렇게 해서 자포스Zappos가 탄생했다. 스원먼은 누구에게나 같은 내용을 설명했지만, 셰이만이 미래의 가능성에 다른 시각을 갖고 스원먼의 설명을 들었다. 비전이 있었기에 셰이는 다른 투자자들이 장애물만 발견했던 곳에서 기회를 포착할 수 있었던 것이다.

3. 우선순위의 혼란

비전이 없으면 기회가 많아도 문제가 된다. 목표가 불분명할 때, 단기 전략을 세우게 되고, 당장 괜찮아 보이는 기회를 마구잡이로 잡기 때문이다. 이것이 나와 내 사업 파트너가 출판사를 경영할 때 저지른 가장 치명적 실수 중 하나였다. 우리가 비싸게 대가를 치르고 깨달은 바와 같이, 좀 더 넓은 시야로 바라보면 당장 유망해 보이는 기회가 재앙으로 판명이 날 수 있다.

실리콘밸리의 기대주였던 혁신적인 웨어러블 기술 전문기업 조본Jawbone은 상위 5대 벤처투자사들의 투자를 받았다. 그러나 이들의 투자금은 개에게 목줄을 지나치게 느슨하게 맨 것과 같은 결과를 초래했다. 명확한 비전이 없는 상태에서 그들은 너무나 많은 기회를 닥치는 대로 잡았다. 한 제품을 개발하다가 다른 제품을 개발하는 식으로 자금을 투자했고, 결국 파산하기 전까지 9억 달러의 투자금을 날렸다.

일부 전문가들은 조본의 실패 원인으로 기성 기업들과의 경쟁을 꼽는다. 한 업계 관계자는 "블루투스 헤드셋 제조사에서 블루투스 스피커 제조를 거쳐 웨어러블 장비업체로 탈바꿈한 조본은 애플이나 핏비트Fitbit와 같은 기존 회사들과 치열하게 경쟁해야 했다."[21]라고 말했다. 하지만 좀 더 분명한 문제는 바로 이 인용문의 맨 앞쪽에 있다. 조본은 회사가 성장가도를 달릴 때 정확히 무엇이 되고 싶은지에 대한 명확한 그림을 갖고 있지 않았다. 비전이 없으면 아무리 많은 돈도 당신을 구해주지 못한다. 현금을 두둑하게 들고 있을 때 특히 더 그렇다. 수십 가지 기회를 좇아 모두 성공시킬 수 있다고 믿고 싶을 수 있다.

하지만 그건 불가능하다.

다음의 신문 헤드라인이 진실에 접근해 있다. "조본의 파산은 실리콘밸리의 오버펀딩overfunding에 의한 사망 사례다."[22] 지나치게 많은 투자금이 어떻게 문제가 될 수 있을까? 너무나 많은 돈이 미래의 자신의 모습을 결정하는 것을 막을 경우 그렇다. 결국 조본은 대다수 사람에게 역사상 최대 규모의 벤처자금이 만든 실패작 중 하나로 기억될 것이다.[23]

결핍은 우리가 진정으로 무엇을 원하는지에 집중하게 한다. 앞으로 우리가 확인하게 되겠지만, 이는 비전을 지향하는 지도자들에게 가장 중요한 질문이다.

조본은 파산하지 않을 수도 있었다. 애플이 입증한 것처럼, 성공의 방정식은 소비자가 기대하는 것 이상의 우수한 제품을 만드는 데에 집중하고 당신이 가진 비전에 이를 일치시키는 것이다. 이를 위해서는 적게 가질수록 더 좋다. 이것이 잡스가 자신의 비전과 일치하지 않는 기회 앞에서 '노'라고 말할 줄 아는 것이 얼마나 중요한지를 강조했던 이유다. 잡스가 회사를 떠나 있는 동안 애플의 제품 라인은 350가지 품목으로 증가했다. 이후 1998년 애플로 복귀한 잡스는 애플의 제품군을 단 10개로 단순화했다.[24]

잡스는 다음과 같은 유명한 말을 남겼다. "사람들은 집중의 의미를 집중해야 하는 것에 '예스'라고 응답하는 것이라고 생각한다. 하지만 집중이란 그런 의미가 아니다. 집중은 존재하는 수백 가지 다른 생각에 '노'라고 말하는 것이다. 선택은 신중해야만 한다. 사실 나는 이제까지 내가 한 일만큼 내가 하지 않은 일에 자부심을 느낀다. 혁신이란 천 가지 아이디어에 '노'라고 말하는 것이다."[25] 그는 심지어 당시 막 취임한 나이키의 CEO 마크 파커Mark Parker에게도 이 말을 했다.

그와의 일화는 이렇다. 파커는 나이키 회장으로 취임한 후 잡스에게 전화를 걸어 조언해줄 말이 없는지를 물었다. 그러자 잡스가 "한 가지만 말씀드릴게요. 나이키는 세계 최고의 상품을 만들고 있어요. 당신은 만들고 싶은 상품을 만들고 있습니다. 하지만 쓸모없는 상품도 엄청 많이 만드는 것도 사실이에요. 쓸데없는 상품은 모두 포기하고 주력 상품에만 전력을 기울이세요."라고 말했다.[26] 문제는 쓸모없는 물건들이 대개는 멀쩡해 보이고 심지어 좋아 보이기까지 한다는 것이다. 하지만 비전이 있다면 겉으로 보기에 좋은 상품과 실제로 우수한 상품을 구분해낼 줄도 알게 된다.

4. 전략적 실수

간단하지만 강력한 진실이 하나 있다. 그것은 미래는 아직 오지 않았다는 것이다. 미래는 상상에만 존재할 뿐 실제 존재하는 것이 아니다. 미래는 지금 어떤 결정을 내리느냐에 따라 수천 가지 중 하나의 형태를 취할 것이다. 앞서 언급한 세 가지 실수 중 하나에서 배운 교훈과 결합된 비전은 현재 의사결정에 영향을 미치고, 미래를 대비할 수 있게 하며, 올바른 기회를 포착하고, 나쁜 기회를 선택하지 못하도록 한다.

다시 말해, 비전이 있으면 전략적 실수와 실패를 하지 않게 된다. 나도 소규모 벤처 출판사를 시작했을 때 이 사실을 알았더라면 좋았을 것이라고 생각한다. 이와 같은 사실은 코닥과 후지필름의 이야기에서도 확인할 수 있다. 두 회사는 필름을 판매하고 개발하는 데 집중했다. 또한 최종 결과물인 필름을 인화하고 인쇄하기 위해 화학물질과 특수한 종이를 이용했다. 두 회사 모두 1회용 35mm 카메라를 개발하고 전 세계 시장에 이를 공격적으로 판매했다. 두 회사 모두 디지털 혁명의 초창기 전성기를 구가했다.[27] 그런데 코닥은 파산했지만 후지필름은 번영을 이어나갔다.

2000년과 2010년 사이 필름 시장은 와해됐고, 매출은 해마다 20~30%씩 감소했다. 코닥의 비전 부재는 상상력의 부재와 위기에 대응할 만한 자원의 부족을 의미했다. 우리가 목격한 대로, 코닥은 다가올 미래에 무방비 상태였다. 그들이 생각한 최선은 고작 회사의 종말을 늦추는 것뿐이었다.

하지만 후지필름은 달랐다. 그들은 다양화를 꾀하며 성장을 지속할 길을 찾았다. 사실 코닥의 매출이 반 토막 났을 때, 후지의 수입은 50% 이상 신장했다. 비전을 추구하는 지도자였던 후지필름의 사장 시게타카 코모리Shigetaka Komori는 미래를 대비했다. 그는 2001년 이렇게 말했다. "봉우리는 언제나 위험천만한 계곡을 감추고 있다."[28]

비전을 통해 후지필름은 업계 쇠퇴기의 정점에서 방향을 선회할 수 있었다. 코모리 사장은 'Vision 75'라는 6개년 계획을 발표하고 회사의 기술력을 제약 및 화장품 분야에 집중시켰다. 이는 후지필름이라는 회사의 기존 정체성을 버리는 과감한 결정이었다. 그러나 새로운 분야로의 진출은 사진 시장의 대격변기에 생존하기 위해서 필요한 결정이었다. 또한 후지필름은 LCD 스크린 기술의 급부상을 예견하고 자신들이 지배적 위치를 차지하고 있는 시장에 LCD 편광 보호필름을 출시했다.

디지털 영상 Digital Imaging과 관련해서 말하자면 사실 코닥이 더 유리한 위치를 점하고 있었다. 그러나 코닥은 비전의 부재로 이 기술이 부상했을 때 방향 전환을 할 수 없었다. 같은 업계의 두 회사 모두 데이터 및 동향에 대한 동일한 정보를 갖고 있었지만, 한 회사는 성공했고 다른 회사는 실패했다. 미래에 대한 비전 유무에 따라 두 회사의 운명이 갈린 것이다.

5. 돈, 시간, 인재의 낭비

지도자가 비전 없이 집행에만 집중할 경우, 비전이 집행에서 담당하는 역할을 놓치게 된다. 이로 인해 조직 내에는 좌절감이 싹트고, 부족한 시간과 에너지 등 귀중한 자원이 허비된다.

비전은 집행을 위한 방향과 수행을 평가할 수 있는 기준이 된다. 비전이 없으면 조직원들은 의미 없는 결과와 중요하지 않은 프로젝트에 노력을 쏟아붓게 된다. 이뿐만 아니라 자신들의 성공 여부조차 알 수 없다. 자신들의 진행 상황을 평가해볼 외적 기준이 없기 때문이다. 모두가 원을 그리며 달리겠지만, 명확하고 매력적인 비전을 중심으로 힘을 결집할 경우에만 쓸데없는 데 에너지를 쓰거나 노력을 허비하는 일을 피할 수 있다. 비전을 통해 회사의 목적과 어긋난 활동을 최소화하고 제거까지 할 수 있다면, 당신은 좀 더 효과적으로 집행에 집중할 수 있는 것이다.

한 연구진은 만 명의 직원들을 대상으로 "지도자의 어떤 면을 존경하며, 지도자(당신이 지시를 기꺼이 따를 수 있는 사람으로 정의한다면)에게 어떤 자질이 중요하다고 생각하는가?"라는 설문을 실시했다. 놀랍지 않게 진정성이 가장 중요한 자질로 꼽혔다. 또 응답자의 72%는 미래를 내다볼 줄 아는 혜안을 두 번째로 가장 중요한 지도자의 자질이라 답했다.[29] 이 답변의 경우, 상급자로 올라갈수록 응답 비중이 무려 88%까지 상승했다. 조직의 구성원들은 함께 일하는 모든 동료에게 진솔함을 기대한다. 하지만 지도자에게는 비전을 원한다.

비전이 없는 지도자로 인해 자신들의 노력이 헛수고가 된 것을 확인했을 때 좌절감을 느끼게 된다. 좌절감을 느끼는 조직의 문제는 구성원들이 지도자에게서 충분한 비전을 보지 못한다는 것이다. 허미니아 아이바라는 지도자들이 그들을 평가하는 사람들의 의견과 비교했을 때, 스스로의 비전 수립 능력을 상당히 높이 평가한다는 사실을 발견했다. 그녀는 이를 '현저한 격차notable gap'라고 말했다.[30]

또 한 가지 더 주목할 점은 비전을 추구하지 않는 지도자는 많은 시간과 노력을 허비한다는 것이다. 하이케 브러치Heike Bruch와 수만트라 고샬Sumantra Ghoshal은 200명의 루프트한자Lufthansa 관리자들을 대상으로 연구를 수행했는데, "관리자의 행동에 대한 우리의 연구 결과를 보면 깜짝 놀랄 것이다. 관리자의 거의 90%는 온갖 비효율적인 활동을 하느라 시간을 허비하고 있다. (중략) 불과 10%의 관리자만이 시간을 적극적이고 계획적이며 신중하게 사용하고 있다."고 보고했다. 연구자들이 '산만하다'고 기술한 40%의 관리자는 말할 수 없이 바쁘게 움직였지만 그들의 활동은 조직의 비전과는 동떨어져 있었다. 그 결과, 그들은 근시안적으로 행동하며, 과하게 열정적이고, 효과적인 전략을 수립하는 데 애를 먹었다. 다시 말해, 그들의 업무 결과물은 기대치에 못 미쳤다. 브러치와 고샬은 "그들은 시급한 일들을 처리하고 있다고 믿지만, 사실은 헛수고만 하고 있었다."라고 말했다.[31]

올바른 비전은 사람들에게 우리가 무엇을 구축하고 있는지 그리고 왜 그것이 중요한지를 상기시킨다. 비전은 내면의 동기를 흔들어 깨워서 이를 따르고 어려운 일을 함께 수행하도록 하여, 조직 전체의 구성원을 고무시키고 에너지를 충만하게 한다. 조직의 구성원들은 자신들의 행동이 조직의 비전에 얼마나 기여하는지 알 수 있다.

이와 같은 일이, 케네디 대통령이 달에 유인 탐사선을 보내겠다던 비전을 명확하게 제시했을 때 나사에서 일어났다. 한 보고서에는 '나사 직원들이 매일매일 수행하는 업무 역할과 궁극적인 목표 간에는 긴밀한 연관성이 있다'고 기록되어 있는데, 한 관리노동자의 말이 이 진술이 사실임을 뒷받침한다. "나는 바닥 청소를 하는 것이 아니라 인간을 달에 보내는 일에 참여하고 있는 것이다."[32]

6. 이른 포기

헛수고는 좌절감과 공허감으로 이어진다. 비전이 없는 지도자들이 업계를 일찍 포기하고 떠나는 경우가 많은 이유도 이 때문이다. 번아웃된 이들의 직원들도 마찬가지다. 명확한 비전의 궁극적 목표는 불가피한 장애물이나 저항을 버텨내고 결국 성공하는 데 있다. 비전은 당신과 당신의 조직에 동기를 부여하고, 열정적 참여를 유도하며, 최선을 다해 성과를 내기 전에 성급하게 포기하는 일이 없게 한다. 나는 스위프트키SwiftKey보다 이 역학을 더 흥미롭게 보여주는 사례는 없다고 생각한다.

세 명의 친구 크리스 힐 스콧Chris Hill Scott, 존 레이놀즈Jon Reynolds와 벤 메드록Ben Medlock은 2008년 스위프트키를 공동 설립했다. 이들은 '스마트폰상에서 좀 더 나은 방법으로 타이핑을 할 수 있어야 한다'는 단순한 비전을 가지고, 애플과 안드로이드 모바일 기기를 위한 완벽한 자동 완성 기능을 갖춘 가상 키보드 앱을 개발하기 시작했다.[33] 그들은 고객의 소셜 미디어 계정을 활용해 소통 방법을 학습하는 AI가 지원되는 키보드를 구상하고 개발했다. 그들의 '프리딕션 엔진'은 트위터나 페이스북뿐만 아니라 에버노트Evernote, 지메일Gmail, 사용자의 주소록 등을 통해 정보를 수집했다. 결국 그들은 단 2년 만에 베타버전을 출시하는 데 성공했다.

리뷰어들과 사용자들은 극찬했고, 스위프트키의 인기는 하늘을 찔렀다. 앱이 시장에 출시된 후 4년 동안 열 개가 넘는 상을 수상했으며, 사용자는 3억 명이 넘었다. 나도 그 3억 사용자 중 한 명이었다. 출시 6년 후, 이 회사의 공동 창립자들은 자신들이 만든 업계 최고의 키보드 기술 덕분에 전 세계 '100개 언어 사용자들이 약 10조 번의 키보드를 눌러야 하는 수고를 덜게 됐다'고 추산했으며, 타이핑 시간을 합산하면 총 10만 년을 절약하는 효과를 가져왔다고 말했다.[34] 노벨상에 생산성 부분이 없는 것이 안타까울 따름이었다. 결국 2016년 마이크로소프트사가 2억 5천만 달러에 스위프트키를 인수하면서 이 이야기는 끝이 난다.[35] 이 세 명의 공동 창업자의 비전은 거의 완벽하게 성과를 냈다.

그런데 마이크로소프트가 스위프트키를 인수할 당시, 세 명의 공동 창업자 중 둘만 회사에 남아 있었다. 왜일까? 메드록과 레이놀즈는 머릿속에 큰 그림을 계속 그리고 있었다. 그들은 긴 시간을 투자해서 모든 새로운 프로젝트를 끝까지 완수했고, 자신들의 눈앞에서 꿈이 이루어지는 것을 목격했다. 반면 힐 스콧은 불과 두 달 만에 회사를 떠났다. 지금 그는 이 결정을 '인생 최고의 실수'라고 회고한다.

출간된 보고서에 따르면 "힐 스콧은 오랜 시간 일해야 하는 생활에 점점 지쳐갔다."[36] 확실한 것은 아니지만, 나는 그가 회사를 떠나지 않고 남았을 때 어떤 일이 벌어질지에 대한 비전을 잃어버렸을 것이라 생각한다. 그는 크고 매력적인 미래의 그림보다는 에너지가 방전되는 듯한 매일매일의 격무에 좀 더 초점을 맞췄을 것이다. 결국 그는 일찍이 현금화를 하는 바람에, 수백만 달러가 아닌 고작 자전거 한 대를 사기에 충분한 돈만을 손에 거머쥐었다.

장애물들이 당신을 경로에서 이탈하게 만들려고 할 때, 돌파구가 좀처럼 보이지 않을 때, 임무를 수행할 수 있게 해주고, 당신을 기대한 결과로 이끌어주는 것이 바로 비전이다. 물론 그 비전을 당신이 갖고 있을 때 말이다.

미래의 변화

:

20세기 초, 말과 마차가 주된 교통수단이었을 때, 헨리 포드는 미래를 규정할 수 있는 비전을 갖고 있었다. 포드는 1908년

Model T를 선보이며 "더 많은 사람이 탈 수 있는 자동차를 만들고 싶다."고 말했다. 그가 말한 차는 '한 가족이 타기에 충분히 크지만 개인이 혼자서 타고 관리할 수 있을 정도로 작은 차'였다. 그것은 미래를 규정하는 의미 있는 비전이었다. 그의 비전은 조지 이스트먼의 최초의 비전을 연상시켰다. 비록 이스트먼의 비전보다 더 매력적이지는 않더라도, 충분히 매력적이었다.

당시 자동차는 부자들의 장난감이자 그들의 전유물이었다. 게다가 조작이 상당히 복잡해서 "기계들의 개별적 차이를 잘 알고 있는 운전자가 운전해야 했다."[37] 그러나 포드는 평범한 미국인들이 충분히 구매할 수 있고 믿을 수 있는 자동차, 즉 당시에는 존재하지 않았던 것을 구상했다. 그는 "그 자동차는 현대 공학이 고안해낼 수 있는 가장 단순한 디자인을 기반으로 최고의 재료를 사용해 우리가 고용한 최고의 기술자들에 의해 만들어질 것이다. 게다가 가격이 굉장히 저렴해 상당한 봉급을 받는 사람이라면 구매하지 못해서 신이 주신 이 아름다운 세상에서 행복한 시간을 보내는 축복을 누리지 못하는 일은 없을 것이다."[38]라고 말했다. 나는 그의 생각이 너무 마음에 든다. 누가 싫어하겠는가?

역사는 비슷한 이야기로 가득 차 있으며, 이 이야기들 속에서 비전의 변화는 결과의 변화를 초래했다. 또한 역사는 내 개인적 경험을 비롯해 앞에서 소개한 이야기들로 채워져 있다. 그 이야기들 속에서 비전의 부재는 결국 종말로 이어졌다. 이

것이 바로 비전이 만드는 차이다. 만약 내 말의 요점에 대해 확신을 갖지 못한다면, 이 책을 내려놔도 좋다. 하지만 당신이 비전의 중요성을 인식하고 미래에 대한 더 나은 비전을 수립하고 싶다면 이 책을 손에서 내려놓지 말기를 당부한다.

이 책에서 나의 실천적 가정은, 사업이 됐든 사생활이 됐든 당신이 어디로 가고 있는지 알고 있다면, 당신이 좋아할 만한 목적지에 도달할 가능성이 상당히 높다는 것이다. 나는 비전을 모든 조직의 생명선이라고 생각한다. 비전은 당신을 계속해서 전진하게 만든다. 비전은 당신의 회사라는 자동차가 미래에 도착할 수 있게 하는 엔진과 같다. 비전은 인간의 실제 인생에서 만나게 되는 우여곡절을 구성하는 매일의 시련과 저항에 의미를 부여한다. 그리고 코닥, 후지필름 그리고 앞에서 소개한 다른 사례들에서 봤듯이 비전은 정적인 것이 아니다. 목표를 달성했을 때 혹은 산업이 변화할 때, 비전은 바뀔 수 있고, 바뀌어야만 한다.

비전이 만드는 차이를 이해했다면, 비전을 직접 수립해볼 준비가 된 것이다. 다음 장에서는 다섯 가지 중요 질문에 대한 해답을 찾아가며 각자의 비전을 수립해보는 연습을 할 것이다. 이 다섯 가지 질문 중 '당신이 무엇을 원하는가?'부터 시작해보자.

분명한 비전을 수립하기 위한 20가지 팁

1. 온전한 주체가 된다
자신과 팀을 위한 확실한 비전을 수립하겠다는 굳은 결의가 있어야 한다. 이 일을 타인에게 위임해서는 안 된다.

2. 제약을 가하는 믿음을 버린다
내적 장애물로부터 자유로워져야 한다.

3. 원하는 바를 상상한다
장애물은 생각하지 말아야 한다. 실패하지 않을 것임을 알게 됐을 때, 무엇을 해보고 싶은지를 스스로에게 물어본다.

4. 다른 사람들에 대해 생각한다
추구할 만한 가치가 있는 비전은 자신 이외에 다른 사람들과도 관련이 있다.

5. 원대한 생각을 품는다
점진적 변화는 인상적이지 않다. 자유롭게 원대한 생각을 한다.

6. 긍정적으로 만든다
해결책을 마련하기 위해서는 문제를 해체하는 것 이상을 해야 한다.

7. 생각을 전환한다
당신의 비전이 실현됐을 때 세상이 어떻게 바뀔지 생각한다.

8. 상상력을 발휘한다
미래는 어떤 모습일까? 그런 미래에서 살면 어떤 기분일까? 무엇이 들리나? 누가 보이는가?

9. '방법'에 대해 묻지 않는다
전략은 나중에 세운다. 지금은 그냥 상상만 하면 된다.

10. 기록한다
비전을 글로 남긴다. 지나치게 많은 생각은 금물이다. 그냥 기록만 한다.

11. 타인의 의견을 듣는다

이제 당신이 비전을 수립할 수 있게 타인의 방해가 아닌 도움을 받는다.

12. 비전을 손질한다

글로 남긴 비전을 간결하게 만들고 정리해서 다시 기록한다.

13. 실현 가능하게 한다

이 비전이 당신의 의사결정을 어떻게 이끌어 줄 것인지에 대해 간단하게 기록한다.

14. 설득한다

이 비전에 다른 이들도 동의할 수 있게 열정을 보인다.

15. 과거를 존중한다

당신이 지금 해결하려는 문제가 과거에는 최선의 해결책이었다는 것을 명심한다.

16. 다른 사람의 도움을 받는다

당신의 비전을 실현하는 데 조력자들이 어느 자리에 필요한지를 명확하게 보여준다.

17. 질문을 환영한다

다른 사람들은 당신이 발견하지 못한 문제점을 발견해주는 것으로 당신에게 도움을 줄 것이다.

18. 반대를 예상한다

아무도 변화를 환영하지 않는다. 그러니 방어적인 자세로 피드백을 받지 않도록 한다.

19. 절대 흔들리지 않는다

당신이 수립한 비전에 확신이 있다면, 반발에 부딪히더라도 절대 굽히지 마라.

20. 대범해진다

당신이 비전을 달성하기 위해 위험을 무릅쓰고 싶어 하지 않으면, 어느 누구도 마찬가지다.

비전 스크립트
초안 작성하기

THE
VISION
DRIVEN
LEADER

영혼은 정신적 이미지 없이는 결코 사고할 수 없다.
- 아리스토텔레스(Aristoteles)

당신의 희망과 낙관이 미래에 대한 구체적 비전과 그것을 달성하는 방법과 조화
를 이룰 때 리더십이 만들어진다.
- 세스 고딘(Seth Godin)

의향이 아닌 방향이 운명을 결정한다.
- 앤디 스탠리(Andy Stanley)

당신은
무엇을 원하는가?

방향은 욕망에서 시작된다

> **"**
> 과거에서 가장 좋은 것을 취하고, 가장 나쁜 것은 과거에 두고,
> 미래를 향해 전진해야 한다.
>
> 밥 딜런(Bob Dylan)[1]
> **"**

2001년 서른세 살의 에릭 웨이헨마이어Erik Weihenmayer는 세계 최정상에 서 있었다. 그는 고도에 적응하기 위해서 3개월간 등반과 멈춤을 반복한 끝에 18명의 다른 등반대원과 함께 에베레스트산 정상에 올랐다.

이 산의 정상에 도전하는 등반가 중 90%가 실패한다.[2] 에베레스트산 등반은 겁쟁이가 할 수 있는 일은 아니다. 등반에 수반되는 위험은 크레바스,* 산사태, 동상, 시속 100마일로 부는 바람, 영하의 기온, 눈보라, 지진, 위험천만한 산소 부족, 고산

---

* 빙하 속 깊이 갈라진 틈. -역자주

성 폐부종 및 저산소증 등이 있다. 이 글을 쓰고 있는 시점을 기준으로 1922년 이후 이 산의 정상에 도전했던 등반가 중 거의 300명이 영원히 하산하지 못했다.[3] 이러한 위험을 인식하고 있던 웨이헨마이어 팀은 악천후, 부상, 이질, 열병 등과 싸워야 했다. 그러나 이런 어려움보다 훨씬 극복하기 힘든 위험이 있었다. 그것은 웨이헨마이어가 앞을 볼 수 없다는 사실이었다.

웨이헨마이너는 어린 나이에 망막층간분리증을 앓았다. 이 희귀한 망막질환이 점진적으로 악화되어, 결국 그는 나이 서른에 완전히 앞을 볼 수 없게 됐다. 그러나 그는 앞을 볼 수 없는 신체적 결함이 자신이 원하는 삶을 사는 것을 방해하게 두지 않았다. 스무 살이 된 그는 세계 7대륙의 가장 높은 산의 정상에 오르겠다는 원대한 비전을 세웠다.

그는 비록 앞을 볼 순 없었지만, 놀라울 정도의 비전을 갖고 있었다. 극복할 수 없을 것 같은 역경에 부딪힐 때마다 자신의 목표가 무엇인지를 다시금 되새겼다. 그 결과 그는 세계 최고봉 7개를 정복한 최초의 산악인 150명에 이름을 올렸다. 그는 이 업적을 달성한 최초

> **우리 모두는 각자가 넘어야 할 산을 갖고 있다. 비전은 그 산의 정상으로 가는 유일하게 믿을 수 있는 통로이다.**

이자 유일한 맹인 등반가였다.[4] 〈타임〉지는 그의 업적을 다음과 같이 소개했다. "이러한 업적을 달성한 사람은 이제껏 아무도 없었다. 이는 유일무이한 인간의 한계를 뛰어넘은 위대한

업적이다."**5**

위험이나 역경이 무엇이든 우리 모두는 각자가 넘어야 할 산을 갖고 있다. 이때 비전이 그 산의 정상으로 가는 유일하게 믿을 수 있는 통로이다. 리더십으로 가는 길은 완만한 경사가 아니다. 때때로 길이 없을 때도 있다. 지도자가 이전에 없던 길을 만들기 위해서는 확고한 비전이 필요하다. 비전은 당신이 무엇을 원하는지로 설명될 수 있다. 자신이 무엇을 원하는지 분명히 알지 못하면 이를 달성할 수 없다.

그러면 당신이 원하는 것은 무엇인가? 당신이 이 질문에 구체적인 답을 찾는 데 비전 스크립트가 어떻게 도움을 주는지 알아볼 것이다. 더불어 당신의 조직에 필요한 비전 스크립트 작성에 필요한 것이 무엇인지도 살펴볼 것이다.

임무 기술서가 아니다

⋮

나는 앞서 [질문2]에 대한 답을 찾으면서, 비전의 부재가 어떻게 나의 사업을 파산으로 이끌었는지에 대해 이야기했다. 지금부터는 그 이야기의 나머지 절반, 다음 사업을 할 때 비전이 어떻게 실패를 모면하도록 해주었는지에 대해 이야기할 예정이다. 에이전트로 수년간을 일한 후 1998년 나는 토머스 넬슨 출판사로 다시 돌아와 계열 출판사 중 하나인 넬슨 북스Nelson

Books의 부발행인으로 일했다. 부발행인이란 사장이자 발행인 다음으로 중요한 의사결정자이다. 그리고 사장이었던 나의 보스는 2000년 7월에 퇴사했다.

그가 퇴사한 이유를 파악하는 건 어렵지 않았다. 우리 출판사는 매우 안 좋은 상황에 놓여 있었다. 직원들 대부분은 사내 소문이나 다른 증거들을 통해 회사의 절망적인 상황을 감지했다. 그러나 사장은 당시 상황을 구체적으로 말해주려고 하지 않았다. 나는 사장이 퇴사하기 전까지는 회사의 상황이 얼마나 위태로운지 몰랐다. 회사의 재정상태를 면밀하게 검토한 후 파악한 내용은 다음과 같다.

- 우리 사업부가 회사 전체에서 수익성이 가장 낮았다. 사실 지난해에는 적자를 기록했다. 다른 사업부의 직원들이 우리의 형편없는 실적에 대해 수군거렸다. 우리 부서가 회사 전체의 수입 지표를 낮추고, 결국 이로 인해 다른 직원들이 연말 실적 보너스를 못 받게 됐다고 우리를 비난했다.
- 우리 사업부의 매출 성장률은 3년 동안 제자리였다. 게다가 얼마 전, 매출이 가장 높은 작가를 경쟁 출판사에 빼앗겼다. 이는 매출 신장을 기대하기 어렵다는 뜻이었다.
- 수입 대비 우리 사업부의 재고와 선인세금 비율이 회사 전체에서 가장 높았다. 다시 말해, 우리 출판부가 운전자

본을 가장 비효율적으로 사용하고 있었다. 우리는 회사의 막대한 자원을 소비하고 있으면서 사실상 회사 주주들에게 수익으로 되돌려주지 못했다.

- 우리는 열 명의 직원이 한 팀을 이루어 해마다 약 125권의 신간을 출판하고 있었다. 반면 내가 아는 출판사 중에는 우리보다 두 배나 많은 직원이 연간 60권 정도만 출간하는 곳도 많다. 우리는 일력이 너무 부족한 나머지 직원 모두가 과중한 업무에 시달리고 있었다. 결과물의 품질이 이를 입증했다. 우리가 처리해야 할 업무가 너무 많았다.
- 출간된 서적 중 단 20%가 우리 출판부 수입의 80%를 책임지고 있었다. 그러니까 서적 대부분이 황금 알을 낳는 거위가 아니라 돈 먹는 하마들이었다(과거 보스턴 컨설팅그룹의 지표 참조).

당시 이 모든 것이 많은 문제가 됐는데 그 이유는 단 하나, 내가 이 골칫덩어리를 떠안게 되어서였다. 내 보스가 퇴사하자, 회사로부터 그 자리를 맡아 달라는 요청을 받았다. 즉, 우리 사업부를 이끌고 산을 넘는 책임을 지는 지도자가 되어야 한다는 의미였다. 나는 이 이야기의 일부를 나의 책《초생산성Free to Focus》에서 언급한 바 있다. 하지만 비전의 가치, 특히 과거 나의 사업 실패와 비교해 비전이 얼마나 중요한지를 명확하게 보여주기 위해, 이 이야기를 좀 더 깊이 있게 여러분과 공유하고자 한다.

　나는 동시에 두 가지 감정이 들었다. 하나는 성공해야 한다는, 다시는 실패하면 안 된다는 극도의 부담감이었고, 다른 하나는 흥분이었다. 상황은 그보다 더 나쁠 수 없을 만큼 최악이었다. 우리는 수치화할 수 있는 모든 부문에서 꼴찌였다. 그것이 내가 극도의 부담감을 느낄 수밖에 없었던 이유다. 그런데 흥분이라는 감정은 왜 든 것일까? 인정하자니 조금 웃기지만 나는 출판사업부의 신임 경영자로서 최상의 위치에 있었다. 상황을 더 악화시킬 수 있는 확률은 낮았다. 반면 내가 이 출판사업부를 되살려 놓는다면, 영웅이 되는 것이었다. 하지만 무슨 수로?

　이런 종류의 이야기는 중요한 차이를 만드는 데 도움을 준다. 나는 "임무와 비전의 차이는 무엇인가?"라는 질문을 자주 받는다. 언뜻 이 둘은 비슷해 보인다. 사람들은 비즈니스 성공의 중요한 요소로 이 둘이 상호호환이 되는 것처럼 말하고들 한다. 이 둘은 서로 연결되어 있고 비즈니스가 성공하기 위해 필수요소인 것은 맞다. 하지만 서로 다른 목적을 도모하는, 서로 다른 개념이라는 것을 알아야 한다.

　임무와 비전이 전략에 영향을 미치지만, 영향을 미치는 방법 면에는 차이가 있다. 임무는 사업의 정체성과 범위를 규정함으로써 그날의 목표를 분명하게 한다. 명확한 임무가 없을 경우, 쉽게 목표에서 이탈하게 되고 지나치게 여러 방향으로 향하거나 잘못된 방향으로 가게 된다. 효과적인 임무 기술서는 다음 네 가지 질문에 답함으로써 당신이 과업에 집중하게 도와준다.

1. 우리는 누구인가?
2. 우리의 고객은 누구인가?
3. 우리는 무슨 문제를 해결하고 있는가?
4. 우리는 어떤 변화를 일으키는가?

이 네 가지 질문에 대한 답은 당신의 정체성, 당신의 고객층 그리고 고객들이 제기한 문제에 대한 해답을 규명해준다. 더불어 당신이 생산하는 결과물까지도 명확하게 보여줄 것이다. 모두 바람직하고 필요하다. 그러나 비전에 대해 말하면 요점에서 벗어나 있다. 넬슨 북스를 이끌기 시작했을 때, 내게 임무 기술서 같은 것은 필요하지 않았다. 나는 완전히 새로운 방향을 제시해야 했다. 이것이 가장 중요한 차이점이다. 임무가 무슨 일을 하는지를 규정한다면, 비전은 지향점을 규정한다. 임무가 지금 이곳을 말한다면, 비전은 아직 이르지 않은 먼 곳을 얘기한다. 즉, 임무는 현재를, 비전은 미래를 말하는 것이다.

**임무는 현재를,
비전은 미래를 말한다.**

발행인이 되는 것은 나의 장기적 목표였다. 더없을 좋은 기회를 잡고 내가 맡은 출판사업부가 재난에 가까운 어려운 상황임을 알았을 때, 나는 명확한 행동 계획이 필요하다는 것을 본능적으로 깨달았다. 출판사업부의 운명을 바꾸기 위해 내가 취한 첫 번째 조치는 나와 조직의 미래가 어떤 모습이기를 원하는지 스스로에게 물어본 것이다. 이 출판부를 어디로 이끌어 가고 싶은지를 물었다. 내가 정말로 원하는 것은 무엇이었을까? 나는 답을 얻기 위해 별장으로 휴가를 떠나 완전히 새로운 사업 방향을 구상했다.

◆ **임무과 비전의 차이**

임무	비전
정체성	지향점
여기	저기
현재	미래
단기	인내심 필요

내일을 구상해서 쓰다

⋮

효과적인 임무 기술서는 단호한 언어로 요점을 부각해 기억에 남게 작성해야 한다. 즉, 두 문장 정도로 간결하게 작성하는 것이 바람직하다. 과거 피터 드러커Peter Drucker가 말했듯이 "임무 기술서는 티셔츠 한 장에 들어갈 정도면 된다."[6] 하지만 나는 새롭고 더 나은 비전을 문서로 작성해야 했다. 새로운 비전은 티셔츠 한 장에 들어갈 분량보다는 길어야 한다.

비전 스크립트는 표지선이나 광고 스티커가 아니다. 그것은 현재 시제로 쓴 문서이지만, 오늘이라 가정한 당신의 미래 모습이 기술되어야 한다. 그런데 미래란 얼마나 먼 시점을 의미하는 것일까? 나는 3년에서 5년 뒤를 가정해보는 것이 좋다고 생각한다. 이보다 먼 미래를 상정해도 괜찮지만, 내 경험상 3년에서 5년 후를 가정할 때 가장 큰 도움이 되는 듯하다.

비전 스크립트를 기술하는 요령은 우선 미래에 당신의 비즈니스 영역 중 가장 중요한 네 가지 영역이 어떤 모습일지를 기록해보는 것이다. 네 가지 영역이란, 당신의 조직, 제품, 판매 및 마케팅, 영향력을 말한다. 잠시 후 나는 이 네 가지 부분에 대해 구체적으로 논의할 것이다. 솔직히 말해서 처음 내가 이 연습을 했을 때, 나의 비전 스크립트는 여기에 약술한 것보다 덜 진화된 형태였다. 나는 이후 수년에 걸쳐 이를 개선해 훨씬 더 효과적인 비전 스크립트를 구축할 수 있었다.

그러나 한 가지만은 완벽하게 동일하다. 그것은 바로 내가 바라는 회사의 미래 모습에 대해 답하는 것이다. 이는 비전을 수립할 때 우리 모두에게 적용된다. 이제 다음에 제시된 네 가지 영역, 즉 조직, 제품, 판매 및 마케팅, 영향력을 면밀하게 들여다보면서 마이클 하얏트&컴퍼니가 현재 사용하고 있는 비전 스크립트의 견본을 보여줄 것이다. 미래에 대한 모든 진술이 현재 우리가 어떻게 수행하고 있는지를 말해주며, 다음 할 일에 영향을 미친다.

당신 조직의 미래

비전 스크립트는 당신의 조직에서부터 시작하는 것이 중요하다. 이유는 당신의 조직이 그 밖의 모든 것을 가능하게 하기 때문이다. 제대로 된 조직은 당신이 지도자로서 최선을 다하고자 하는 일에 집중할 수 있게 해줄 것이다. 그들은 전략을 집행하고, 당신의 고객을 돌보며, 새로운 고객을 구축할 것이다. 또한 아이디어, 포부, 기술, 노하우로 당신을 매료시킬 것이다.

그렇다면 이 이상적인 당신의 조직은 3년 후 어떤 모습일까? 당신은 그들을 어떻게 관리하며 이기는 문화를 만들어가고 있을까? 비전 스크립트는 읽는 사람 누구나 시각화가 가능할 만큼 충분히 구체적이어야 한다. 당신은 자세하게 전달해서 다른 사람들도 당신이 보는 것을 이해하고 당신과 함께 그것을 구축할 수 있기를 희망할 것이다.

당신은 조직의 3년 후 모습을 상상할 때, 조직원들의 재능, 경험, 일과 사생활의 균형의 관점에서 그들이 어떤 모습일지를 생각한다. 혜택, 근무환경, 인센티브 등의 관점에서 당신이 무엇을 제공하는지를 생각한다. 옳은 답도 틀린 답도 없다. 비전 스크립트는 그저 당신 조직에 당신이 바라는 것들로 요약된다.

마이클 하얏트&컴퍼니의 비전 스크립트의 몇몇 사례 안에는 다음과 같은 내용이 포함돼 있다. "우리 팀원들은 회사의 핵심 이데올로기를 따르며 살고 숨 쉰다. 그들은 흠잡을 데 없는 성격, 뛰어난 재능, 입증된 실적을 보유하고 있다", "우리 직원들은 정당한 자율성을 경험하고 있고, 자신들의 업무를 기획하고 집행한다. 이때 고압적인 경영진, 융통성 없는 관료주의, 형식적이고 번거로운 절차의 방해를 받지 않는다", "우리는 혁신과 실험을 권장한다. 만약 무언가 잘못될 경우, 그것에서 교훈을 얻고 다시 전진한다."

당신 제품의 미래

당신이 제공하는 제품이나 서비스는 무엇인가? 마이클 하얏트&컴퍼니의 비전 스크립트는 "우리는 지도자들이 직장과 사생활의 성공에 필요한 요소에 초점을 맞출 수 있는 제품을 생산한다."라고 천명하고 있다. 여기에 추가적인 세부사항을 첨가해 다음과 같이 좀 더 구체적으로 설명한다. "우리는 고객들을 기쁘게 하고, 그들의 기대를 넘어서며 극적인 변화를 도모하는 제품을 개발한다."

우리는 항상 그 목표를 달성하는가? 항상 달성하는 것도, 그렇다고 완벽하게 달성하는 것도 아니다. 그러나 그렇게 할 수 있기를 기대한다. 비전은 미래에 관한 것이지 현재에 관한 것이 아니다. 비전은 당신이 향하고 있는 목적지에 관한 것이지 현재 상태를 말하는 것이 아니다. 미래의 비전은 현재를 측정할 수 있는 척도를 제공하는데, 우리가 [질문1]에서 언급한 대로 우선순위 면에서 훨씬 더 중요하다. 당연히 당신은 아직 거기에 도달하지 않았다.

그리고 바로 그 점에서 즐거움이 생긴다. 당신의 다음 제품은 무엇인가? 어떤 제품을 만들고 싶은가? 어떤 제품을 고객에게 제공하고 싶은가? 임무와 비전은 서로 연관돼 있다고 한 내 말을 기억하는가? 미래 제품에 대해 충분히 생각할 수 있는 유용한 팁을 주자면, 당신의 제품이 당신의 임무를 완수하는 데 도움이 될지를 물어보라는 것이다.

우리 제품에 대한 비전은 이런 진술문을 포함한다. "우리는 엄격한 의사결정 과정을 거쳐 우리의 핵심 이념 및 예상 ROI(투자수익률)에 기초해 필요한 투자인지를 판단한다. 그 결과 우리는 기회를 가장한 위험한 유혹에 일상적으로 '노'라고 말한다", "우리는 재능 있는 지도교사, 연사 및 팟캐스터를 고용한다."

판매 및 마케팅의 미래

그 놀라운 제품을 어떻게 광고하고 있는가? 실질적인 방법이나 전략을 이야기하는 것이 아니다. 이는 당신의 판매 및 마케팅에 대해 포괄적이며 철학적으로 생각해볼 기회다. 그것은 (물론 '도움이 된다면'이라는 가정이 포함되기는 하지만) 인상이나 전향 그 이상을 의미할 수 있다. 이는 근본적으로 당신이 고객과 관계를 맺는 방법에 관한 것이다.

우리 회사에서는 "우리는 우리 제안을 매력적인 것으로 만들 고객 확보 전략을 활용한다."라고 말한다. 그리고 나서 다른 진술문으로 이를 확장한다. "우리는 고객사와 고객들이 진정한 영웅이라는 것을 알고 있다. 우리는 우리 고객들이 각자의 장애물을 극복하고 원하는 변화를 도모하는 데 도움을 줄 수 있는 계획을 제공하는 안내자로서 역할을 수행한다." 그리고 "우리는 세계 수준의 환대에 기반한 고객 경험을 가장 중요한 마케팅 활동으로 생각한다."

당신이 미칠 영향의 미래

마지막으로 비전 스크립트에 조직이 노력을 기울이며 의도한 결과물을 기술할 수 있어야 한다. 비전을 실현했을 때의 결과는 무엇인가? 이에 대해 재정적 영향의 관점에서 답할 수 있어야 한다. 또 이외의 덜 구체적인 방식으로도 이야기할 수 있어야 한다. 예를 들어 영향력 혹은 덜 물질적인 측면에서 어떤 결과를 초래할지에 대해 이야기할 수 있어야 한다.

우리 회사의 비전 스크립트는 마지막 구성 요소를 기술하면서 이런 말로 시작한다. "그 결과 우리는 우리의 세계를 변화시킬 것이고 놀라운 결과를 달성할 것이다." 이어 회사 자본금의 운영 상태와 주요 재무제표, 팀원의 이직률에 대해 기술하고, 마지막으로 타협 불가능한 요소에 대해서도 언급한다. 즉, "우리는 우리의 가치나 문화를 손상하지 않고 이 모든 놀라운 결

◆ 비전 스크립트의 4가지 주요 구성요소

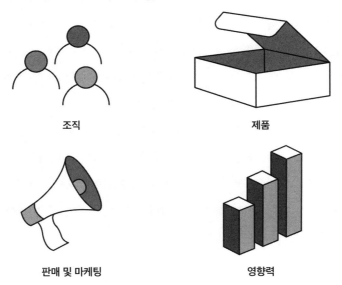

조직	제품
판매 및 마케팅	영향력

이 네 가지가 비전 스크립트를 구성하는 주요 요소다. 그런데 이 외의 영역을 추가해야 할 필요가 있을 수 있다. 이 부분에 대해서는 걱정할 것이 없다. 당신의 미래가 당신에게 유리하게 작용할 수 있도록 필요한 범주를 첨가하면 된다.

과를 달성했다."는 것이다.

더 진행하기에 앞서 이 질문에 답해보자. "이 네 가지 영역에서 다루어지지 않은 것에 지대한 영향을 받는다면 어떻게 해야 할까?" 그런 경우에 해당하는 사례들이 있을 수 있다. 그렇다면 주저하지 말고 당신의 비전 스크립트에 새로운 영역을 추가해라. 예를 들어, 당신의 회사가 자본 집약적이라면 당신은 재정 상황을 중심으로 진술문을 작성하고 싶을 것이다. 만약 당신이 비영리회사를 운영하고 있다면 기부자 서비스^{donor} relations 영역을 첨가할 필요가 있을 것이다. 지나치게 많은 요소를 진술문에 포함하지 않도록 해야 한다는 점만 명심하면 된다. 진술문에 포함된 모든 영역은 당신의 비즈니스에서 빠져서는 안 되는 것이어야 한다. 또한 앞서 제시한 네 가지 주요 영역은 그 어떤 것도 삭제해서는 안 된다. 모두가 없어서는 안 되는 요소임을 명심하자. 1인 기업을 운영하고 있다 하더라도, 비전 스크립트에는 조직에 대한 내용이 포함되어야 한다. 조직, 제품, 시장(판매), 결과(영향력)가 없다면 당신은 진정한 비즈니스를 하는 것이 아니다.

비전 스크립트 작성법

⋮

비전 스크립트를 작성하는 일이 쉽지 않을 수 있음을 솔직하게 인정하고 시작하는 게 도움이 된다. 거기에는 몇 가지 이유가 있다. 일상에 지나치게 몰입한 나머지, 미래에 대한 매력적인 비전을 제시하는 것이 어려울 때가 간혹 있다. 아니면 자신이 그다지 창의적인 사람이 아니라고 느낄 수도 있다. 하지만 나는 그렇게 생각하지 않는다. 매력적인 비전 스크립트를 쓰는 것이 어려운 이유는 우리가 상상력이 부족해서라기보다는 주의력이 부족해서다. 시간과 관심을 투자하는 지도자는 자신이 원하는 것이 무엇인지를 자문하고, 해답을 얻기까지 계속 이 문제를 붙들고 있는 것만으로도 충분히 매력적인 미래 비전을 구축할 수 있다.

인간은 지구상에 존재하는 다른 동물과 달리 미래지향적이다. 다른 동물은 근시안적 시야를 갖고 있지만, 인간은 언제나 장기적 계획을 수립하고 이에 따라 행동한다. 심리학자 마틴 셀리그먼Martin Seligman은 "인간에게 좀 더 적합한 명칭은 '호모 프로스펙투스Homo prospectus'다. 인간이 미래에 대한 예측을 통해 번영을 구가하기 때문이다."라고 말한 바 있다.[7] 우리는 이 사실을 간단한 경험을 통해 알고 있다. 우리 모두는 이유야 수십 가지겠지만 미래를 걱정하고 끊임없이 상상한다. 그러니 이것이 당신에게 도움이 될 수 있게 해보자. 내가 부탁하고 싶은 것은 잘 안 될 것만 같은 일은 절대 생각하지 말고, 좋은 결과로 이어질 일만 상상해보라는 것이다.

비전 스크립트를 작성할 때 유용한 팁 세 가지를 알려주겠다. 내가 처음에 넬슨 북스의 비전 스크립트를 작성할 때 이 팁들이 어떻게 도움이 됐는지도 이야기할 것이다. 당신은 고무적이고, 명확하며, 실질적이고, 매력적인 조직의 미래 그림을 그리길 원한다는 사실을 기억해야 한다. 조직의 미래 비전을 수립하는 것, 그 이상도 그 이하도 아니다. 그러니 경력 전략가 제니 블레이크Jenny Blake가 말한 '무수히 많은 방법의 횡포the tyranny of the hows'[8]에 굴복당하지 않도록 해야 한다. 이 과정은 임무를 규정하는 것도, 전략을 수립하는 과정도 아니다. 당신의 비전 스크립트가 어떻게 전략에 영향을 미치는지는 [질문6]에서 설명할 것이다.

1. 일상 업무에서 벗어나 머리를 맑게 한다

바쁜 일상생활 중에 비전 스크립트를 수립하는 게 불가능하지는 않지만 분명 어렵다. 그래서 정신없이 바쁜 일상의 소용돌이에서 벗어나 그 너머를 볼 수 있는 것이 중요하다.

나는 일상 업무와 프로젝트를 진행하는 동안에는 조직의 미래 비전을 수립하는 것이 어렵다는 사실을 우연히 깨달았다. 일상에서 벗어날 유일한 방법은 생각에만 몰두하는 것이다. 그래서 나는 시간을 내서 혼자만의 시간을 가졌다.

현재 상태를 분명하게 확인하고 미래의 모습을 상상할 수 있는 정신 공간을 갖기 위해 사무실을 떠나 조용한 장소를 찾을 것을 추천한다. 호텔이나 휴양지에 가는 것도 좋고, 공공도서관의 후미진 조용한 공간 혹은 커피숍에 들어가 이어폰을 꽂고 혼자 있는 시간을 갖는 것도 괜찮다. 방해만 받지 않는 곳이라면 어디든 상관없다. 끊임없는 소음, 정신을 혼란스럽게 하는 것들, 정신없는 일상에서 차단되어, 생각하고 고민하고 자신만의 생각에 귀를 기울일 때, 놀라운 일이 벌어질 것이다. 만약 도움이 된다면, 시작할 때 기도를 하는 것도 좋다.

가능하다면 그 시간 동안 사무실과는 연락하지 마라. 알림

통지도 모두 *끄고*, 외부와 단절된 상황을 유지할 수 있도록 종이에 기록하도록 해라. 그러지 않으면 이메일 혹은 슬랙(인스턴트 메시지 툴)이라는 중력의 힘이 비전을 수립하기 위해서 정신 공간을 마련하려고 애쓰는 당신을 블랙홀처럼 의식 공간으로 빨아들일 것이다.

2. 최고의 순간은 아직 오지 않았다는 것을 믿어라

미래는 결국 가능성이다. 그런데 경험은 늘 우리를 불가능한 것에 초점을 맞추도록 한다. 우리는 한계나 제약 혹은 우리의 희망이 이루어지지 않을 오만 가지 이유를 생각하도록 길들여져 있다. 물론 그렇게 하는 것이 옳을 때도 많다.

그런데 여기에는 인정하고 싶지 않은 비밀이 하나 숨어 있다. 그것은 믿는 대로 이루어지는 자기 충족적 예언이다. 우리는 우리가 예상한 것을 그대로 겪을 때가 많다. 인생 최대 장애물은 머릿속에 있는 생각의 장애물인 경우가 많다는 의미다. 우리는 스스로 우리의 전진을 가로막는 울타리를 친다. 항상 그렇지는 않더라도 우리가 인정하는 것보다 그 빈도는 훨씬 높다.

이를 해결하기 위해 노력하는 것은 중요하다. 미래에 대한 새로운 비전을 수립하는 것은 부분적으로는 과거와 현재를 직시하고, 그 과거와 현재가 미래의 가능성을 바라보는 우리의 시각에 어떻게 영향을 미칠지를 아는 것이기 때문이다. 우리는 두 가지를 동시에 수행해야 한다. 즉, 이제까지의 우리의 경험에 대해 완전히 솔직해야 하고, 우리의 경험이 앞으로 더 나아질 수 있고 심지어 훨씬 더 좋아질 수 있다는 생각에 집중해야 한다.

나는 비전을 수립하기 위해 휴가를 떠나면서, 다수의 스프레드시트, 지난해 손익계산서, 작가 명부, 조직도, SWOT 분석*을 들고 갔다. 자료 읽기를 마쳤을 무렵, 밥 딜런의 노래 'Everything is broken'이 내 머리를 떠나지 않았다. 솔직히 말해 상황이 좋아지지 않으리라고 생각하는 것이 더 쉬웠을지 모른다. 모든 것이 우리에게 불리하게 돌아갔다. 그런 상황을 더욱 어렵게 만든 것은 나를 따라다니던 실패의 경험이었다. 나는 이미 출판사를 말아먹은 적이 있다. 이번에도 말아먹지 말라는 법이 없었다.

우리에게 도움이 될 만한 농구와 관련된 유명한 일화가 하나 있다. 1978년 중학교 2학년 학생 하나가 다른 50명의 학생과 15명으로 구성된 대학 농구팀의 한자리를 차지하겠다는 꿈에 부풀어 엠슬리 A. 레이니 고등학교 체육관 안으로 들어왔다. 당시 그 소년은 키가 155cm에 불과했다. 다른 소년들에 비해 뒤질 수밖에 없었다. 결국 그는 선발되지 못했다. 그는 "선수 선발전에서 탈락했을 때 당혹스러웠다."고 인정했다.[9] 집에 돌아온 소년은 곧장 방으로 들어가 문을 잠그고 큰 소리로 울었다.

---

* 기업의 환경 분석을 통해 강점(strength), 약점(weakness), 기회(opportunity), 위협(threat) 요인을 규정하고 이를 토대로 마케팅 전략을 수립하는 기법. -역자주

극심한 실망감에 "난 안 돼. 코트 위에서 난 아무것도 할 수 없을 거야. 나보다 크고 나보다 빠르고 나보다 실력이 뛰어난 선수가 너무 많아."라고 생각했다. 당시 소년의 실패 경험이 그러한 생각을 강화했을 것이다. 그러나 그 생각이 현실이 되어버리게 두는 대신, 그는 미래를 바꾸겠다는 일념으로 더 많은 노력을 기울였다.

그는 어떻게 마음을 다잡을 수 있었는지를 설명하면서 이렇게 말했다. "나는 운동을 하다 피곤해져서 쉬어야겠다는 생각이 들 때마다, 눈을 감고 선수 명단에 내 이름이 빠져 있던 걸 떠올렸다. 그러면 다시 운동할 힘이 생겼다."[10]

그의 노력은 결국 결실을 맺었다. 그는 바로 마이클 조던Michael Jordan이다. 마이클 조던은 NBA 선수 시절 총 3만 2,292점을 득점했으며, 올스타전에 14번 출전했고, 6번의 NBA 챔피언십 트로피를 거머쥐었으며, 5번이나 MVP 선수로 선정됐다.

역사는 사고의 전환이 결과의 변화로 이어지는 이야기로 가득 차 있다. 월트 디즈니Walt Disney는 캔자스시티 스타Kansas City Star 신문사에서 해고됐다. 이유는? 그 신문사 편집장은 "그가 상상력이 부족하고 번뜩이는 아이디어가 없다."고 말했다.[11] 오프라 윈프리Oprah Winfrey가 텔레비전 리포터 자리에서 해고됐을 때, 프로듀서는 그녀가 텔레비전 뉴스에 적합하지 않다고 말한 것으로 알려졌다.[12] 스티븐 스필버그Steven Spielberg는 서던 캘리포니아 대학 영화과를 지원했다가 세 번이나 떨어졌다. 그래도

최대 장애물은
우리 머릿속에 있는
생각의 장애물인
경우가 많다.

그는 자신에게 재능이 없다고 생각하지 않고 언젠가 멋진 영화를 만들겠다는 꿈을 포기하지 않았다. 그는 이후 50편이 넘는 영화를 제작했고, 이 중 세 편은 오스카상을 수상했다.[13]

이 장을 시작할 때 소개한 이야기의 주인공, 에릭 웨이헨마이어를 기억해주기를 바란다. 만약 현실을 받아들이고 그러한 현실이 미래를 가로막게 됐어야 할 사람이 있다면, 웨이헨마이어였을 것이다. 하지만 그는 그렇게 하지 않았다. 그는 어떤 것도 꿈꾸고 성취하는 것을 방해하도록 두지 않았다.

경험은, 심지어 나쁜 경험까지도 단지 정보에 불과하다. 그 정보를 어떻게 해석하고 적용할 것인지는 당신에게 달려 있다. 당신은 그 정보를 이용해 미래의 가능성을 제한하는 믿음을 가질 수도 있고, 하나의 단순한 자유로운 진실을 얻을 수도 있다. 그것은 당신의 과거가 무엇이었든, 가장 좋은 일은 아직 일어나지 않았다는 사실이다. 이제 앞으로 무슨 일이 펼쳐질 것인가?

3. 내일을 상상하고 눈앞에 보이는 것을 기술하라

비전 스크립트를 작성할 때 맨 마지막 단계는 당신의 미래를 상상하고 눈앞에 보이는 것을 기술하는 것이다. 미래에 서 있다고 생각해보자. 무엇이 보이나? 그것은 어떤 모습을 하고 있나?

이것은 예상이나 예언이 아니다. 미래와 관련해서 필연적인 것은 아무것도 없다.[14] 당신은 당신 자신과 팀이 최선의 생각과 노력을 투자해서 달성할 수 있는 무수히 많은 가능한 미래 중 하나를 기술하고 있다. 미래는 현재의 선택을 통해 모습을 드러낸다. 비전 스크립트를 작성하는 목적은 오늘 당신의 선택을 받기에 충분히 매력적인 내일을 상상해보는 것이다.

이러한 미래를 기술할 때 당신의 비전이 이미 일어난 일인 것처럼 현재 시제로 작성하고 싶을 것이다. 넬슨 북스의 비전 스크립트에서 몇 가지 사례를 볼 수 있다. 예를 들면 이렇다. "넬슨 북스는 해마다 〈뉴욕타임스〉 베스트셀러 7편을 출간한다", "우리는 한해 10만 부 이상 판매되는 10권의 도서를 판매한다.", "우리는 작가와 에이전트와 좋은 관계를 유지하고 있다", "우리는 상당히 재능 있고 헌신적인 직원들을 보유하고 있다"

시작에 앞서 나는 스스로에게 다수의 탐색용 질문을 던졌다. 그 질문은 다음과 같다.

- 우리의 비즈니스 모델에서 팀원들이 번아웃되거나 퇴사하는 일을 막기 위해 필요한 변화는 무엇인가?
- 직원의 이직률을 최소화하고 이윤을 극대화하려면 어떤 스타일의 작가와 도서를 유치해야 할까? (당신은 이 질문을 당신 회사의 제품이나 서비스에 적용해볼 수 있다.)
- 우리 조직이 시장에서 다른 경쟁사들과 어깨를 나란히 할 방법은 무엇일까?

- 비전의 실현을 앞당기기 위해 개발해야 하는 혁신 혹은 프로세스는 무엇일까?

도움이 될 만한 다른 질문도 많다. 저널리스트 워런 버거 Warren Berger는 비즈니스 컨설턴트 돈 데로스비Don Derosby가 사용한 도발적인 질문을 던진다. "만약 오라클(신탁)이 당신에게 지금부터 3년 후 무슨 일이 벌어질지를 말해준다면, 가장 알고 싶은 것은 무엇인가?" 이 질문의 장점은 당신의 흥미와 관심을 끌고 당신을 흥분되게 만드는 것이 무엇인지를 분명하게 해준다는 것이다. 아무도 미래를 알 수는 없지만, 버거의 말처럼 "이 질문의 목적은 우리가 미래 시나리오에 집중할 수 있게 만드는 것이다. (중략) 일단 신탁에 물어볼 질문을 생각해본 다음, 당신이 할 일은 신탁의 임무, 다시 말해 질문에 답하기 위해 최선의 노력을 다하는 것이다."[15] 즉, 질문에 답을 하는 것이 비전 수립의 첫걸음이다.

버거는 비전 수립 전문가들이 제공한 몇 가지 다른 질문도 제시했다.

- 어떻게 하면 우리 회사를 도산시킬 수 있는 회사가 될 수 있을까? 그리고 이 포식자 회사는 어떤 모습이며, 이 회사가 우리 회사에 대해 경쟁우위를 갖는 이유는 무엇인가? (대니 마이어Danny Meyer, 유니온 스퀘어 호스피탤리티 그룹의

CEO)

- 우리는 우리의 고객이 어떤 고객이기를 바라는가? (마이
  클 슈레이지Michael Schrage, MIT대 교수)
- 당신은 누구와 시간을 보내고 싶은가? 어떤 주제로 이야
  기를 나누고 싶은가? 가고 싶은 여행지는? 무엇을 읽을
  것인가? (로젤린드 토레스Roselinde Torres, 보스턴 컨설팅 그룹)[16]

마지막 질문은 당신의 관심이 가능한 추세를 보여주고 바람
직한 미래로 당신을 인도해줄 수 있음을 가정한다. 특히 이 질
문은 미래 전망과 현재의 관심사를 연결할 수 있을 때 유용하
다. 사실 현재의 관심사 안에 비전에 숨어 있는 경우가 많다. 그
리고 이 마지막 질문은 뭔가 중요한 것을 암시한다. 즉, 비전은
개인적으로 당신의 흥미를 유발하고 동기를 부여할 수 있는 것
이어야 한다는 것이다. 당신의 호기심이 당신을 이끌 수 있도
록 하자. 그것이 이 질문의 목적이다.[17] 이 질문들은 상상 속의
의식 공간으로 당신을 안내할 것이다. 상상 속 의식 공간에서
당신이 상상하고 있는 내일이 완벽하게 구체화될 것이다. 이것
이 바로 당신이 비전 스크립트를 작성해야 하는 이유다.

비전을 세우는 당신에게 추가적인 도움을 주기 위해 다음에
제시하는 표의 특정 범주에 특화된 몇 가지 질문을 만들었다.
이 질문들을 양방향 버전으로도 만들었는데, [질문1]에서 언급
했듯이 '비전 스크립터'라고 불리는 도구다. 이 도구는 당신이

비전 스크립트를 작성하는 프로세스를 마칠 때까지 하나하나 자세하게 도움을 줄 것이다. 비전을 수립할 준비가 되면 이 도구를 사용해보기를 바란다.

이상적인 미래를 기술할 때는 미래를 구체화할 수 있도록 상세 정보를 충분히 제공해야 한다. 즉 구체적으로 진술해서 당신이 구축하려는 것이 무엇인지 다른 사람들이 알 수 있게 하는 것이 좋다. 당신이 생각하는 미래를 기술하지 않으면, 당신의 팀은 그것을 구축할 수 없다. 또한 그들이 그것을 구축했더라도 그 사실을 잘 모를 수 있다. 비전 스크립트에 은유나 일화를 사용하는 것은 괜찮지만, 영감을 주는 개념을 구체적인 진술문으로 작성해야 한다는 것은 잊지 말아야 한다. 당신의 비전이 구체적일수록, 이 비전은 실체가 있는 것이 되고 달성 가능한 것이 된다. 그러나 비전을 실현할 방법에 지나치게 집착하면 안 된다는 것 또한 명심해야 한다. 실현 방법은 나중에 생각해도 늦지 않다.

필요할 경우 상황에 맞게 자유롭게 수정해도 괜찮다. 앞에서 말했듯이 내가 제안하는 네 가지 요소 외에 추가적인 요소를 첨가해야 할 수도 있다. 그럴 경우, 주저하지 말고 필요한 요소를 첨가하길 바란다.

당신의 비즈니스 복잡성에 따라 3년 혹은 5년보다 더 멀리 내다볼 필요가 있다는 점도 감안하는 것이 좋다. 레고는 위기에 직면했을 때, 3단계로 이루어진 7개년 비전 계획을 활용해 위기를 극복했다.[18] 앞의 지침들은 정말 지침에 불과하므로 필요에 따라 얼마든지 변경이 가능하다.

비전을 수립하기 위한 질문들

만약 당신이 3년에서 5년 후를 상상할 수 있고 이 질문들에 답할 수 있다면, 그 답변에는 어떤 것들이 포함되어야 할까? 당신의 답변들은 비전 스크립트를 작성할 때 기초가 될 수 있다.

조직
- 당신의 조직이 어떤 부류의 사람들로 구성되기를 바라는가? 조직원이 공통으로 공유하고 있는 성격적 자질은 무엇인가?
- 그들은 어떻게 일을 하는가? 그들의 직업윤리는 무엇인가?
- 당신은 최고의 재능을 가진 인재를 당신의 조직에 유치하기 위해 무엇을 하는가? 당신의 보상 철학은 무엇인가? 당신이 제공하는 상여금 패키지는 어떤가?
- 미래 직원들이 당신의 회사에 관심을 두는 이유는 무엇인가? 사람들이 당신의 회사에 입사하고자 하는 이유가 무엇이라고 생각하는가?
- 당신 회사의 근무 환경은 어떤가? 근무 환경이 당신에게 중요한 이유는?

제품
- 당신의 회사 제품이 가져올 영향은 무엇인가? 당사의 제품이 전달하는 가치는 무엇인가?
- 당신의 제품은 어떤 사람들에게 도움이 되는가?
- 고객들이 당신 회사 제품을 사용할 때 어떤 기분일까? 고객의 제품 사용 경험은 어떨까?
- 제품 생산 과정은 어떤가? 당신의 회사가 제공할 제품의 선정 방법은?
- 당신 회사의 제품이 경쟁사의 제품에 비해 우수한 점은?

판매 및 마케팅

- 당신 회사가 속해 있는 업계는? 당사 고객층의 규모는?
- 당신 회사는 고객들에게 어떻게 다가가는가?
- 새로운 고객을 유치하는 데 드는 비용은 얼마인가? 신규 고객당 소요되는 비용은?
- 당사 고객의 평생 가치는 무엇인가?
- 당신은 마케팅, 영업 및 고객 경험 부서의 활동을 어떤 방식으로 감독하는가? 신규 고객 유치 및 유지에서 각 부서의 역할은 무엇인가?

결과(영향)

- 당신의 결과는 어떤가? 어떤 지표에 의한 것이든 당신과 당신의 팀에 가장 의미 있는 것은 무엇인가? 예를 들어, 매출, 이윤, 직원 수, 우편물 수신자 목록에 포함된 사람의 수는 어떤가?
- 지도자로서 당신을 흥분시키는 재무상태의 임계치financial threshold는 어느 정도인가?
- 지도자로서 당신은 무엇을 자유롭게 하는가?
- 당신 회사의 성장이 당신과 팀에 어떤 영향을 미치기를 기대하는가?
- 당신이 속한 업계 동료와 경쟁사는 당신을 어떻게 평가하는가?

반전

⋮

나는 비전을 종이에 모두 기록한 후, 회사로 돌아와 부서원 전체가 참석하는 회의를 소집했다. 그리고 우리의 현재 상태를 검토했다. 나는 잔인할 정도로 솔직했다. 상황은 대단히 심각했으며, 나는 인정사정없었다(이런 대화를 처리하는 가장 좋은 방법에 대해서는 [질문기에서 논의할 것이다). 그러고 나서 새로운 현실 즉, 비전을 공유하고 최대한 자세하게 그것을 설명했다. 나는 진심으로 열정적이었고 헌신적이었다. 나는 그 비전이 매력적이라고 생각했고, 부서원 대부분도 그렇게 생각했다. 일부는 우리의 생각에 동의하는 데 시간이 걸렸지만, 마지막까지 주저했던 이들도 결국은 우리와 같은 생각을 공유하게 됐다.

개인적으로 나는 매일 이 비전을 처음부터 끝까지 읽었고, 모든 부분에 대해 기도를 했다. 나는 신에게 우리를 인도해 달라고 간청했다. 조금씩 전략과 자원이 드러났다. 사람들은 내게 이렇게 묻곤 했다. "대체 어떻게 이것을 달성하려는 거요?" 그러면 나는 그냥 빙그레 웃으며 이렇게 말했다. "잘은 모르지만 분명히 해낼 수 있을 거라 확신합니다. 그러니 그냥 지켜봐 주세요."

일단 당신이 무엇을 원하는지가 분명해지면, 비전을 갖고 있지 않은 지도자들이 저지르는 실수는 피할 수 있다. 그리고 미래를 잘 준비할 수 있다. 당신은 당신을 전진하게 만드는 것이 무엇인지를 알기 때문에 중요한 기회를 십분 활용하게 된다. 동시에 정신을 팔게 하거나 낙오하게 만드는 기회도 걸러낼 수 있다.

당신의 전략은 임시방편으로 혹은 순간의 필요에 의해 결정된 전략이 아닌, 최종목표에 맞춰져 있다. 그러한 집중과 조화 덕분에 자본과 시간, 재능을 덜 낭비하게 된다. 당신의 조직은 하나가 되어 같은 방향을 향해 나아간다.

상황이 녹록지 않을 때에도 당신이 충분한 이유를 가지고 당신의 비전을 고수한다면 당신의 팀원들도 그렇게 할 것이다 (이와 관련해서는 [질문8]에서 좀 더 이야기할 것이다). 내가 리더십에서 비전이 가장 중요한 요소라고 말한 이유가 이것이다. 지도자는 비전을 갖고 있을 때 비로소 차이를 만들 수 있는 싸움을 해볼 기회를 쥐게 된다. 그리고 넬슨 북스의 경우, 비전은 진정한 차이를 만들었다.

나는 처음 수립한 비전을 달성하기까지 최소 3년이 필요하다고 생각했다. 하지만 놀랍게도 우리는 1년 반 만에 그것을 달성했다. 우리는 비전의 거의 모든 측면을 초과 달성했다. 그것은 완전한 반전이었다. 이후 6년간 넬슨 북스는 지속적으로 빠른 성장세를 보였고, 토머스 넬슨 출판사에서 가장 수익이 높은 사업부로 부상했다. 출간하는 신간마다 베스트셀러가 됐다. 사실 그 시절 우리 회사에서 가장 판매 부수가 높은 작가 대부분을 우리 부서가 보유했다.

이 놀라운 성공을 일전의 사업 실패와 비교해본 나는 이 모든 차이를 만든 것이 비전이라는 것을 깨달았다.

심사를 위한 질문

⋮

당신의 비전 스크립트는 당신의 회사가 성공으로 가는 길을 제시한다. 이것이 이 과정에 모든 정신을 집중해야 하는 이유다. 이를 위해 당신은 혼자 있는 시간을 가지면서, 과거나 현재보다 미래가 더 나을 것이라고 믿어야 하며, 지금보다 월등히 나아진 새로운 미래를 기술해야 한다.

다음 몇 가지 질문들은 당신이 비전 스크립트 작성에 정신을 집중하는 데 도움을 줄 것이며, 비전 스크립트가 주요 주주들에게 분명하고, 고무적이며, 매력적으로 다가갈 수 있게 해 줄 것이다. 만약 당신이 이 비전 스크립트로 팀원들을 설득하는 데 성공한다면, 이제 뭔가 중요한 것을 갖게 됐다는 것을 알게 될 것이다. 비전을 제시하는 지도자는 자신의 비전이 실현 가능한 것이라는 확신을 다른 사람들에게 심어주고, 그들에게 영감을 주며 이를 직접 실천에 옮기도록 한다. 비전을 구체적이고 매력적으로 만들면, 그것을 실현하는 과정에 다른 사람들을 동참시킬 수 있다.

그렇다고 하더라도 당신은 십계명이 적힌 석판을 들고 시나이산을 내려온 모세가 아니다.[19] 당신의 비전 스크립트가 굳지 않은 시멘트라고 생각하라. [질문7]에서 보게 되겠지만, 동료의 인풋input을 더하고 약간의 조정을 할 수 있는 여지는 있다. 우선 당신의 비전 스크립트를 다듬어 매력적이고 명확하며 실현 가능한 것으로 만들어보자. 이제부터는 다음 세 가지 적절한 질문을 통해 이 문제를 다룰 것이다. 우선 이 질문부터 시작해보자. "당신의 비전 스크립트는 명확한가?"

◆ **당신의 비전 스크립트**

모든 비전 스크립트의 모습은 이를 만든 지도자에 따라 다 다르다. 당신의 비전 스크립트는 구체적으로 묘사된 것일 수도 있고, 단순히 중요 항목들로 구성된 목록일 수도 있다. 어떤 스타일이든 가장 자연스럽게 흐르면서 당신의 조직, 제품, 매출 및 마케팅, 영향 및 당신이 필요로 하는 기타 항목에 대해 당신이 기대하는 미래를 가장 잘 상상할 수 있도록 당신의 비전 스크립트를 작성한다. 비전 스크립터는 당신에게 유용한 비전을 수립하는 데 도움을 줄 것이다.

당신의 비전은
명확한가?

구체적이면서 명확하게 만들어라

> **"**
> 훌륭한 지도자는 생각은 회색으로 하지만
> (중략) 흑백의 색조로 말한다.
> 보 로토(Beau Lotto)[1]
> **"**

중학생 시절 나는 정말 우주비행사가 되고 싶었다. [질문1]에서 언급했듯이 톰 스위프트가 등장하는 공상 과학 소설들이 과학, 기술, 우주여행에 대한 나의 흥미와 애정을 증폭시켰고, 아서 클라크Arthur Clark와 로버트 하인라인Robert Heinlein과 같은 공상 과학 소설가들이 우주 행성들 사이에서 살아가는 삶에 대한 나의 열정을 배가시켰다. 물론 인간을 달에 보내겠다는 케네디의 비전 역시 큰 몫을 했다. 그런데 한 가지 문제가 있었다.

한 친구가 "마이크, 그거 알아? 파일럿이 되려면 시력이 완전히 좋아야만 한대."라고 한 그 운명적인 날을 나는 아직도 기억한다. 완전히 맥이 풀렸다. 그 순간 내 인생이 송두리째 끝나

버린 것 같았다. 당시 내 안경 렌즈는 코카콜라 병뚜껑처럼 두꺼웠다. 최대한 서둘러서 안경을 콘택트렌즈로 교체했고, 내 인생 대부분을 렌즈를 착용하고 살았다. 내 꿈이 플레이아데스 성운에서 출판으로 바뀐 후에도 계속 렌즈를 착용했다.

하지만 콘택트렌즈가 완벽한 해결책은 아니었다. 나처럼 심각한 근시인 사람들은 보통 사람들보다 백내장이 훨씬 빠르게 나타나는 것으로 알려져 있다. 그래서 몇 년 전 나는 수정체 교체 수술을 받기로 했다.

수술 팀이 수술을 진행하는 동안 나는 거의 깨어 있었다. 그들은 내게 진정제를 주사한 뒤 마취용 점안액 몇 방울을 사용해 내 왼쪽 눈의 감각을 마비시켰다(한 번에 한쪽 눈만 수술할 수 있어서, 2주에 걸쳐 수술했다). 의사가 레이저 지원 기계를 사용해 내 눈에 덮개 모양의 절개를 한 뒤, 기존의 수정체를 들어내고 그 자리에 새로운 인공 수정체를 삽입한 다음, 한 땀 꿰매어 덮개 모양으로 절개된 부분을 고정했다. 정말 짧고 간단한 수술이었다. 수술은 15분이 채 걸리지 않았고 수술 결과도 즉각적으로 나타났다.

수술 후 한밤중에 깨어났을 때 나는 깜짝 놀랐다. 수술한 눈을 떴을 때 내가 처음 알아차린 것은 선명한 색깔과 또렷한 시야였다. 비교하자면 수술 전 내 시력은 수년간 닦지 않은 창을 통해서 보는 것과 같았다.

시술 덕택에 나는 방 반대편을 볼 수 있었다. 나머지 한쪽 눈의 시력 조정이 끝났을 때, 안경을 쓰지 않고 골프를 치러 갈수 있었고, 콘택트렌즈를 착용하지 않고도 운전할 수 있었다. 수술 전에는 침대에 누워서 100미터가 안 되는 곳에 걸려 있는 시계를 볼 수 없었다. 모든 것이 수년간 내가 봐온 그 어떤 것보다 선명하고, 또렷하며, 강렬하게 보였다.

게다가 완전히 예상치 못했던 것도 경험했다. 바로 기분이 좋아지는 것이었다. 그동안 선명하게 볼 수 없어서 부지불식간에 받는 스트레스를 달고 살았다는 사실을 깨달았다. 선명한 시야가 평정심을 가져다주었고, 더불어 자신감도 높여줬다.

이것은 비전이 우리의 조직에 어떤 영향을 미치는지를 보여주는 유용한 예다. 새로운 수정체가 선명한 시야와 더불어 자신감을 가져다준 것처럼, 비전을 추구하는 지도자가 목적 없이 돌아가는 사업 모델을 밝은 미래 그림으로 교체할 때 똑같은 역학이 일어난다. 그리고 그것이 비전 스크립트를 작성할 때 당신이 제일 먼저 해야 할 질문이 명확성에 관한 것이어야 하는 이유다.

비전은 명확함을 필요로 한다

⋮

다음과 같은 문서에서 당신이 무엇을 기대하는지 생각해보라.

- 진술서
- 청사진
- 도서 제안서
- 사업 계획서
- 대학 입학 안내문
- 계약서
- 설계 지침서
- 장비 명세서
- 지침서
- 직원 편람
- 안내문
- 송장
- 업무 지침서
- 법률서
- 소송 의견서
- 마케팅 계획서
- 프로젝트 견적서
- 조리법
- 안전 수칙

이러한 문서나 이와 유사한 문서가 명확해야 한다고 말하는 이유는 특정 목적을 도모하고 소기의 결과를 달성하기 위한 문서들이기 때문이다. 우리는 바라던 결과를 얻기 위해 이 문서들을 사용할 수 있는지 여부에 근거해 해당 문서의 명료성을 판단한다. 만약 조리법대로 요리되지 않는다면, 지시문이 불분명하게 쓰여 있어서다(단, 내가 요리를 한 경우는 예외다. 이 경우 사용자의 실수를 탓하는 것이 안전하다).

비전도 다르지 않다. 그러나 명료성을 보장하기는 쉽지 않다. 왜 그럴까? 비전은 처음에는 추상적이기 마련이다. 우리가 보지 못한 것, 아직 일어나지 않은 일, 우리의 시야 밖에 있는 것이니 말이다. 그러나 우리의 비전 스크립트는 앞에 나열된 그 어떤 문서들 못지않게 명확하게 작성되어야 한다. 불분명한 비전으로는 당신이 추구하는 결과를 도출할 수 없다. 하이케 브러치와 베른트 보겔Bernd Vogel이 말했듯, "애초에 당신이 비전을 명확히 파악하지 못하고 여전히 모호한 일반론에 머물러 있다면, 그것이 회사 전체에 전달되기를 기대할 수는 없다."[2]

비전이 명확하려면 추상적이지 않고 구체적이어야 한다. 그게 다가 아니다. 비전은 반드시 명시적이어야 한다. 즉, 쉽게 이해할 수 있는 언어로 충분하게 표현되어야만 한다. 비전은 대개 지도자들 머릿속에만 있고 절대 문서로 작성되지 않는 경우가 많다. 한 가지 이유는 간혹 '앎의 저주'라고 불리는 것 때문이다. 지도자들은 비전을 알기 때문에 그들에게 그것은 명백하다. 그래서 그들은 다른 사람들도 잘 알 것이라고 생각한다. 하지만 지도자가 비전을 충분하게 설명하지 않으면 어떻게 다른 사람들이 알 수 있겠는가?

2년 전 친구 몇 명이 나와 저녁 식사를 하기 위해 캘리포니아에서 오기로 했다. 나는 그들과 만나기로 한 프랭클린 카운티의 식당으로 갔다. 이 식당은 내슈빌 남쪽에 있다. 5시가 조금 지났을 때, 나는 손목시계를 쳐다보면서 생각했다. '음, 평소 이 친구들답지 않게 좀 늦네. 대개는 시간을 잘 지키는 친구들인데.' 몇 분이 슬금슬금 지나갔다. 식당에 앉아서, 5분, 15분, 30분을 기다린 끝에 마침내 전화 한 통을 받았다.

"마이클, 이거 정말 미안하게 됐네. 만나기로 한 식당을 못

찾고 있어." 그들이 다급하고 당혹스러운 목소리로 말했다.

"65번 주간고속도로로 내려오면 바로 찾을 수 있어. 테네시주 프랭클린 카운티에 있다고. 공항 옆 당신들이 묵고 있는 호텔에서 65번 주간고속도로를 타고 남쪽으로만 운전해서 오면 돼."

"뭐라고? 우리 지금 켄터키주 프랭클린에 있어!" 그 친구들이 놀라 말했다. 아주 단순한 실수였다. 그들이 GPS기기에 '프랭클린'을 찍자 '프랭클린'이란 글자가 나타났다. 그들은 곧장 차를 몰고, 남쪽의 프랭클린 대신, 북쪽의 켄터키주 프랭클린으로 갔다. 나는 그들에게 우리의 약속 장소를 충분하게 설명하는 데 소홀했다. 그들이 다른 지역에서 오는 것이니, 이곳 지리를 잘 알 리 없었는데 말이다.

당신이 비전을 공유했다고 해서 다른 사람들에게 명확히 전달되었을 거라고 생각해서는 안 된다. 내가 방향과 필요한 조치를 분명하게 파악했다 하더라도, 다른 사람들이 나처럼 그것을 분명하게 이해하는 것은 아니란 사실을 나는 힘겹게 깨닫게 됐다. 명백한 비전은 구체적이고 동시에 명시적이어야 한다. 비명시적 비전은 제대로 작동하지 않거나 아예 기능하지 못한다. 당신과 당신의 조직이 목적지가 어딘지 확실하게 인지하지 못한다면, 당신들은 결국 길을 헤맬 것이다.

어쩌면 당신은 당신의 회사가 당신의 미래 비전을 선뜻 지지하지 않는 이유가 궁금할지도 모르겠다. 앞으로 3년에서 5년

비전은 구체적이고 동시에 명시적이어야 한다.

안에 회사를 어디로 이끌고 갈지에 대한 생각이 지나치게 추상적이라서 그럴까? 청사진처럼 비전을 명확하게 수립하지 않아서 그런가? 혹은 구체적이지 않은 표현을 사용해 당신의 원대한 계획을 기술한 것은 아닐까? 비전을 명확하게 하는 데 시간을 투자하는 것에 인색해서, 직원들을 혼란에 빠지게 하지는 않았는가?

구체적이며 명시적인 비전을 조직의 구성원들에게 제시할 때, 그들은 충분한 목적의식과 확신을 가지고 올바른 방향으로 좀 더 빨리 나아갈 수 있다. 반대로 당신의 비전에 명확성이 부족할 경우, 똑같은 속도로 앞으로 나아갈 수 없다. 이 경우 스트레스는 기본적인 부산물이 된다. 비효율, 자원과 시간의 낭비, 그리고 팀 사기 저하 역시 부산물로 따라온다.[3]

비전은 함께 바라보는 것이다. 그저 미래를 보는 것만으로는 충분하지 않다. 다른 사람들도 당신이 보는 것을 볼 수 있어야 하고, 그에 따라 행동할 수 있어야 한다. 목적지를 선택했으면 표류하지는 않을 것이다. 그 대신 당신은 목적의식이 있어야만 하며, 당신이 무엇을 원하는지를 분명히 해야 하고, 원하는 바를 구체적이고 명시적인 형태로 표현해야 한다. 다행히 비전 그리드가 구체적이고 명시적인 비전을 수립할 수 있게 도움을 줄 것이다.

비전 그리드

⋮

경영간부 혹은 경영진의 지도교사로서 나는 지도자들이 자신의 비전을 팀원들에게 전달하는 데 어려움을 겪는 모습을 자주 목격했다. 아마도 비전을 분명하고 또렷하게 표현하지 못했고, 그중 일부는 아예 표현하지 않았을지도 모른다. 혹은 충분히 표현했지만 모호한 단어나 의미 없는 유행어를 사용했을지도 모른다. 이 시나리오 중 어느 것이 됐든 다 생산적 행동을 유도하기보다는 관련된 모든 이에게 결국 좌절감을 안길 것이다.

이 시나리오 모두 잘못된 의사소통의 결과다. 비전 그리드는 네 가지 요소(추상적 혹은 구체적/함축적 혹은 명시적)를 바탕으로 비전을 점검할 수 있게 도움을 주는 도구다.⁴ 먼저 이 그리드를 살펴본 다음, 각각의 사분면 안에서 어떤 일이 일어나는지를 알아보자.

사분면 1(추상적/함축적)의 경우, 지도자는 자신이 원하는 미래의 모습에 대해 불분명한 생각을 갖고 있다. 그것은 일종의 감에 가깝다. 그저 희망 사항일지도 모른다. 마음속 그림이 모호하기 때문에, 자신의 비전을 설득하는 데 필요한 적당한 표현도 더듬더듬 찾는다. 하지만 절대 완벽하게 표면화하지 못한다. 결국 그의 조직은 '안개 낀 사고의 땅Land of Foggy Thinking'에 도달하고 만다. 리더십은 좌절하고 조직은 지도자의 비전에 동의하지 않는다. 하지만 당신이 그들을 비난할 수 있을까? 그들은

◆ 비전 그리드

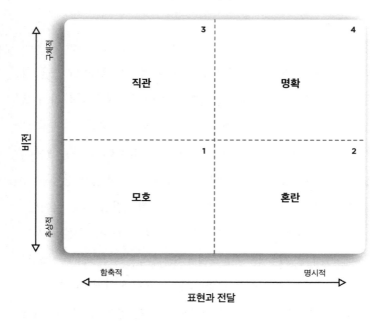

어떤 방향으로 가야 할지 모른다.

사분면 2(추상적/명시적)의 경우, 지도자 역시 회사의 미래에 대해 모호한 생각을 갖고 있다. 그런데도 자신의 비전을 명확하게 개선하는 데 필요한 시간을 쓰는 대신, 자신을 제외한 모든 사람에게는 모호하게 들리는 것을 확신에 찬 표현을 사용해서 설명한다. 지도자가 열정적이고 에너지가 넘치지만, 그 에너지를 조직의 구성원들이 공감할 수 있는 언어로 표현하지 못할 때 이런 일이 자주 일어난다. 지도자는 시너지, 한 단계 도약, 붕괴, 가장 손쉽게 달성할 수 있는 목표, 조타실에 대해 이야기한다. 하지만 구성원들은 혼란에 빠져 있다. 어떤 이들은 사장이 회사를 어디로 끌고 가고 싶어 하는지 알고 있다고 생각할지 모른다. 반면 다른 이들은 사장을 벌거벗은 임금님이라고 생각할지 모른다.

사분면 3(구체적/함축적)의 경우, 지도자는 미래에 대한 완성된 구체적인 비전을 갖고 있다. 조직이 성장하기 위해 거쳐야만 하는 모든 단계까지 알고 있을지 모른다. 그러나 이 비전을 명확하게 조직원들에게 전달하지 않고 그들이 자신의 비전을 명확하게 이해하고 있을 것이라고 착각한다. 직관적인 비전은 가끔 작은 상점에서는 효과가 있을 수 있다. 사실상 스타트업에서는 일반적이다. 그러나 회사 규모가 크면 클수록, 조직의 구성원들에게 비전을 이해시키기 위해 더욱 명확하게 전달해야 한다. 그러지 않으면, 지도자에게 분명한 것이 조직원들에게는 모호한 것이 될 수 있다.

만약 당신의 비전이 이 세 가지 사분면 중 어디에라도 속해 있다면 당신은 어려움에 처해 있는 것이다. 여러 차례 실패한 나의 출판사는 이 세 사분면 중 하나 혹은 다른 하나에 해당하는 경우였다. 그것이 우리의 배가 좌초한 부분적 이유였다. 당신의 팀은 당신의 마음을 읽을 수 없다. 그들은 당신보다 당신의 비전을 더 분명하게 이해할 수도 없다. 결국 혼동과 좌절만 안게 된다.

하지만 우리가 사분면 4(구체적/명시적)로 이동하게 되면, 상

당신의 비전이 명확하기 때문에
조직의 구성원들이 확신에 차서
회사의 미래를 정조준하고
열정적으로 앞으로 나아가고
있다는 것을 아는 것보다
더 큰 만족감을 주는 것은 없다.

황은 극적으로 향상된다. 이는 비전 스크립트를 잘 작성할 경우 가능해진다. 사분면 4의 경우, 지도자는 미래에 대한 완성된 구체적인 비전을 갖고 있고, 조직의 구성원들에게 그것을 아주 상세하면서 정확하고 분명한 언어로 설명했다. 이와 같은 명확함을 통해 구성원들은 지도자의 비전을 전략, 목표, 목적, 그리고 임무에 반영한다. 그뿐만 아니라 열정과 목적의식도 갖게 된다. 명확함은 공감을 만든다. 당신의 비전이 명확하기 때문에 조직의 구성원들이 확신에 차서 회사의 미래를 정조준하고 열정적으로 앞으로 나아가고 있다는 것을 아는 것보다 더 큰 만족감을 주는 것은 없다.

그렇다면 어떻게 해야 명확함을 얻을 수 있을까? 나는 물론 함께 일해 본 지도자들에게도 유익했던 몇 가지 팁이 있다.

명확성을 확보하기 위한 5가지

⋮

나는 사회 초년병 때 콜로라도주 스프링스에서 열리는 영업 관련 컨퍼런스에 참석했다. 그동안 내 아내는 덴버의 친정 부모님을 방문했다. 덴버가 스프링스에서 멀지 않기 때문에 컨퍼런스를 마치고 그녀와 합류할 계획이었다. 그때 예상치 않은 일이 일어났다. 25번 주간고속도로를 타고 북쪽으로 출발한 지 얼마 안 돼 침울하고 예측 불가능한 콜로라도의 날씨가 순식간에 맑음에서 눈으로 바뀌었다. 수은주가 뚝뚝 떨어지고 눈이 도로 위에 쌓이기 시작했다.

블랙 포레스트 디바이드 패스에 이르렀을 때, 바람이 불기 시작했고 시야는 60센티미터 정도로 악화됐다. 텍사스주 와코에서 성장해 테네시에 살고 있던 스물여덟 살의 나는 눈보라는 물론이거니와 눈을 본 적도 거의 없었다. 겁이 났다고 말하는 것으로는 그때 나의 상태를 다 설명하지 못한다. 갑작스러운 화이트아웃*으로 인해 나는 방향 감각을 완전히 잃었다.

그때 자동차에 연료가 다 떨어져 간다는 사실을 깨달았다. 주유소를 찾을 수 있을 거란 기대로 가장 가까운 고속도로 출구를 기어서 내려왔다. 이 당시에는 가장 가까운 주유소를 안내해주는 휴대전화기 여행 앱이 없었는데, 불행하게도 그 출구 램프 쪽에는 주유소가 없었다. 그리고 길을 안내해주는 GPS가 없었기 때문에 완전히 길을 잃었다. 어느 쪽으로 가야 덴버로 가는 고속도로를 탈 수 있는지 도무지 알 수 없었다. 사방이 온통 흰 눈밭이었기 때문에 나는 도로를 볼 수도 없었다.

차를 멈춰야 하는지 폭설을 뚫고 계속 가야 하는지 갈등하기 시작했다. 담요 한 장도 갖고 있지 않았고, 그렇다고 연료가 얼마 남지 않은 상황에서 차의 실내를 데우기 위해 엔진을 계속 가동할 수도 없었다. 게다가 먹을 음식도 마실 물도 없었다.

---

* 눈이나 햇빛의 난반사로 방향 감각을 잃게 만드는 기상 상태. -역자주

나는 가능성을 계산하기 시작했다. 가만히 있으면, 얼어 죽을 수도 있다. 그러나 계속 운전해서 간다면 도로에서 이탈할 수도, 얼어 죽을 수도 있었다. 분명한 한 가지는 결정을 내려야 한다는 사실이었다.

어디를 가든 당시 내가 있던 곳보다 나을 것이라고 생각한 나는 계속 차를 몰고 앞으로 나아갔다. 속도 제한 시속 120킬로미터 도로에서 시속 40킬로미터로 기어가다시피 했다. 다행히 북쪽으로 방향을 잡는 데 성공했고, 영업 중인 주유소도 발견했으며, 초조하게 6시간 동안 운전해서 목적지에 도착했다. 기상이 악화되지 않았더라면 최대 1시간 30분이면 충분히 도착했을 거리였다.

당신이 무엇을 원하는지가 분명할수록, 더 빨리 더 안심하면서 갈 수 있다. 반대로 모든 게 불분명하면, 느리게 그리고 불확실함 속에서 나아가야 한다. 명확함이 없을 때, 인생이나 비즈니스에서 길을 찾는 일은 눈보라 속에서 차를 운전하는 것과 비슷하다. 나처럼 결국 목적지에 도착할 수 있을지도 모르지만, 방향이 분명하면 훨씬 빠르게 도착할 수 있다. 제니 블레이크Jenny Blake가 말한 것처럼, "당신의 비전이 분명할수록, 다음 행보를 결정하기가 더 쉽고, 목적지로 가는 과정에서 당신의 직관은 더욱 강해진다."[5]

분명하지 않다고 느낄 때 어떻게 하면 분명해질 수 있을까? 자신의 계획에 확신이 없거나, 무엇을 해야 할지 모르거나, 경쟁자가 당신을 크게 앞질러 가는 것 같을 때가 있다. 모든 지도자가 한두 번은 이런 경험을 한다. 사실 지도자들이 직면하는 주요한 문제 중 하나는 비전과 목표를 달성할 만큼 충분한 확신을 갖지 못하는 것이다. 그럼 확신은 어떻게 하면 얻을 수 있을까? 당신이 생각하는 것보다 간단하다. 여기 확신을 가지고 앞으로 나아갈 수 있는 간단한 방법 다섯 가지가 있다.

첫째, 확신이 없다는 것을 인정한다. 대개 방향감이 없다는 사실을 부정하기 쉽다. 우리는 자신감이 없을 때조차 자신감이 있는 것처럼 보이기를 원한다. 그래서 뭔가 부족하다고 느끼는 것을 인정하기란 어렵다. 그러나 확신이 없다는 것을 인정하는 것은 확신을 갖기 위한 첫걸음이다. 그러기 전까지는 아직 준비가 덜 된 것이다.

둘째, 자신감을 방해하는 요인들을 파악한다. 카렌 마틴 Karen Martine은 그의 저서 《클래리티 퍼스트Clarity First》에서 지도자들이 확신을 갖지 못하는 주요 요인 6가지를 규명했다. 그 요인들은 모두 다르지만, 모두 주변의 세상을 분명하게 보는 것을 막는다. 그 여섯 가지는 무지, 호기심 부족, 지나친 자신감, 인지편향, 시간 제약 그리고 두려움이다.[6] 이 요인들이 작용하고 있는지를 알기 위해서는 어느 정도의 자기반성이 필요한데, 그러한 노력을 기울여볼 만한 가치가 충분하다.

셋째, 조언을 요청한다. 나는 "조언을 듣지 못하면 계획은 실패하지만, 많은 조언자가 옆에 있다면 그 계획은 성공한다."

는 속담을 굳게 믿는다.[7] 배우자, 멘토, 경영자 코치, 업계 동료, 당신의 팀원 등 당신에게 훌륭한 자문가가 되어줄 자원은 많다. 그들에게 어떻게 생각하는지 물어라. 당신은 절대 혼자가 아니다.

넷째, 피드백을 검토한다. 중요한 사람들로부터 조언을 받았으면, 그 조언들을 검토해야 할 시간이다. 혼자서 그 조언들을 검토해보고 일지로 기록할 것을 추천한다. 글로 써보면 우리의 생각을 외면화할 수 있는데, 이는 생각을 비평하고 개선하는 데 도움이 된다. 나는 이러한 과정에 조직의 핵심 인물을 포함할 것을 강력하게 추천한다. 그들과 함께 피드백을 검토하면 좋다.

다섯째, 그냥 시작해라. 일단 시작하는 것이 중요하다. 당신이 신호를 읽을 수 없을 때, 선택할 수 있는 몇 가지 선택지가 있다. 그 신호의 의미를 좀 더 생각하거나, 눈에 힘을 주고 잘 볼 수 있게 초점을 맞춰라. 아니면 성능이 우수한 안경을 구매하거나 친구에게 당신을 대신해 그 신호를 읽어달라고 부탁해라. 그러나 좀 더 확신을 가질 수 있는 최선의 가장 쉬운 방법은 그 신호에 좀 더 가까이 다가가는 것이다. 앞을 향해 발걸음을 뗀다면 상황을 좀 더 자세하게 들여다볼 수 있다.

이는 당신의 비전 스크립트 작성에도 적용된다. 블레이크는 자신들의 비전이 무엇인지 잘 모르겠다고 말하는 사람들에게 동일한 조언을 한다. "나는 '잘 모르겠다'를 해답으로 절대 받아들일 수 없다. 매번 (여기서 매번이란 정말 매번을 의미하는데) 나는 이런 말을 연달아 되뇐다. '구체적인 건 모르겠지만 그냥 한번 해보는 거야.'라고 말하면 해답들이 쏟아져 나오기 시작한다. 더 많은 질문을 하면 '나는 모르겠다.'라는 불확신이 사라진다."[8] 그러니 무조건 시작하라.

**비전은 한 번에
모든 것을 마무리해야
하는 현상이 아니다.
비전은 과정이다.**

눈부신 섬광의 계시처럼 하루아침에 비전이 명확하게 보일 거라 기대하지 마라. 그렇게 쉽게 보이지는 않을 것이다. 마틴은 명확함을 자리 잡는 데 시간이 걸리는 습관에 비유한다. "포기할 줄 모르는 인내심이 중요하다."고 그녀는 말한다.[9]

좋은 소식은 한 번에 모든 것을 볼 필요는 없다는 것이다. 우리는 많은 시간을 허비하지 않아도 되고 시도를 두려워하지 않아도 된다. 비전은 한 번에 모든 것을 마무리해야 하는 현상이 아니다. 비전은 과정이다. 당신의 비전 스크립트가 굳지 않은 시멘트라는 것을 기억하라. 당신이 비전을 수립하기 위한 첫걸음을 뗄 때, 그 첫걸음은 비전을 좀 더 구체적이고 명확하게 만드는 데 도움이 될 것이다.

때로 길에서 벗어날 때도 있고 어디로 가고 있는지 잘 모르면서 움직일 때도 있다. 이때 이 다섯 가지 방법이 올바른 방향으로 나아가 마침내 목표와 비전에 도달할 수 있게 도와줄 것이다.

앞에 놓인 길

:

그러면 당신의 비전은 명확한가? 비전을 추구하는 지도자로서 당신은 조직의 구성원들이 자신들의 눈을 미래에 조준하고 개척자로서의 길을 갈 수 있게 이끌고 있는가? 유능한 지도자가 되기 위해서는 명확한 비전이 필요하다. 그래야만 당신의 조직이 생존하고 번영할 수 있는 최상의 기회를 얻을 수 있다. 올바른 비전을 가진 기업만이 성공을 거듭해 유지할 수 있고 위기를 모면할 수 있다.

'올바른 비전'이란 당신이 무엇을 원하는지에 대한 [질문3]과 관련이 있을 뿐만 아니라 구체적이고 명확한 비전을 말한다. 당신의 비전이 그 정도의 명확성을 가질 때, 당신의 조직은 당신의 목표가 어디인지 알 수 있고, 당신을 따라 미래를 현실로 만드는 일에 동참할 동기를 부여받는다.

영감이 없는 확신은 지루함이나 무관심을 유발하고, 확신이 없는 영감은 방향이 없는 흥분만을 낳는다. 당신의 비전은 영감과 확신 모두를 갖고 있어야 한다. 그것이 바로 우리가 다음에 다룰 주제가 영감인 이유다.

당신의 비전은
영감을 주는가?

사람들을 감동시켜 전진하게 하라

> **"**
> 지도자에게 있어 미래를 상상할 수 있는 능력은
> 다른 사람에게 영감을 줄 수 있게 미래를 분명하게
> 설명할 수 있는 능력만큼이나 중요하다.
>
> 리처드 셰리든(Richard Sheridan)[1]
> **"**

말랄라 유사프자이Malala Yousafzai는 파키스탄 밍고라의 스와트 밸리에서 태어났다. 그녀의 아버지는 스와트에 작은 사립 여학교를 설립한 교사였다. 그는 딸인 말랄라가 또래의 남자아이들처럼 동등한 교육의 기회를 갖기를 원했다. 그러나 말랄라가 열한 살이 됐을 때, 탈레반이 스와트밸리를 점령했다.

탈레반은 서구세계의 영향을 막기 위해, 음악과 텔레비전을 금지했을 뿐 아니라 여성들에게 부르카 착용을 강제하고 학교 교육을 금지했다. 소녀들은 더 이상 자유롭게 배울 수 없었다. 이뿐만 아니라 탈레반은 100개가 넘는 여학교를 폭파했고, 누가 지배자인지를 분명하게 인지시키기 위해 마을 광장에 참수

된 경찰들의 시체를 전시했다.² 그러나 가족들의 응원을 받은 말랄라는 고국 파키스탄과 파키스탄 너머의 다른 세계, 즉 모든 소년과 소녀에게 동등한 교육의 기회가 주어지는 미래를 생각했다.

그녀는 곧바로 행동으로 옮기고, 언론인들과 함께 탈레반 통치 아래에서 파키스탄인들의 끔찍한 삶을 상세하게 알리기 시작했다. 매우 위험천만한 일이었지만 그녀는 자신의 비전에 모든 것을 걸었다. 그녀는 자신의 비전을 활용해 국민에게 그리고 종국에는 전 세계인에게 동기를 부여하고 현재의 고통 속에서 억압받는 사람들을 희망으로 가득한 미래로 나아갈 수 있게 했다. 어떻게 그것이 가능했을까? 단순히 올바른 대의명분 때문만은 아니었다. 탈레반의 행동은 비윤리적이고 옹호받을 수 없었지만, 그들의 만행이 승리를 거두는 것을 막을 수는 없었다.

그렇다고 말랄라가 포기한 것은 아니다. 그녀는 모든 소녀가 자유롭게 교육받을 수 있는 미래에 대한 명확한 비전을 제시하는 것에 그치지 않았다. 그녀는 엄청난 개인적 위험을 무릅쓰고 테러리스트들에게 반기를 들었고, 세계를 향해 자신의 비전을 외쳤다. 그녀는 탈레반을 비판한 이유로 사형선고를 받았음에도, '탈레반은 무슨 권리로 교육받을 수 있는 나의 기본권을 박탈하는가?'라는 제목으로 지역 언론사와 인터뷰를 진행했다.

그해 말 파키스탄 정부가 그녀에게 국가평화상을 수여했을 때, 그녀는 탈레반을 공개적으로 비판하면서 직면했던 위험에 관한 질문을 받았다.[3] 자신의 비전을 확고하게 지켜온 그녀는 이렇게 말했다. "나는 나의 비전을 자주 생각하고 그 장면을 분명하게 상상한다. 비록 그들이 나를 죽이러 오더라도 나는 그들에게 그들이 하려고 하는 짓이 나쁜 짓이며, 교육은 우리의 기본권이라고 말할 것이다."[4]

열 달 후 악명 높은 한 종교지도자의 명령을 받은 무장괴한이 그녀가 탄 학교 통학버스에 올라타 이렇게 물었다. "누가 말랄라냐? 얼른 말해라. 그러지 않으면 너희 모두 죽여 버리겠다. 말랄라는 알라의 군인들, 탈레반을 부정하고 있기 때문에 반드시 응징해야 한다."[5] 그리고 말랄라를 알아본 그 무장괴한은 그녀의 머리와 목에 총을 쐈다. 그것은 전 세계를 향해 울린 또 한 발의 총성이었다.

살해 시도를 이기고 회복한 말랄라에게는 내려야 할 결정이 남아 있었다. 그녀는 "나는 당시 조용히 살 수도 있었고, 새롭게 부여받은 생명을 최대한 활용할 수도 있었다. 하지만 나는 모든 소녀가 학교에 갈 수 있는 날이 올 때까지 나의 싸움을 계속하겠다고 마음먹었다."라고 말했다.[6] 그녀는 전 세계 모든 소녀가 12년간의 교육을 받을 수 있도록 더 많은 노력을 기울였다. 공포와 억압을 물리치고, 가능한 미래를 위한 비전을 발전시키기 위해 말랄라 재단Malala Fund을 설립했다. 이 과정에서 말랄라는 최연소 노벨평화상 수상자가 되기도 했다.

영감이 중요한 이유

:

말랄라의 비전은 세상이 변화하고 사람들이 변화에 투자하도록 계속 영감을 준다. 말랄라의 이야기에 감동받은 안젤리나 졸리는 말랄라의 고향 소녀들에게 교육받을 기회를 제공하기 위해 개인적으로 20만 달러를 기부했다. 또 2016년 말랄라 재단은 빌과 멜린다 게이츠 재단으로부터 모든 소녀에게 중등교육을 제공할 목적으로 보조금 4백만 달러를 받았다. 2018년에는 애플이 기술 및 교육과정 지원을 통해 말랄라 재단과 공동으로 10만 명이 넘는 전 세계 소녀에게 교육을 제공하는 프로젝트를 진행하겠다고 발표했다.[7]

그 과정에서 말랄라 재단은 정부가 에볼라 바이러스의 확산을 막기 위해 학교를 닫아버린 시에라리온에서 학교에 갈 수 없게 된 1,200명이 넘는 어린이에게 교육을 제공했다.[8] 이것이 영감을 주는 비전이 현실 세계에서 실질적으로 가져올 수 있는 결과다.

비전을 갖는 것만으로는 부족하다. 그리고 당신의 비전이 분명한 것만으로도 부족하다. 비전이 효과를 거두려면, 충분히 강력해야만 한다. 그래야만 안일함을 떨쳐내고, 그 안일함을

영감을 불어넣지 못하는
비전은 그저 비전에 그치고 만다.

실천으로 옮길 수 있는 동기로 대체할 수 있다. 만약 당신의 비전 스크립트가 가슴과 머리, 그리고 열정과 창의력에 불을 지필 수 없다면, 당신은 인재들을 동원할 수 없고 목적지에 도착하는 데 필요한 조직의 동의도 얻어낼 수 없다. 당신의 고객들도 그것을 받아들이지 않을 것이다. 당신이 전 세계에 미칠 영향과 공헌도 포기해야 한다. 영감을 불어넣지 못하는 비전은 그저 비전에 그치고 말 것이다.

당신의 비전은 영감을 주는가? 영감을 주는 비전에는 네 가지 특징이 있다. 첫째, 존재하는 것이 아닌 존재하지 않는 것에 집중한다. 둘째, 점진적이 아니라 기하급수적이다. 셋째, 어리석지 않고 위험하다. 넷째, 방법이 아닌 목표에 초점을 맞춘다.

이 네 가지 특징을 갖는 이유는 무엇일까? 이 책의 서두에서 비전의 정의를 어떻게 내렸는지 기억하라. 비전이란 영감을 주고, 명확하며, 실질적이면서 매력적인 조직의 미래에 대한 그림이다. 그리고 그것은 현재보다 더 중요하다. 만약 내일에 대한 당신의 비전이 오늘과 별반 차이가 없다면, 그 비전은 모든 면에서 실패한 것이다. 비전은 오늘 너머의 시간을 볼 수 있어야 하고 즉시 미래로 가기 위한 행동을 유도할 수 있어야 한다. 이제 영감을 주는 비전의 네 가지 특징에 대해 좀 더 심도 있게 논의해보자.

1. 존재하는 것이 아니라 존재하지 않는 것

최초의 가솔린 추진식 택시는 1897년 고틀리프 다임러 Gottlieb Daimler에 의해 제작됐다. 같은 해 프리드리히 그레이너 Friedrich Greiner가 슈투트가르트에서 동력을 탑재한 최초의 택시 회사를 시작했다.[9] 그로부터 100년 후의 모습을 보자. 2006년 뉴욕시에서는 2억 4천만 명 이상이 택시를 탔다.[10] 분명한 것은 이 택시 사업이 새로운 아이디어는 아니다. '존재하는 것'은 이런 것을 말한다.

그리고 게릿 캠프 Carrett Camp와 트래비스 칼라닉 Travis Kalanick 이 등장했다. '존재하지 않는 것'에 초점을 맞춘 그들은 차량을 소유하지 않는 것은 물론 월급을 지급해야 할 운전사도 고용하지 않는 택시회사 우버 Uber를 설립했다. 그들의 이야기를 좀 더 하자면, 두 사람은 파리에서 택시를 잡을 수 없었다.[11] 미국으로 돌아온 게릿은 앱 기반의 차량 공유 서비스에 대해 곰곰이 생각해봤다. 일 년 정도 지난 후 게릿은 자신의 생각을 트래비스에게 들려줬다. 나는 두 사람의 대화가 이렇게 진행됐을 거라 생각한다.

"트래비스, 파리에서 택시 못 잡아서 애먹었던 그날 밤 기억나?"

"어떻게 잊을 수 있겠어. 그날 우리 얼어 죽을 뻔했잖아."

"맞아. 좀 엉뚱한 생각이긴 한데 들어봐. 너랑 나랑 택시 부르는 과정을 좀 더 간단하게 만들 방법을 찾아내면 어떨까? 앱을 이용해서 차량을 이용하려는 고객들을 직접 연결해주는 거야."

"그러면 버튼 몇 번만 누르면 택시를 부를 수 있다는 거네. 그럼 영업에 투입할 택시를 구매할 자본을 마련해야 하는 거 아냐?"

"아니, 우리가 차량을 소유할 필요는 없어."

"농담하는 거야? 이제 운전사도 필요 없을 거라고 말할 기세네."

"맞아. 우린 월급을 지급해야 할 운전사들을 고용하지 않아도 돼."

그것은 기존의 택시회사 비즈니스 모델을 획기적으로 바꿀 비전이었다. 운전자들은 스스로를 위해 일하고, 택시를 운전해본 경험이 없어도 문제될 게 없었다. 운전자가 디지털 앱을 이용해 손님을 태우고 가장 빠른 경로를 찾아서 목적지까지 데려다준다는 것은 전례 없는 새로운 아이디어였다. 그들이 만든 앱을 통해 요금 결제 및 영수증을 처리할 수 있다는 것 역시 획기적이기는 마찬가지였다. 이제 믿기 어려운 비전을 수립하는 것에 관해 이야기해 보자.

오늘날 우버는 전 세계에서 가장 큰 육상운송사지만 회사 소유의 차량은 단 한 대도 없다.[12] 그들의 혁신적인 비전은 지금은 그리 엉뚱해 보이지 않는다. 던컨 왓츠Duncan Watts의 말처럼 모든 것은 일단 답을 알면 명백해지기 때문이다.[13] 지나고 나면 모든 것이 확실해진다. 게릿과 트래비스는 기존의 택시

생태계 내에서 파트너십을 맺는 좀 더 편안하고 보수적인 길을 선택할 수도 있었다. 아니면 사업을 시작하기도 전에 무수히 많은 전략적 장애물과 '방법론'적 실행 계획이 그들의 비현실적인 구상을 가로막게 내버려뒀을 수도 있다.

하지만 그들은 미래를 향해 나아갔고, 택시, 리무진, 운송 서비스가 갖고 있는 장점과 차별화할 수 있는 무엇이 없는지 고민했다. 그리고 불과 10년 만에 우버는 언뜻 보기에 말도 안 되는 미래 비전을 바탕으로 엄청난 성공을 거두었고, 약 1억 사용자를 보유한 전 세계적인 기업으로 성장했다.[14] 이 글을 쓰고 있는 현재, 우버는 미국 시장에서 70%의 점유율을 차지하고 있으며, 회사의 가치는 720억 달러이다.[15]

그들의 비전은 새롭고 편리한 운송수단을 찾는 수백만 고객의 마음을 움직였다. 또한 부업으로 재정 상황을 개선하기를 원하는 사람들과 혼자서는 택시업계에 들어올 수 없었을지 모르는 수많은 운전자에게도 영감을 주기에 충분했다. 나는 두 사람이 미온적인 미래 비전을 제시했더라면 혹은 기존에 없는 것이 아닌 있는 것에 초점을 맞췄더라면 우버가 과연 현재의 위치에 도달할 수 있었을까 하는 의구심을 갖는다.

2. 점진적이 아닌 기하급수적

점진적 변화를 추구하는 작은 계획 대신 기하급수적이고 선구적인 변화를 추구하는 거대한 계획을 선택할 때 당신의 비전이 사람들에게 영감을 줄 수 있다는 것을 당신은 안다. 2007년 1월 9일 스티브 잡스가 키보드 혹은 스타일러스가 없는 최초의 휴대전화를 선보였을 때 미래로 비상했던 것을 생각해보자. 우리는 지금 더 나은 키보드를 말하는 것이 아니다. 그 변화는 완전히 새로운 기술을 의미했다. 그는 "아이폰은 혁명적이면서 환상적인 제품으로 다른 휴대전화들보다 사실상 5년은 앞서가고 있다."라고 말했다.[16] 그의 말은 옳았다.

점진적 비전은 좀 더 부드러운 움직임이나 이상적 크기 등 더 나은 물리적 키보드를 탄생시켰을 것이다. 그러나 잡스는 휴대전화 사용에 있어 중요한 제약 중 하나가 공간을 차지하고 휴대전화의 잠재적 활용 방법을 제한하는 크고 고정된 기계식 키라는 것을 깨달았다. 당신이 요즘 사용하고 있는 앱을 절반 혹은 그것보다 작은 화면에서 실행한다고 상상해봐라. 잡스는 키보드를 없애버리기로 했다. 그는 거대한 도약의 일환으로 물리적 키를 가상의 키로 대체했다. 이 가상의 키는 필요할 때만 나타났기 때문에 키가 차지하던 공간이 사라져 화면은 더 커지게 되었다.

당시 휴대폰 시장의 선두 주자였던 노키아와 블랙베리 신봉자들의 비난을 예상한 잡스는 이렇게 말했다. "우리는 궁극의 지시 장치를 갖고 태어났다. 그것은 바로 손가락이다. 그래서 아이폰은 손가락을 사용해 마우스 이후 가장 혁신적인 사용자 인터페이스를 탄생시킬 것이다."[17] 그렇게까지 설명했지만 회의론자들은 부정적 견해를 거두지 않았다. 마이크로소프트 사의 전 CEO 스티브 발머[Steve Ballmer]는 "키보드가 없는 휴대폰은 비즈니스 고객들에게는 별 매력이 없다."[18]라고 말했다. 나는 그가 그 말을 한 것을 후회할 거라 확신한다.

월간 컴퓨터 매거진 〈피씨 월드[PCworld]〉의 반응 역시 회의적이기는 마찬가지였다. "우리는 아이폰의 소프트웨어 키보드와 자동 완성 기능의 텍스트 입력 방식을 여전히 확신하지 못한다. 키보드와 자동 완성 기능이 제대로 작동하기는 하지만 전반적으로 텍스트 입력은 하드웨어 키보드로 할 때 훨씬 편하다. 아이폰은 이메일을 많이 작성하는 사람들에게는 최고의 선택이 되지 못할 것이다."[19]

모자이크 웹브라우저의 공동 개발자이자 넷스케이프의 공동 창업자이며 블랙베리의 열렬한 지지자인 억만장자 마크 앤드리슨[Marc Andreessen] 역시 아이폰에 확신을 갖지 못했다. 그는 스티브 잡스와 점심을 하면서 이런 질문을 던졌다. "스티브, 물리적 키보드가 없는 것이 문제가 되지 않을까요? 사용자들이 화면에 직접 문자를 입력하는 것을 좋아할까요?" 그러자 잡스는 이렇게 답했다. "분명 익숙해질 겁니다."[20]

다른 사람들도 아이폰의 실패를 확신했다. 이런 신문 기사 제목도 있었다. "우리는 아이폰이 철저히 실패할 것이라고 예상한다." 이 기사의 리뷰어는 이렇게 주장했다. "아이폰의 가상 키보드는 다이얼 전화기만큼이나 이메일을 발송하고 메시지를 쓰는 데 유용하지 않을 것이다."[21] 하지만 이러한 비판은 모두 틀렸다. 애플의 기하급수적 비전은 고객들에게 엄청난 영감을 주었고 그들의 관심을 끌었으며, 그 결과 2016년 7월 애플은 아이폰의 10억 대 이상 판매를 자축했다.[22] 처음에는 아무도 좋아하지 않았지만, 커다란 화면에 익숙해진 사람들은 이제는 물리적 키보드를 막대한 퇴보라고 생각할 것이다.[23]

3. 어리석지 않지만 위험한

마이클 하얏트&컴퍼니에서 만든 모든 제품은 원래 라이브 이벤트를 제외하고 다 디지털이었다. 우리는 지도자들이 온라인 플랫폼을 구축하는 데 도움을 주는 멤버십 사이트와 2개의 강좌를 운영하고 있다. 강좌 하나는 우리의 독자적인 목표 달성 프레임워크인 '베스트 이어 에버Five Days to Your Best Year Ever'를 교육하는 프로그램이고, 다른 하나는 우리의 검증된 생산성 방법론인 '프리 투 포커스Free to Focus'를 교육하는 코스다. 두 강좌 모두 책으로 출간됐다.

우리는 원가가 낮고, 크기 조정이 쉬우며, 고객들이 제품을 주문한 직후 바로 혜택을 누릴 수 있어서 디지털 제품을 좋아했다. 우리는 고객의 주문 계약을 바탕으로 고객들이 만족해한다는 것을 알았다. 검증된 공식에서 벗어나는 것은 위험한 일이지만 우리는 그래야 한다고 생각했다.

우리의 '풀 포커스 플래너Full Focus Planner'에 대한 이야기는 앞에서 언급한 내용의 요지를 설명하는 데 유용하다. 또한 비전 수립 및 비전 전달의 전 과정을 보여주는 사례의 축소판 역할도 한다. 우리는 '베스트 이어 에버'와 '프리 투 포커스' 강좌가 보완적 시스템일 뿐 아니라 사실상 상호 연관된 시스템을 제공한다는 것을 알았다. 이 둘은 함께일 때 효과가 있는데, 이 둘을 통합할 제품이 없었다.

우리 중 몇몇이 데이비드 색스David Sax의 《아날로그의 반격 The Revenge of Analog》을 읽었을 때 즈음해서, 경영진 회의에서 이 문제를 논의했다.[24] 그리고 우리는 해답을 찾았다. 실제 종이 플래너를 제작해 회사의 목표달성 시스템과 생산성 향상 방법론을 간단하고 직관적이며 매일 휴대가 가능한 형태로 결합해야 한다는 것을 알아차린 것이다. 이 솔루션의 논리는 바쁜 경영이사 혹은 기업가가 휴대전화, 데스크톱 혹은 태블릿을 사용한다면, 무수히 많은 요인에 의해 정신이 산만해질 수밖에 없지만, 종이 플래너는 그런 산만 요인들을 제거하고 매일의 과업 속에 주요 목표를 반영할 수 있는 툴을 제공한다는 장점이 있다는 것이었다.

모두가 우리에게 "종이 플래너를 만든다고? 제정신이야? 우리는 21세기에 살고 있다고."라고 말했다. 수주간 나는 소셜 미디어에 이런 종류의 질문에 답해야 했다. 우리의 가정은 자신의 목표와 매일의 실천 행동을 명확하게 파악하고 싶다면, 그 것을 하기에 가장 좋은 곳은 소셜 미디어와 같은 모든 방해 요인에서 벗어난 환경이라는 것이었다.

우리가 실패할 수도 있을까? 물론이다. 우리는 한 번도 플래너 혹은 이와 비슷한 제품을 만들어본 적이 없었다. 시장의 반응이 미온적이면 어떻게 하나? 만약 막대한 현금이 재고에 묶여 자금을 움직일 수 없게 되면 어떻게 해야 할까? 그것은 위험 요소였다. 그러나 그런 것을 고려하는 것이 어리석은 행동일까? 그렇지 않다. 우리는 이미 고객들이 베스트 이어 에버와 프리 투 포커스를 통해 그들이 달성할 수 있었던 것에 상당한 만족감을 느낀다는 것을 알았다. 그것들을 결합하는 것은 쉬운 일처럼 보였다.

우리의 경영진 중 3명, 최고 영업이사, 최고 콘텐츠 이사 그리고 나는 출판업에 종사해본 경험이 있었다. 우리는 위험에 빠지기 딱 좋을 만큼만 알고 있었다. 플래너는 일반서(지금 현재 당신이 손에 들고 있는 책)보다 복잡하다. 그러나 우리는 우리가 무엇을 원하는지 그리고 이 프로젝트의 진행을 위해 필요한 올바른 파트너사를 어떻게 찾아야 하는지도 알고 있었다.

우리는 디자인한 플래너 1만 부를 인쇄했다. 그리고 선주문 단계에서 인쇄한 1만 부를 거의 순식간에 모두 팔아치웠다. 사실 수요를 너무 적게 추산했다. 재고가 바닥나기 전 서둘러 2쇄를 준비시켰다. 결국 우리는 첫해 10만 부를 판매했다. 영감을 주면서 큰 변화를 가져올 새로운 상품으로 모험을 했지만, 결과는 대성공이었다. 너무 커서 불편하게 만드는 비전과 그냥 어리석은 비전 사이에는 차이가 있다. 어떻게 알 수 있을까? 이를 가늠해볼 수 있는 질문 몇 가지가 있다. 실패할 가능성이 있는가? 만약 있다면 그것은 위험한 것이 아니라 멍청한 것이다. 당신의 조직이 그 비전을 믿는가? 혹은 주요 이해관계자들이 그 비전에 동의하는가? 그렇지 않다면 그것은 위험한 것이 아니라 어리석은 계획이다. 그 위험이 당신의 임무를 위험에 빠뜨리는가? 당신의 임무가 이미 위험에 빠진 것이 아니고, 새 비전이 생존을 위한 계획이(후지필름의 사례를 기억해라) 아니라면, 그것은 위험한 것이 아니라 어리석은 것이다.

많은 기업이 멍청한 도박을 하고도 살아남았다. 심지어 대성공을 거두기까지 했다. 그러나 생존편향이 의미하는 것은 그들의 선례를 따라가서는 안 된다는 것이다. 어리석은 도박을 하고, 모든 것을 잃고 이제는 사라져서 그것을 경고해줄 수도 없는 수많은 기업을 생각해봐라.[25] 원대하고 영감을 주는 것은 모두 약간의 위험 요소를 갖고 있지만 그렇다고 어리석은 것이어서는 안 된다.

4. '방법'이 아니라 '목표'

비전은 미래의 모습에 관한 것이지 거기에 도달하는 방법에 관한 것이 아니다. 폭격으로 완전히 파괴된 여학교에서 연기가 걷혔을 때, 말랄라는 게이트 재단이나 애플로부터 기부금을 받을 방법을 계획할 수 없었을 것이다. 사실 그렇게 할 필요도 없었다. 그녀는 그저 사람들이 정의, 평등 그리고 소녀들의 교육받을 권리를 갈망하도록 영감을 주기만 하면 됐다.

넬슨 북스의 발행인이 된 후, 나는 비전 수립을 위해 혼자 시간을 보내면서, 출판부를 어떻게 이끌 것인지에 대한 비전에 초점을 맞추되, 전략이나 전술에 집중하고 싶은 유혹은 떨쳐내야 한다는 것을 깨달았다. 비전과 전략 모두 중요하다. 그러나 우선순위가 있다. 비전(무엇)은 언제나 전략(어떻게)보다 앞선다. 도착지가 없다면 거기에 도달하는 길도 없다. 만약 당신이 분명한 비전을 갖고 있다면, 결국 당신을 목적지에 도착하게 해줄 올바른 전략을 발견하게 될 것이다. 그러나 비전이 없다면 어떤 전략도 당신을 구해주지 못할 것이다.

나는 다른 사람들뿐 아니라 조직의 지도자로서 나 자신에게까지 영감을 줄 수 있는 멋진 비전이 필요하다는 것을 알았다. 나의 비전이 매력적이지 않으면, 시련이 닥쳤을 때 그 비전을 그대로 밀고 나갈 동기를 가질 수 없을 것임도 알았다. 또한 내가 원대한 목표를 달성하는 데 도움을 줄 다른 사람들을 동원하는 것도 불가능하다는 것을 알았다.

역으로 생각해보자. 즉, 내가 비전을 수립하기 전에 전략을 먼저 세웠다고 가정해보자. 나는 이렇게 말했을 수 있다. "어떻게 이만큼이나 달성해야 할지 모르겠습니다. 현재 상황이 상당히 좋지 않아요. 이 일을 해내는 데 필요한 자원도 없고요. 우리의 조직은 지쳐 있습니다. 그러니 내년에는 그냥 손해만 보지 말고, 본전치기만 하는 게 좋을 것 같습니다. 오래된 재고를 판매해서 재정 상황을 개선하면 우리의 운영자본을 줄일 수 있을지 모릅니다. 또 신간 계약을 몇 건 하면 약간의 매출 신장도 기대할 수 있을 것 같습니다."

내가 이런 계획을 갖고 돌아왔다면 내 아이디어에 흥분하는 조직 구성원이 있었을까? 이러한 계획으로 우리의 인력풀을 확대하는 데 필요한 새 에이전트나 작가를 유치할 수 있었을까? 이 계획으로 유능한 직원들의 이직을 막을 수 있었을까? 회사에 필요한 추가적인 자원을 확보할 수 있었을까? 우리 영업팀은 우리를 대신하는 소매사들에게 동기를 부여할 수 있는 매력적인 메시지를 전달할 수 있었을까? 그럴 수 없었을 것이라 생각한다.

> **비전은 미래의 모습에 관한 것이지 거기에 도달하는 방법에 관한 것이 아니다.**

영감을 주는 '목표what'에 집중할 경우, 사람들은 그것의 이유를 찾기 마련이다. 반면 '방법how'에 초점을 맞추면 오늘보다 내일이 더 나을 것이라는 믿음을 외면하게 된다. 어떻게 하면 더 많은 것을 성취할 수 있을지 볼 수 없게 되고, 우리의 비전을 역행시켜서 그것을 '현실적'으로 만든다. 우리는 예상한 대로 경험하는 경우가 많기 때문에([질문3]), 기대치가 낮은 목표를 실현하게 된다. 우리의 잠재력보다 덜 성장하게 되고, 우리의 능력보다 덜 성취하게 되며, 우리가 응당 누려야 할 것보다 덜 경험하게 된다.

나는 그러한 접근법을 취하지 않았다. 나는 내가 생각하기에 매력적인 비전을 개발했다. 그 비전을 듣고 흥이 나지 않는 이상, 그것으로 다른 사람들을 설득할 수 없다는 것을 알았다. 나는 어떻게 목표에 도달할 것인지 생각하지 않고, 이상적인 미래를 그리는 데 집중했다. '방법'을 생각하다 보면 '목표'를 생각하는 것이 불가능해진다. 이는 원하는 목적지에 절대 도달할 수 없다는 것을 의미한다.

나에게 있어서 '방법'이 아닌 '목표'의 중요성을 보여주는 가장 전형적인 사례는 라이트 형제였다. 윌버 라이트^{Wilbur Wright}와 오빌 라이트^{Orville Wright}는 '비행기계'를 만들겠다는 비전을 갖고 있었다. 많은 작가가 (처음에는 고무줄로 발사되는 장난감 헬리콥터로 촉발된) 그들의 집착, 그들이 경험한 다양한 위기와 마음의 상처 (모멸감과 부상), 그리고 우리가 아는 것처럼 궁극적으로 항공 역사를 혁신한 두 형제의 여정을 이야기로 썼다.

여기서 그 모든 세부사항을 되풀이하겠다는 것이 아니다. 나는 두 사람이 그들 앞에 놓인 엄청난 장애물이나 자원 부족을 아랑곳하지 않았다는 사실을 강조하고 싶다. 그들은 고등학교를 졸업하지도 대학에 진학하지도 않았다. 필요한 기술은 독학으로 배웠다. 그들의 구상을 재정적으로 지원해줄 자본도 없었다. 유인 비행에 대한 경쟁은 이미 치열했고, 실패를 맛본 이도 많았다. 몇몇은 이미 이 세상 사람이 아니었다. 하늘로 올라

Part 2. 비전 스크립트 초안 작성하기

137

가면 반드시 내려와야만 한다. 당신이 원하는 속도보다 더 빠르고 심하게 떨어질 수도 있다. 하지만 이 모든 것은 중요하지 않았다. 그들은 유인 비행에 성공하겠다는 비전에 극도로 고무돼 있었다. 그 어떤 것도 그들을 막을 수 없었다. 그들은 하늘을 날 계획이었다. 날 방법을 찾는 것은 부차적인 것이었다.

오빌 라이트는 "사실로 인정된 것만이 진짜 사실이라고 가정하고 노력한다면, 우리는 발전을 기대할 수 없다."라고 말했다.[26] 그리고 이 말은 우리 모두에게 적용된다. 거의 모든 보편적 견해에도 오류, 무지, 불충분한 분석의 여지는 존재한다. 따라서 신선한 아이디어를 가진 사람은 누구든 현재 상태를 혁신하고 우리를 미래로 데려갈 수 있다. 그것이 사실상 기업가정신의 정의다.[27]

스크립트의 수정

⋮

만약 말랄라 유사프자이가 어려움을 겪고 있는 국가의 상황이 제한적으로 좋아질지 모른다고 말했다면 성공을 거둘 수 있었을까? 우버나 아이폰은 어떤가? 이들이 조금 더 효율적인 택시 서비스 혹은 더 좋은 키보드로 승부수를 띄웠더라도, 비전을 추구했던 지도자들이 제시한 혁신적 제품에 쏟아졌던 열렬한 지지를 끌어낼 수 있었을까?

멘로 이노베이션Menlo Innovations의 CEO 리처드 셰리든은 "대다수 조직은 매일의 운영을 중심으로 조직되어 있다."고 말한다. 일상적인 업무가 연극 대본처럼 진행되기 때문이다. 즉 우리 모두는 각자 해야 할 대사가 무언지 알고 충분히 연습한 배우들처럼 각자의 대사를 전달한다. 그러나 대개 대사를 전달할 때 느낌이나 열정이 없다. "이러한 실질적이고 유용한 부산함 속에서 어떻게 해야 앞으로 나아갈 수 있을까? 어떻게 우리 자신을 재해석하고 재창조할 수 있을까?" 셰리든은 이 물음에 대한 해답이 비전에 있다고 말한다.[28] 사람들이 일상 업무 이상을 해낼 수 있게 하려면, 대본을 바꿔야만 한다.

우리에게 가장 익숙한 대본은 점진적 이익, 간헐적 승진, 두둑한 상여금과 관련이 있다. 그러한 대본은 과거에는 효과가 있었을지 모른다. 그러나 오늘날 그 누구도 그러한 대사를 열정을 가지고 전달하지는 않는다. 특히 밀레니얼 세대가 그럴 것이라고 생각한다. 우리는 점점 더 세상을 바꾸는 일에 동기를 부여받는다. 비전을 추구하는 지도자로서, 그러한 변화를 구상하고 그 변화를 실현하는 데 동참할 사람들을 유치하는 것은 당신의 임무다.

당신의 비전 스크립트는 수많은 이가 살아내고 있는 이 진부하고 의욕 없는 이야기를 바꿀 도구다. 그렇다면 당신의 비전은 고무적인가? 그 비전에 충분한 매력, 열정, 흥분이 통합되어 있는가? 앞에서 말했듯이 영감을 줄 수 없다면 당신의 비전 스크립트는 생명력을 잃게 될 것이다. 영감을 줄 수 있는 비전 스크립트를 작성했다면, 다음 절차는 그것을 실현 가능하게 만드는 것이다. 다음 질문은 마침내 비전이 어떻게 전략과 연결돼 있는지를 보여준다는 점에서 당신의 비전을 좀 더 개선하는 데 도움이 될 것이다.

당신의 비전은 실현 가능한 것인가?

질 **6** 문

전략의 이해와 고용

> **"**
> 목표의 달성은 즉각적인 만족을 주고,
> 목표를 달성하는 과정은 지속적인 즐거움을 준다.
> 에블린 베레진(Evelyn Berezin)[1]
> **"**

나는 지금 워드 프로세서에 이 글을 타이핑하고 있다. 워드 프로세서는 우리 모두에게 친숙한 기술이다. 아마도 이 기술에 너무 익숙한 나머지 단 1초도 그것에 대해 생각해보지 않았을 것이다. 우리는 그냥 해당 창을 열고 타자를 입력한다. 그러나 다른 기술과 마찬가지로 워드 프로세서가 존재하지 않았던 때가 있었다. 그것을 상상하고 현실에 존재하게 만들려면 비전이 필요했는데, 에블린 베레진이 그 비전을 갖고 있었다.

1930년대 공상 과학 소설을 읽으면서 성장한 베레진은 1945년 NYU 물리학과를 졸업하고 대학원에서 원자력을 공부했다. 그 무렵 그녀는 컴퓨터에 관심이 생겨 1951년 브루클린

일렉트로닉 컴퓨터 코퍼레이션^{Brooklyn Electronic Computer Corporation}에 입사했다. 매튜 커센바움^{Matthew Kirshenbaum}은 "회사 내 유일한 여성이던 그녀는 수석 논리 설계자가 됐다."고 말한다. 커센바움은 워드 프로세서의 역사를 다룬 자신의 저서 《트랙 체인지스^{Track Changes}》에서 그녀의 이야기를 소개했다. 베레진은 나중에 텔레레지스터^{Teleregister}로 이직해 유나이티드 항공^{United Airlines} 사의 최초 컴퓨터 방식 항공 예약 시스템을 개발하는 데 힘을 보탰다. 이후 그녀는 뉴욕 증권거래소 이사직에서 탈락하고 독립해서 회사를 설립했다. 당시만 해도 여성은 고위직 이사직에 어울리지 않는다는 정서가 팽배했다.

워드 프로세서 출현 이전의 세상에서는 방대한 양의 문서, 서신, 메모, 보고서 등을 처리하기 위해 비서들을 고용했다. 그들이 일반적으로 사용하던 도구는 타자기였으며, 때론 십여 명의 여성(당시에는 예외 없이 비서들은 모두 여성이었다)이 한 방에 모여 찰칵찰칵 키보드를 연신 두드려댔다. 타자기를 사용해본 사람은 누구나 알듯이, 글자를 잘못 입력하는 실수를 저지르기 쉬웠다. 그럼 해당 문서를 다시 입력해야 했다. 문장 전체를 복사하려면? 영락없이 다시 입력해야만 했다.

베레진은 컴퓨터가 이런 비효율적 문제와 다른 문제를 해결해 보다 효율적으로 업무를 수행하고, 궁극적으로 고도의 업무를 수행하도록 도와줄 수 있음을 깨달았다. 1960년대 후반, IBM은 이미 MT/ST라는 기계를 발명했다. 이 기계는 제한적인 워드 프로세스 기능을 탑재하고 있었지만, 진정한 의미의 컴퓨터는 아니었고 신뢰할 만한 수준도 아니었다. 베레진은 다른 장치, 즉 마이크로프로세서로 작동하는, 프로그램화가 가능한 시스템을 상상했다. 1969년 그녀는 자신의 회사 레드액트론Redactron을 설립하고, 자신의 공장에서 워드 프로세싱 컴퓨터를 만들기 시작했다. 그리고 2년 뒤 데이터 세크리터리Data Secretary라고 명명한 장비를 출시했다. 그녀는 당시 미국에서 컴퓨터 회사를 운영하는 유일한 여성이었다.[2]

2018년 작고한 베레진은 '한 가정 PC 한 대 운동'을 이끈 선구자이자 핵심 인물이었다. 영국 작가이자 기업가 그윈 헤들리Gwyn Headley는 "베레진이 없었다면 오늘의 빌 게이츠Bill Gates, 스티브 잡스, 인터넷, 워드 프로세서, 스프레드시트는 존재하지 않았을 것이다. 기업과 21세기를 이어주는 장비 같은 것도 없었을 것이다."라고 말했다.[3] 베레진은 헤들리가 자신의 공을 과대평가했다며 "어쨌든 일어날 일이었다."는 말로 겸손하게 응수했다.[4]

나는 베레진의 이야기가 비전이 어떻게 영감을 불러일으킬 수 있는지를 보여주는 모범적인 사례라고 생각한다. 또한 베레진의 이야기가─사실 이 문제가 더 중요한데─비전이 실현 가능한 목표를 달성할 때 어떤 역할을 하는지, '목표를 달성하는 과정'에 비전이 어떤 영향을 미치지를 극명하게 보여주는 사례라고 생각한다. [질문1]에서 지도자와 관리자의 차이를 이야기하면서 많은 지도자가 실행을 우선시하고 비전을 부차적인 것으로 인식한다고 했던 말을 기억할 것이다. 베레진은 의미 있는 실행으로 이어지기 위해 비전이 필수적임을 보여준다. 그녀는 제품과 회사를 상상했고, 그 비전을 바탕으로 실행에 옮겼다. 비전은 그녀의 행동에 영향을 미쳤다. 비전이 없었더라면 제품도 회사도 없었을 것이다.

정도의 차이는 있지만 이는 우리 모두에게도 적용된다. 분명하고 설득력 있는 비전은 우리의 발걸음을 인도한다. 매력적인 미래에 노력을 집중시킬 때 일상 업무에도 의미와 중요성을 부여할 수 있다.

그래서 여기서는 이 과정에 대해 논의하려고 한다. 당신의 비전은 실현 가능한 것인가? 이 질문에 답하는 방법은 여러 가지가 있는데, 나는 단 두 가지에만 초점을 맞출 예정이다. 그것은 바로 계획과 인적자원이다. 당신의 비전 스크립트는 조직의 실제 업무, 특히 전략과 고용에 적용될 때 의미 있는 역할을 해야만 한다. 비전 스크립트에 근거해 업무를 진행하고 직원을 채용할 때, 그것이 실현 가능한지 여부를 알 수 있다.

비전에 기초해 업무 수행하기

⋮

MIT 슬론 경영대학원의 연구원 마이클 슈레이지[Michael Schrage]는 한 거대 기술회사의 연구개발 부서 경영진과 점심식사를 했다. 원대한 비전을 갖고 있던 이 회사의 신임 CEO가 이 연구개발 부서 경영진에게 조직의 자원을 목적 달성에 집중시키고, 기존의 업무수행 방식을 재고할 것을 요구한 상태였다. 연구개발 부서 경영진은 슈레이지에게 조언을 구하면서 이러한 요구에 어떻게 대응해야 하는지 그리고 어떻게 하면 계속해서 기술혁신을 최우선 순위에 놓을 수 있을지를 물었다.

슈레이지는 이렇게 회고한다. "나는 신임 CEO가 제시한 다각화 계획을 적극 지원하기 위해 어떤 새로운 혁신을 구상했는지 그리고 이를 위해 어떤 전담팀을 조직했는지를 물었다. 그들은 침묵했다. 몇몇 외부 스타트업 프로젝트를 관리하는 벤처 부서를 제외하고는 신임 CEO가 공표한 우선 과제를 달성하기 위해 공식적 혹은 비공식적으로 운영 중인 연구팀은 없었다."[5]

나는 비전과 일상 업무가 서로 연계되어 있지 않은 경우를 자주 본다. 비전이 어떤 차이를 만드는지 [질문2]를 통해 확인하면서 우리는 비전이 없을 때 발생하는 문제도 확인했다. 비전이 없을 경우, 미래에 대한 대비가 불가능하고, 전략적 실수를 범하고, 지나치게 많은 기회를 추구하며, 중요한 기회를 놓치고, 돈과 시간과 인재를 낭비하고, 그러다가 얼마 안 가서 포기하게 된다. 실현 가능성이 없는 비전 역시 비슷한 문제를 초래할 수 있다.

비전과 전략의 관계

전략기획 회의에 참석하고 있다고 상상해보자. 당신의 손에
는 비전 스크립트가 들려 있지만, 그 내용을 논의하지는 않는
다. 그 대신 당신은 SWOT 분석을 시작하면서 조직의 강점, 약
점, 기회, 위협을 면밀하게 검토한다. 분석 결과는 좋게 말하면
아직 완벽하지 않다. 비전은 이 네 가지 영역 모두를 아우른다.
얼마나 강하고, 약하고, 적절하고, 위협적인지를 규명하고, 그
방식과 결과, 목적을 파악하게 한다.

당신의 비전을 분석에 포함하지 않으면, 그 답은 무의미하
다. 그럴 경우 초래되는 필연적 결과는 이렇다. 당신의 비전이
당신의 강점, 약점, 기회, 위협을 평가하는 데 도움을 줄 만큼
충분히 명확하지 않으면, 다시 말해 충분히 구체적이고 분명하
지 않으면, 계획 수립에 도움이 될 만큼 실질적이지 않다는 것
이다. 전략은 비전에 도움이 되지만 실현 가능한 비전만이 전
략에 도움을 줄 수 있다.

비전은 당신이 어디로 가느냐에 대한 것이고, 전략은 당신
이 가야 하는 길을 계획하는 것이다. 비전을 우선시해야 하는
이유는 목적지가 없으면 길도 없기 때문이다. 길이 없으면 앞
으로 나아갈 수 없다.

다행히 실현 가능한 비전은 전략을 제안한다. 이를 가장 적
절하게 보여주는 사례는 자유등반가 토미 콜드웰Tommy Caldwell
의 이야기다. 2008년 콜드웰은 엘 캐피탄(줄여서 엘 캡)의 900여

이름	정의
임무	정체성
비전	목적지
전략	목적지에 도달하는 방법
가치	목적지까지 함께하는 사람들의 부류

미터 절벽에서 요세미티 계곡을 내려다보고 있었다. 이미 엘 캡을 60여 회나 등반했는데, 이번에는 돈 월Dawn Wall만 공략하기로 했다. 그는 돈 월을 '엘 캡에서 가장 크고, 가장 가파르고, 가장 공간이 없는 암벽'으로 묘사했다. 그 순간을 회고하던 콜드웰은 이렇게 말했다. "불가능한 도전이란 점이 나를 사로잡았다."[6] 영감을 주는 비전의 시작처럼 들리지 않는가?

1970년 이전에 돈 월 등반에 성공한 사례는 단 하나뿐이었다. 두 명의 등반가가 평범한 암벽면 위에서 볼트와 로프를 사용해 자신들의 몸을 지탱하며 매달려 있었다. 코드웰이 그것을 쉽게 해낸 것은 아니다. 암벽에서 떨어질 때만 로프를 사용해 몸을 지탱했고, 그 외에는 자신의 손가락 끝과 등산화 고무 밑창에만 의존해 암벽을 올랐다.

등반은 길고 힘든 과정이지만, 비전을 추구하는 지도자에게 등반은 상당히 교육적이다. 2009년 코드웰은 암벽 위쪽으로 올라갈 수 있는 루트를 파악하기 위해 정상에서 라펠링을 시작했다. "그것이 긴 자유 루트라는 퍼즐을 맞추는 방법이다. 어디로

실현 가능한 비전은 전략을 제안한다.

움직일지 정한 다음, 그 움직임들을 연결해 선을 만들고, 선들을 연결해 적당한 정지 포인트까지 진행한다. 정지 포인트는 피치의 끝을 말한다." 돈 월 정상까지 가는 루트는 모두 32개의 피치로 이루어져 있다. 그는 이렇게 덧붙였다. "나는 정상에 이르는 루트를 아주 거시적인 관점에서 바라봤다. 물론 위험한 순간에 각각의 피치를 연결할 때 무수히 많은 의문이 들기는 했다."[7]

콜드웰이 기술한 과정은 비전을 추구하는 지도자들이 비전을 실행할 때 활용하는 과정과 똑같다. 비전에서 출발해 역으로 전략을 만들고, 그런 다음 목표를 수립하고, 그다음에 목표를 의미 있는 중간 과제로 분해한다. 당신은 산 전체를 이런 식으로 등반할 수 있다. 당신의 눈을 정상에 맞추면 발자국 하나하나가 중요해진다. 이렇게 하면 장기 전략과 일일 생산성을 연결할 수 있다.

전략과 생산성의 연결

명확하고 영감을 주는 비전을 가진 지도자들도 종종 현실의 일상 업무와 계속되는 방해 요소들로 어려움을 겪는다. 때때로 발생하는 비상 상황과 위기 상황도 처리해야 한다. 〈하버드 비즈니스 리뷰〉의 기고가인 하이케 브러치와 수만트라 고샬은 지적한다. "중역들은 엄청난 부담감 속에서 업무를 수행하며,

하루 12시간을 근무해야 처리할 수 있을 만큼 해야 할 업무가 많다. 그러나 실질적으로 시간을 효율적으로 활용하는 관리자들은 거의 없다."[8]

그들이 말한 최상의 시나리오인 '적극적인 무활동active non-action'에서는 중요한 일상 업무는 관리자들이나 다른 조직의 구성원들이 처리하는 것이 더 적합할 때가 있다. 브렌트 피터슨Brent Peterson과 개일런 닐슨Gaylan Nielson은 자신이 고안한 용어를 활용해 최악의 경우 지도자의 격무를 가치가 낮은 '가짜 업무'라고 말한다.[9] 비전과 연관성이 없는 상태에서는 더 크고 더 중요한 무엇인가를 도모하기 위해서가 아니라, 그 자체를 위한 업무를 수행하다가 끝이 나는 경우가 있다. 당신은 왜 그 보고서를 쓰고 있고, 왜 그 사람들과 만나고 있으며, 왜 그 프로젝트를 수행하며, 왜 마감을 그날로 잡았는가? 만약 그 이유들이 비전을 실현하는 데 전혀 도움이 되지 않는다면, 당신은 그저 시간을 허비하고 있는 것일지 모른다.

실제로 당신의 비전과 일일 과업을 이어주는 선이 적어도 하나는 있어야 한다. 콜드웰의 움직임과 각각의 피치들을 이어주는 선처럼, 다음 단계, 다음 목표, 다음 전략으로 이루어진 하나의 선이 당신을 산 정상(당신의 비전)으로 이끌어줄 것이다. 나는 저서 《탁월한 인생을 만드는 법》과 《초생산성》에서 이 과정의 다양한 측면을 기술했다. 첫 번째 책은 연간 계획에 대한 이야기이고, 두 번째 책은 매일의 생산성에 대한 이야기다. 여기서는 이 둘이 어떻게 공조를 펼치는지를 보여주고자 한다. 이는 다섯 가지 요소로 요약된다.

1. 비전 스크립트

비전 스크립트는 모든 것의 기초가 된다. 이미 확인한 것처럼 비전 스크립트는 당신의 조직, 제품, 마케팅, 그리고 3년에서 5년 이후의 결과—물론 이보다 더 미래일 수 있다—에 대한 명확하고 영감을 주면서 실현 가능하며 매력적인 그림이다.

2. 연간 계획

이런 비전에서 그해의 연간 계획이 나온다. 당신은 비전 지향적 성장을 위해 내년에 무엇을 할 것인가? 목표에 좀 더 다가가기 위해 어떤 프로젝트를 수행할 계획인가? 어떤 계획을 시작하거나 중단할 것인가? 어떤 제품을 개발하거나 포기할 것인가? 당신의 비전 스크립트가 분명할수록 이 질문에 대한 좀 더 명확한 답을 할 수 있을 것이다. 내 경험상 최상의 연간 계획은 지도자들이 비전을 실현하는 데 도움을 줄 일곱에서 열 가지 주요 목표로 이루어져 있다.

3. 분기별 목표

당신의 모든 연간 목표가 그해 말에 끝나게 되어 있으면, 중간에 낼 수 있는 성과를 연말까지 미룰 가능성이 높다. 또한 마감일에 임박해 많은 업무를 할당해 구성원들을 힘들게 할 수 있다. 이보다는 1년 동안 시차를 두고 연간 목표를 점진적으로 달성하는 것이 바람직하다. 연간 목표 목록을 들여다봐라. 분기마다 두 가지 혹은 세 가지 목표를 달성하고 싶을 것이다. 이 것들을 당신의 분기별 빅3라고 생각하라. 분기별 빅3란, 목표 달성을 미루고 마감에 임박했을 때 업무량을 지나치게 증가시키는 대신, 정신을 집중시키고 생산성을 향상시킬 수 있는 단기 목표이다.[10]

4. 주간 목표

분기별 빅3 목표에 집중하려면, 주간 빅3가 필요하다. 주간 목표는 중요 목표에 가까이 갈 수 있게 해주는 세 개의 주간 과제로 이루어진다. 나는 매주 당신의 분기별 빅3를 검토하고 차주에 우선적으로 달성해야 하는 과제를 결정할 것을 권한다. 그렇다고 이 세 가지 과제가 해당 주에 당신이 해야 하는 일의 전부를 의미하는 건 아니다. 당신의 주간 빅3는 다른 과제들보다 좀 더 중요한 중간 목표이다.

5. 일일 과업

당신의 주간 목표는 이제 당신의 일일 과업에 영향을 미친다. 나는 매일 중요한 과업 세 가지씩만 선정할 것을 권한다. 이것이 당신의 일간 빅3다. 이 세 가지 과업이 너무 적어 보이더라도 걱정하지 마라. 이 세 가지는 점점 늘어날 것이며, 세 가지 과업이 당신의 모든 정신을 목표에 집중할 수 있게 도와줄 것이다. 일간 빅3가 정해지고 집중해야 할 목표가 명확해지면, 이제 당신은 무슨 일이 있어도 이 중요한 세 가지 일일 과제를 수행해야만 중간 목표를 달성하고, 궁극적으로 당신의 비전을 실현할 수 있음을 알 것이다.

당신의 비전과 일상적 과업 그리고 전략적 우선순위와 기본 프로젝트 사이에는 차이가 있다는 것을 기억할 필요가 있다.

◆ **구상 및 실행**

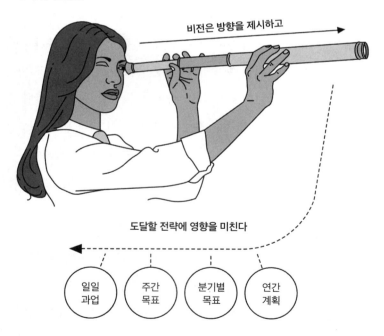

둘 다 필요하지만, 프로젝트가 긴박할수록—일상 업무가 지나치게 많을수록—비전을 실현하는 데 필요한 중간 목표를 달성할 가능성이 점점 낮아진다. 당신이 지도자로서 비전에 집중하기 위해 의도적으로 자신의 시간 중 40%에서 60%를 할애하지 않으면, 비전을 달성하지 못할 위험이 있다.[11]

이 다섯 가지 요소는 모두 일직선상에 있어야 한다. 아래에서 위로 이동할 때 일일 과업이 주간 목표를 지원하지 않으면, 분기별 목표를 달성할 수 없다. 물론 연간 계획을 실현하지 못하고, 결국 비전을 실현할 기회도 뒤로 미뤄야 한다. 반대로 각각의 단계를 성공적으로 마치면, 정상으로 곧바로 연결된 통로를 확보하게 되고, 당신이 떼는 발걸음 하나하나가 의미와 중요성을 갖는다. 물론 그것이 성공으로 가는 지름길을 의미하는 것은 아니다. 그런 경우는 거의 없다.

정상으로 가는 여러 가지 통로

아무리 명확한 의도를 갖고 철저하게 계획을 세웠다 하더라도 뜻밖의 문제와 장애물을 만나면 전략을 바꿔야 한다. 콜드웰 역시 돈 월에서 이런 경우를 한 차례 이상 경험했다. 특히 장애물 하나는 도저히 극복할 수 없을 듯 보여 결국 피해갈 방법을 찾았다. "한 번도 경험한 적이 없었기 때문에 방법이 바로 생각나지 않았다."고 그는 말했다.[12] 그는 위로 단 3.7미터 올라가기 위해 60미터 넘게 돌아가야만 했는데, 이 해결책은 도움이 됐다.

이 사례는 비전의 중요성과 비전과 전략의 연계의 중요성을 보여준다. 목적지에 도달하는 방법은 한 가지 이상이다. 당신이 케이크를 원하면 (a) 애초에 당신이 직접 케이크를 굽거나 (b) 믹스를 이용해서 케이크를 굽거나 혹은 (c) 제과점에서 케이크를 구매할 수 있다. 이 세 가지 방법 중 무엇이 됐든 결국 케이크를 손에 넣을 수 있다. 나는 운전할 때 웨이즈 앱을 사용하는 것을 좋아한다. 지점 A에서 지점 B에 도달하는 가장 효과적인 수단을 클라우드 소스를 동원해 제공하기 때문이다. 해당 앱은 처음에 제공한 경로가 혼잡해지면 또 다른 경로, 즉 좀 더 효율적인, 재설정된 경로로 나를 안내한다. 여기서 중요한 교훈은 비전은 고정돼 있지만 전략은 상황에 따라 유동적이라는 것이다.

콜드웰의 경우처럼, 때때로 어떻게 시작하느냐에 따라 전략은 상당히 달라질 수 있다. 다양한 전략을 실험해보고자 하는 의지는 비전이 얼마나 설득력이 있느냐에 달렸다. 콜드웰이 원래의 경로에서 벗어나 60미터 이상을 우회하는 것이 정상에 도달하는 데 도움이 된다고 생각하지 않았다면, 절대 그런 일을 하지 않았을 것이다. 그러나 그의 관심은 비전에 집중돼 있었기 때문에 우회 경로까지도 매력적인 가능성으로 바뀌었다. 그리고 그의 선택이 유효했음이 증명됐다.

영화 〈레고 무비The LEGO Movie〉는 예상 밖의 전략이 성공을 거둔 사례다. 자신들이 원하는 영화를 제작하려는 시도가 실

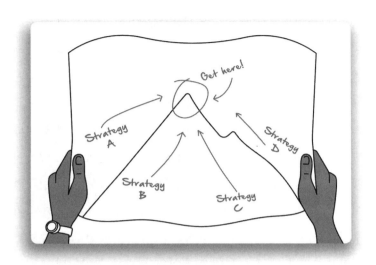

당신의 비전을 실현할 방법은 한 가지 이상이다. 비전을 추구하는 지도자들은 경로가 아닌 목적지가 중요하다는 것을 안다.

패로 끝난 후, 레고의 CEO 외르겐 비그 크누스토르프Jørgen Vig Knudstorp는 영화를 만드는 일이 "지루하고 그저 그렇다."라고 했다. 그들은 다른 접근법이 필요하다는 것을 깨달았다.[13] 그런데 제작 전반에 관한 결정을 영화제작사에 넘긴다면 영화의 재미는 보장하겠지만, 레고라는 브랜드를 각인시키는 데는 실패할 터였다. 새 영화가 회사 이미지에 부정적 영향을 미쳐 팬들을 떠나게 할 수도 있었다. 이는 정상까지 오르는 과정에서 도저히 극복할 수 없는 장애물처럼 보였다. 그러나 비전에서 한시도 눈을 떼지 않자 완전히 새로운 경로가 보였다.

레고가 원했던 것은 무엇일까? 팬들에게 박진감 넘치는 영화 감상 경험을 제공하고, 동시에 레고라는 브랜드에 긍정적 인상을 입히는 것이었다. 그래서 레고는 영화 제작의 예술적 권한은 제작자에 넘겨주되 인상적인 단서 조항 하나를 붙였다. 제작자들이 레고의 회사 문화를 체험해야 한다는 내용이었다. 즉, 제작자들은 레고의 팬과 시간을 보내고, 컨벤션에 참여하고, 레고 직원들과 사적인 시간을 보내야 했다. 토론토 대학의 제니퍼 리엘Jennifer Riel과 로저 마틴Roger Martin 교수는 이 접근법이 회사가 영화 제작 과정에서 지나치게 간섭하지 않으면서 외부인을 내부인으로 바꾸는 효과를 가져왔다고 평가했다. 이는 영화제작사와 레고 모두에게 최상의 결과로 돌아왔다. 〈레고 무비〉는 기록적 대성공을 거뒀다.[14]

비전과 전략의 차이

임브레이스 이노베이션스Embrace Innovations는 전략 수정의 유용함을 보여주는 또 다른 사례로 꼽힌다. 세계적으로 신생아 10명 중 1명은 미숙아로 태어난다. 나의 손녀들 중 둘이 미숙아로 태어났다. 이 중 더 어린 손녀는 불과 27주 만에 몸무게 450그램이 조금 넘어서 세상에 나왔다. 선진국의 신생아 케어는 상당히 발달해 있지만, 후진국의 경우 그렇지 않아 미숙아들의 생존 확률은 상당히 낮다. 사실 매년 약 백만 명의 미숙아가 사망한다. 신생아의 체온을 따뜻하게 유지해줄 만한 방법이 없기 때문이다.

비전	전략
무엇	어떻게
목적	수단
목적지	경로
고정적	유동적
신성시	폐기 가능
유일	복수

미숙아 사망률 통계는 스탠퍼드 경영대학원 졸업생 제인 첸Jane Chen을 충격에 빠뜨렸다. 그녀는 2007년 합리적인 가격의 솔루션 개발 의뢰를 받았고, 그 도전을 수락했다. "저체온증으로 죽는 아이는 없어야 한다."고 그녀는 말했다. 그녀와 그녀의 연구팀은 몇 가지 최첨단 기술을 활용해 휴대가 간편하면서 200달러면 구매가 가능한 인큐베이터인 '임브레이스 워머Embrace Warmer'를 개발해내는 데 성공했다. 신생아를 구하겠다는 비전과 우수한 제품으로 무장한 첸은 임브레이스 이노베이션스Embrace Innovations를 설립했다.

하지만 이내 장애물을 만났다. 그중에서도 자금 마련이 가장 큰 문제였다. 첸은 기부금이나 정부 계약에 의존하는 것보다 더 나은 방법으로 산 정상을 정복할 수 있다는 것을 깨달았다. 그녀는 리틀 로터스Little Lotus라는 영리 회사를 설립하고 임브레이스 워머에 사용된 기술로 담요, 포대기, 침낭 등을 개발해 판매했다. "우리는 '이 기술로 미국 시장이 필요로 하는 제품을 만들어 팔면 어떨까?' 하고 생각했다."고 그녀는 말한다.

첸은 탐스 슈즈를 통해 널리 알려진 원 플러스 원 사업 모델에 기반해 리틀 로터스를 설립했다. 비영리 단체의 자금을 마련하기 위해 영리 추구 기업을 시작한 것은 성공적인 우회전략 steparound strategy으로, 현재 리틀 로터스의 해외 사업에 자금을 마련하는 데 매우 유용하다. 2017년, 스탠퍼드 경영대학원 〈인사이트Insights〉의 한 보고서에 따르면 임브레이스 이노베이션스는 "미숙아 20만 명 이상의 생명을 구했으며, 이 숫자가 1백만까지 증가할 것으로 기대된다."[15] 비전은 변하지 않았지만 전략에는 변화가 있었다.

우리는 목적지에 도착하기 전까지 여러 차례 전략이 바뀔 것을 예상해야 한다. 프로이센의 육군 원수 헬무트 폰 몰트케 Helmuth von Moltke는 전투 계획과 관련해 이렇게 조언했다. "적군과의 첫 교전을 한다는 사실 이외에 계획한 대로 전개되는 군사 작전은 없다. 일반 병사만이 사전에 수립한 군사 작전의 모든 세부사항이 그대로 집행되고 그것이 끝까지 유지될 것이라고 믿는다. 사령관은 항상 자신의 목표(비전)를 기억하고, 시시각각 변하는 상황에 흔들리지 않는다. 그럼에도 목표를 달성하는 방법(전략)을 확신에 차서 사전에 수립할 수는 없다." 그는 사령관들은 목적을 달성하기 위해 최선을 다하고 필요한 순간 최

비전: 케이크

전략A
밀가루로
케이크 만들기

전략B
믹스를 사용해
케이크 만들기

전략C
시판 케이크
구매하기

케이크의 예를 확장해보자. 오늘 저녁 생일 파티가 있다. 그래서 당신은 밀가루로 케이크를 굽기로 마음먹었다. 그런데 밀가루가 떨어졌다는 사실을 알게 됐다. 하지만 걱정할 것 없다. 다행히 창고에는 케이크 믹스가 있었다. 당신은 파티 시작 한두 시간을 남겨두고 케이크 팬을 오븐에 넣었다. 파티에 딱 맞춰 케이크를 구울 시간만 남은 상황이다. 그런데 그때 전기가 나갔다. 다행히 당신은 다재다능하다. 집 근처 빵집에서 케이크를 사오는 것을 포함해 당신에게는 여전히 선택지가 남아 있다. 만약 첫 번째 혹은 두 번째 옵션만을 고집한다면, 당신은 절대 당신의 비전을 달성할 수 없다. 비전을 추구하는 지도자들은 비전에 집중하기 때문에 상황에 따라 필요할 경우 신속하게 전략을 변경한다.

"

목적지에 도달하기 전,
때로는 여러 번 전략을
변경해야 한다.

"

선의 판단을 내릴 수 있어야 한다고 말했다.[16]

우리의 상황도 비슷하다. 아무도 3년, 5년 혹은 10년 후를 내다볼 수 없다. 1년 후도 내다볼 수 없다. 솔직히 말해 내일 무슨 일이 일어날지도 알 수 없다. [질문3]에서 우리가 무슨 이야기를 했는지 기억해보라. 비전은 예언이 아니다. 비전은 도구지 필연적으로 일어날 일들의 일정표가 아니다. 비전을 실현하는 유일한 방법은 그 점을 염두에 두고 피할 수 없는 장애물이나 예측하지 못한 상황에도 불구하고, 정상에 도달하기 위해서 최선의 노력을 다하는 것이다(이 부분에 대해서는 [질문8]에서 좀 더 논의하기로 한다).

실현 가능한 비전은 전략을 제안할 정도로 구체적이지만, 당신을 특정한 하나의 전략에 얽매이게 할 만큼 구체적이지는 않다. 비전은 신성한 영역이지만 전략은 필요에 따라 바뀔 수 있다. 나는 이와 관련해 내 딸과 우리 회사 최고 운영이사[COO] 메간 하얏트 밀러[Megan Hyatt Miller]가 한 말에 전적으로 동의한다. "목표를 달성하는 방법은, 목표는 확고하게 전략은 느슨하게 유지하는 것이다."[17]

비전에 기초한 직원 고용

⋮

콜드웰은 돈 월까지의 루트를 미리 정해뒀음에도 곧바로 등반을 시도하지는 않았다. 불가능해 보였기 때문이다. 그의 비전을 알아차린 또 다른 등반가를 만나기 전까지는 그랬다.

콜드웰은 2009년에 케빈 조지슨Kevin Jorgeson을 만났다. 조지슨은 자신들이 돈 월 등반에 성공할 것이라고 확신했다. 둘은 함께 훈련을 하면서 움직임을 반복해서 연습하고, 체력과 지구력을 쌓았다. 이들은 몇 차례 실패를 경험하고 나서—콜드웰은 "제대로만 하면 실패하고도 성장한다."고 말했다—2014년 12월 27일 다시 돈 월을 올랐다.[18]

비전은 '함께'하는 것이다. 당신의 꿈이 조직을 필요로 하지 않는다면, 당신이 꾸는 꿈이 지나치게 작기 때문일 것이다. 그래서 실현 가능한 비전은 계획 이상의 것이라 말하는 것이다. 실현 가능한 비전은 조직의 구성원들에게 좋고, 직원을 고용하는 것뿐만 아니라 고용된 직원을 유지하는 데도 도움이 된다.

작가 로리 베스 존스Laurie Beth Jones는 비전을 중요한 인력 채용 툴이라 생각한다.[19] 두 가지 측면에서 그녀의 말은 옳다. 첫째, 설득력 있는 비전은 미래 직원들에게 회사를 알린다. 둘째, 비전은 지원자들을 걸러내는 데 도움을 준다. 비전이 기준이 되어 조직에 가장 적합한 직원을 확실하게 구별할 수 있기 때문이다.

회사 홍보

2016년 〈밀레니얼들은 어떻게 일하고 살고 싶어 하는가?〈How Millennials Want to Work and Live〉라는 갤럽 보고서에 따르면, 설문에 참여한 밀레니얼 세대 직장인 중 불과 40%만이 직장의 미션과 자신이 긴밀하게 연결돼 있다고 느꼈다.[20] 만약 당신의 직장이 당신의 미션과 동떨어져 있다면, 직원들이 회사의 비전을 통해 투지나 열정을 느끼지 못한다면, 그들은 회사가 임무를 완수할 때까지 그곳에 남아 있어야 할 이유가 없다고 느낄 것이다.

갤럽의 CEO 짐 클리프턴Jim Clifton은 이에 대해 이렇게 말한다. "과거 나와 같은 베이비 붐 세대는 직장에서 굳이 의미를 찾아야 할 필요는 없었다. 그저 월급만 받으면 그만이었다. 우리의 사명과 목적은 오로지 가족과 공동체에 있었기 때문이다. 물론 밀레니얼 세대에게 보상은 중요하고 반드시 공정해야 하지만, 보상은 더 이상 그들을 행동하게 하는 동인이 아니다."[21]

이는 사소한 문제가 아니다. 밀레니얼 세대는 미국의 노동력에서 가장 큰 비중을 차지한다.[22] 2017년 퓨 리서치 센터Pew Research Center의 조사에 따르면 밀레니얼 세대(23~38세)는 미국 노동인구의 35%를 차지한다. 이는 33%를 차지하는 엑스 세대(39~52세), 25%의 베이비 붐 세대(55~73세), 그리고 5%의 포스트 밀레니얼(18~22세)보다 많다.

그러면 밀레니얼 세대에게 가장 중요한 동인은 무엇일까? 직장 업무에서 의미와 목적을 발견하는 것이다. 갤럽은 밀레니얼 세대가 목적의식을 고양시키고 자긍심을 느끼게 해줄 직장을 찾고 있다고 말한다.²³ 이들에게 의미와 목적을 제공하는 것은 당신의 몫이다.

나는 많은 부분에서 칼 마르크스Karl Marx의 의견에 동의하지 않지만, 노동자 소외에 대한 그의 통찰력은 높이 산다. 생산 결과에만 근거해 노동자의 가치를 평가한다면, 노동자는 사람이라기보다는 기계에 가까워지고, 비인간적인 노동환경은 성취감을 주지 못하는 사무적인 관계로 이어진다. 그러나 효과적인 비전 스크립트로 우리의 노동환경에 의미와 즐거움을 부여할 수 있다. 그렇게 된다면 밀레니얼 세대뿐 아니라 다른 모든 세대가 그러한 환경을 갈망해 당신의 조직에 들어오기를 간절히 바랄 것이다.

지원자가 너무 많아질 경우, 그들 중 적임자를 골라낼 방법이 필요해지는데, 다행히 당신의 비전 스크립트가 이 문제를 해결하는 데도 도움을 줄 것이다.

잠재적 직원 골라내기

비전은 전략을 제공하듯이, 당신의 조직에 어떤 부류의 사람이 필요한지도 알려준다. 모든 지원자는 일련의 인터뷰와 평가를 거친다. 그 과정에서 우리는 적임자를 찾을 뿐만 아니라 이 사람이 우리의 조직 문화와 예상하고 있는 결과에 얼마나 기여하게 될 것인지도 판단한다. 문화는 화학과 같다. 요소들을 더하고 제거하면 역학이 변화할 수 있다. 단, 요소를 추가할 때는 실수로 빼는 요소가 없어야 한다.

채용하고자 하는 직원의 개성, 성격, 근무 스타일 및 기술을 고려할 때, 비전 스크립트에 제시된 몇 가지 요소를 염두에 두어야 한다. 예를 들어, 마이클 하얏트&컴퍼니 비전 스크립트의 팀 구성 요소에는 다음과 같은 내용이 포함돼 있다.

- 우리는 재미있고, 전반적으로 생산적이며, 우리의 임무와 가치를 전적으로 지원하는 직장문화를 유지한다.
- 우리의 팀원들은 우리의 핵심 이데올로기를 생활화하고 실천한다. 그들은 결점 없는 인품, 뛰어난 재능, 검증된 실적을 보유하고 있다. 그들은 겸손하고, 자신감이 있으며, 타인을 위해 봉사하는 일에 적극적이다. 그들은 우리의 툴을 가장 잘 활용하며 우리 메시지의 최전방 전달자이자, 우리 문화의 설교자이다.
- 우리 직원들은 근무 시간 중에도 가족들을 위한 자리, 예를 들면 중요한 학교 행사, 병원 예약 등에 자유롭게 참석할 수 있다.
- 우리 직원들은 타당한 자율성을 경험하고, 고압적인 경영진의 참견, 숨 막히는 관료주의, 절차상 지나친 형식주의의 영향을 받지 않고 자신들의 업무를 계획하고 실행할 수 있다. 우리는 혁신과 실험을 권장한다. 무엇인가 잘못되고 있을 때, 거기서 교훈을 얻고 앞으로 나아간다.

채용 과정에서 이러한 요소들이 대화와 평가 환경에 영향을 미친다. 인터뷰 질문을 만들고, 지원자를 탐색하고, 우리가 받은 인상을 점검하는 데 이 요소들이 도움이 된다. 비전은 벤치마크가 된다. 우리는 이 사람이 조직의 비전에 부합하는 사람인지 혹은 목표를 달성하는 과정에서 필요로 하는 것을 보유하고 있는지 알 수 있다.

사랑하는 사람을 잘못된 자리 혹은 불필요한 자리에 배치하는 것만큼 당신에게 좌절감을 안겨주는 일은 없을 것이다. 비전 스크립트는 이런 문제에도 도움을 준다. 지원자는 그 회사에 적임자일지 모르지만 회사 비전이 필요로 하는 것과는 맞지 않을 수 있다. 비전 스크립트를 염두에 두면 이 문제를 예방할 수 있다. 처음부터 올바른 방향에 적임자를 배치할 수 있다. 비전 스크립트는 사후에 명확성도 제공하며 필요할 경우 힘든 결정을 할 때도 도움이 된다.

비전의 여과 기능은 당신의 부하직원 혹은 다른 부서의 관리자들이 신입직원을 요청할 때 특히 중요해진다. 이런 일은 예산 수립 시기마다 일어난다. 신규 직원 채용 요청은 일견 타당해 보이기도 하지만, 전체적으로 보면 직원 수만 지나치게 늘리고 생산성 향상에는 도움이 되지 않을 수 있다. 따라서 모든 신입 채용 요구를 승인하는 것은 불가능하다(그리고 현명하지도 않은 일이다). 이때 비전 스크립트는 당신에게 어떤 채용 요청이 합당한지, 실제 니즈가 어디에 있는지를 알려줄 것이다.

새로운 계획이 세워지면 새로운 인재를 구하거나 기존의 인재를 재배치해야 할 수도 있다. 이때 비전 스크립트에 제품 및 마케팅에 대한 개요가 있으니 언제, 어떤 자리에 새 직원을 채용해야 하는지 알 수 있다. 시장 점유율을 확대하거나, 새로운 제품을 출시하거나, 신규 부서를 설립할 때는, 시간이나 우선순위에 대해 생각해야 한다. 비전은 신규 직원을 채용할 때 중요 요소로 작용할 것이다.

궁극적으로 신규 직원의 채용을 고려할 때 제일 먼저 파악할 것은 그들이 당신의 비전에 동의하는지 여부다. 그다음으로는 비전 달성에 그들이 도움이 되는지를 파악해야 한다. 이는 어떤 사람이 당신 마음에 드는지 혹은 그냥 직원 하나를 사무실에 데려다 놓을 것인지에 관한 문제가 아니다. 지원자가 앞서 언급한 두 가지 질문에 답을 주지 못한다면, 그들은 적임자가 아니다. 당연히 의도치 않게 당신의 비전을 방해하는 사람도 채용해서는 안 된다.

비전에 헌신하는 것은 조직에 다양성을 부여할 수 있는 한 가지 방법이다. 기업가 아스트로 텔러Astro Teller는 말한다. "당신이 해보지 않은 것을 시도할 때 당신처럼 생기고 당신처럼 생각하는 사람을 선택하는 것은 최선의 방법이 아니다."[24] 스콧 페이지Scott Page는 자신의 저서 《더 다이버서티 보너스The Diversity Bonus》에서 나와 다른 사람을 선택하는 것이 최선임을 강조한다.

다양한 성격, 배경, 기술, 인생 경험이 한 조직의 문제 해결

능력을 강화한다. 조직원의 다양성이 강화될수록 지점 A에서 지점 B로 더 빨리 이동할 수 있다는 뜻이다. 다양성 강화는 당신의 조직이 참가하고 있는 시장을 반영할 뿐만 아니라 당신의 비전 달성을 도울 숙련된 기술과 감수성이 뛰어난 똑똑한 인재를 확보하는 최선의 길이다.

당신의 비전 스크립트에 다양성이 강화된 조직을 구축하고 싶은 당신의 소망을 명시할 경우, 현재 당신의 조직에 무엇이 부족한지를 좀 더 명확하게 인지할 수 있게 된다. 또한 조직이 성장할 수 있는 채용 기회를 좀 더 신중하게 선택할 수 있게 된다.

가시성의 문제

⋮

콜드웰과 조지슨은 로프에 매달려 암벽을 타고 그 위에서 잠을 자면서 19일 만에 돈 월 정상에 오르는 데 성공했다. 올바른 전략과 올바른 사람이 더해져 전대미문의 업적을 달성한 것이다. 비전이 이 모든 것의 출발점이었다. 콜드웰은 태양빛이 돈 월을 비췄을 때 그곳을 다음 등반 목표로 정했다. 거기에서부터 콜드웰의 비전은 전략에 영향을 미쳤고, 이후 함께 등반할 올바른 파트너를 영입하도록 했다.

비전을 실현 가능한 것으로 만든 것이다. 확실하고 영감을 주는 비전 스크립트는 적절히 활용할 경우 비전을 달성하는 데 매우 유용하다.

그런데 불행하게도 그것이 과거 나를 포함해 오늘날 많은 지도자를 실패하게 만드는 요소이기도 하다. 비전의 중요성을 맹신하는 나는 조직원들과 함께 휴가를 떠나서 거대하고 멋진 비전 스크립트를 작성하곤 했다. 휴가에서 돌아오면 곧장 새로 작성한 비전 문서를 바인더에 철해서 이전 비전 문서들 옆에 두었다. 하지만 아무도 이 문서를 다시 들여다보지 않았다. 우리만 그럴 거라 생각하지 않는다.

3천 명 이상의 노동자를 대상으로 한 갤럽의 한 설문에 따르면, 10명 중 단 1명만이 자신들이 속한 조직의 목적을 이해하고 그 목적이 어떤 면에서 차별화되어 있는지 분명히 안다고 답했다.[25] 이는 정말 심각한 문제다. 만약 콜드웰과 조지슨이 암벽을 중간까지 오른 상태에서도 자신들이 오르고 있는 암벽이 무엇인지, 왜 그것을 오르고 있는지 몰랐다고 가정해보자. 만약 당신의 조직원들이 당신의 비전을 모른다면, 그들이 수행한 업무는 당신이 비전을 실현하는 데 전혀 도움이 되지 않을 것이다.

이 문제에 대해서는 다음 [질문7]에서 좀 더 심도 있게 다룰 예정이다. 여기서 꼭 짚고 넘어가야 할 점은 당신의 비전과 전략의 관련성은 그것을 눈으로 볼 수 있을 때만 의미가 있다는 것이다. 비전을 추구하는 지도자인 당신이 보는 것을 다른 사람들도 볼 수 있어야 한다. 눈으로 볼 수 없는 비전은 의미가 없다. 지도자로서 당신은 비전을 구체화하고 정기적으로 그것을 논의해야 한다. 비전을 가시적으로 만드는 것은 지도자인 당신의 임무다.

당신과 똑같은 것을 당신의 팀원들이 볼 수 있게 하는 한 가지 방법은 회사 전체가 그것을 정기적으로 검토하는 것이다. 마이클 하얏트&컴퍼니에서는 모든 직원과 그들의 배우자들이 매년 휴가지에서 비전을 다 함께 점검한다. 회사 이사진과 경영진의 경우는 이러한 정기 점검을 좀 더 자주 갖는다.

당신의 비전을 가시적으로 만들 수 있는 가장 효과적인 방법은 이 장에 기술되어 있는 프로세스를 실천해보는 것이다. 비전에서 일일 과업까지 관통하는 일직선은 비전을 매일 실행하고 강화할 수 있게 하는 가시적이고 가장 기본적인 형태이다. 과업을 완성하고, 목표를 달성하고, 목적을 성취하고, 계획을 완수했을 때 완료 표시를 하며, 비전의 실현에 한 걸음씩 다가갈 때 경험할 수 있는 즐거움이 있다. 이는 "목표를 달성하는 과정은 지속적인 기쁨을 준다."고 말한 에블린 베레진의 의도와 일맥상통한다.

물론 그렇게 하기 전에 당신의 조직과 주변인들을 당신의 비전에 동참시켜야 한다. 모든 비전을 검증할 수 있는 가장 좋은 방법은 그것으로 타인을 설득해보는 것이다. 설득의 대상은 조직의 상부, 하부, 동료, 내부자 그리고 외부자다. 우리는 다음 질문에서 이 문제를 살펴보게 될 것이다.

당신의 비전은
설득력이 있는가?

조직원들의 동의 얻어내기

> **"**
>
> 꿈을 판다는 것은 대다수가 아직 알아차리지 못한 것을
> 알아보는 통찰력, 즉 비전을 대의명분으로 바꾸고
> 그 명분을 사람들이 공유하게 만드는 것이다.
>
> 가이 가와사키(Guy Kawasaki)[1]
>
> **"**

몽고메리 워드Montgomery Ward는 19세기 세계 최대 소매상이었
다. 소매점을 단 하나도 갖고 있지 않은 회사가 거둔 업적이라
는 것을 고려하면 가히 대단한 일이었다. 몽고메리 워드는 통
신 판매업자로서 다양한 상품을 소개하는 카탈로그만을 통해
상품을 판매했다. 그 당시 카탈로그는 지금의 인터넷에 해당한
다. 그러다가 1886년 취미로 시계를 팔았던 철도 중개상 리처
드 시어스Richard Sears가 자신의 이름을 딴 통신판매 회사, 시어스
를 설립했다. 시어스의 통신판매 사업은 저렴한 가격을 무기로
불과 몇 년도 안 돼 몽고메리 워드를 제쳤다.

  몽고메리 워드는 시어스를 따라잡기 위해 1919년 로버트 E.

우드Robert E. Wood를 총괄상품관리자로 영입했다. 우드는 파나마 운하 건설 당시 2인자로 일하면서 비슷한 업무를 뛰어나게 해낸 경험이 있었다. 몽고메리 워드의 임원진들은 우드가 생산성을 향상시켜 시어스와의 가격 경쟁을 가능하게 해주리라 기대했다. 우드는 자신의 임무를 훌륭하게 달성했다. 우드는 관리자 이상이었다.

우드는 비전을 중시하는 지도자였다. 그는 미래를 내다봤고 자동차 혁명을 촉진한 모델 티 포드Model T Ford와 1921년 통과된 연방지원 고속도로법Federal Highway Act이 소비자의 구매 행동에 대대적인 변화를 가져올 것임을 직감했다. 미국인의 생활무대가 농촌에서 도시로 바뀐 것 역시 이러한 그의 판단을 뒷받침했다. 1920년 미국 역사상 처음으로 도시 거주 인구가 농촌 거주 인구를 앞질렀고, 이는 소매산업에 커다란 변화를 가져왔다.[2]

1922년 우드는 전례 없이 용이해진 이동성으로 인해 통신판매사업은 고사할 것이라고 확신했고, 미래에는 소매점들이 대다수 고객을 가져갈 것이라고 예상했다. 우드는 이러한 비전을 몽고메리 워드의 사장 시어도어 메르셀리스Theodore Merseles에게 제시하며, 회사의 사업 모델을 통신판매에서 소매점 판매로 변경해야 한다고 말했다. 메르셀리스는 그의 설득을 받아들이지 않았다. 우드는 2년간 메리셀리스를 설득해 최소한 모의 소매업이라도 고려하게 만드는 것이 자신의 임무라고 생각했다.

하지만 메르셀리스는 우드의 조언을 끝내 받아들이지 않았다.

그러다 우드는 그의 비전을 받아줄 사람을 만났다. 시어스였다. 시어스는 우드를 고용했고, 소매 판매점 구상을 시험해보기로 했다. 우드가 시어스로 회사를 옮긴 지 불과 석 달 만인 1925년 2월 2일 최초의 시범 소매점이 문을 열었다. 우드가 이직한 첫 해에 7개의 판매점이 추가로 문을 열었다. 시어스의 성공에 자극을 받은 몽고메리 워드도 마침내 판매 산업의 변화를 인정하고 1926년 소매업에 진출했다.

시어스의 소매점 판매 모델이 유행처럼 번져, 불과 10년이 채 되지 않아 우드는 사장으로 승진했고, 시어스는 미 전역에 374개의 판매점을 열었다. 회사를 만들어가는 과정에서 거둔 실적임을 고려하면 실로 대단한 성과라 할 수 있다. 우드가 처음 소매점 사업을 시작했을 때, 회사 내에 소매점 운영에 대해 아는 사람은 아무도 없었다. 우드가 시어스에 합류한 지 30년 뒤, 시어스의 매출은 2억 달러에서 거의 30억 달러로 급상승했다.[3]

당신의 비전을 점검해볼 가장 확실한 테스트는 주요 이해관계자 4인에게 당신의 비전을 팔 수 있느냐 하는 것이다. 이해관계자 4인은 직속상관, 조직의 경영진(당신이 CEO라면 조직의 경영진은 이사회 혹은 투자자가 될 수 있다), 회사 말단 직원, 그리고 회사 전체이다. 당신의 회사가 어떻게 관계를 맺고 있느냐에 따라, 회사 밖의 미디어 감시자들에게도 당신의 비전을 납득시켜야 할 수 있다.

우드가 중요한 발견을 했을 때, 비전을 추구하는 지도자들은 그의 아이디어에 귀를 기울였다. 우리는 우리의 미래상에 대한 분명한 비전을 문서화했다. 비전은 타인에게 영감을 줄 만큼 원대하기도 하지만, 찬물이 채워진 수영장에 들어갈 때처럼 심호흡을 들이마셔야 할 만큼 불확실성을 조장하기도 한다. 그럼에도 우리는 확신을 가지고 우리의 비전을 조직의 구성원들에게 설득할 수 있어야 한다. 그러면 그들은 반드시 받아들일 것이다.

앤디 스탠리Andy stanley는 "불편하고 익숙하지 않은 것을 수용하기 위해서 편안하고 친숙한 것을 포기해야 할 때가 있을 것이다. 그리고 이렇게 공을 들이는 일이 잘 안 되면 어쩌지 하는 두려움에 계속 시달릴 것이다."[4]라고 말했다. 흥미롭다고 생각하지 않나? 이는 강력한 비전을 수립하고 설득할 때 하는 훈련의 일부에 불과하다.

그러나 반드시 거쳐야 하는 과정이다. 설득하지 못하면 진전도 없다. 당신은 당신의 비전 스크립트로 타인을 설득할 수 있는가? 이제 꿈이 무엇인지 알았으니, 지금부터는 다른 사람을 당신의 꿈에 합류시키는 것에 대해 생각해볼 때다. 우리는 이 중요한 작업을 네 가지 다른 관계에서 살펴볼 것이다. 네 가지 관계는 다음과 같다. 당신이 직접 관리하는 팀, 당신의 상관(혹은 이사회), 회사 전체, 그리고 필요할 경우 회사 밖의 사람이다.

내부자들 설득하기

⋮

당신이 이미 비전 스크립트를 완성했다고 가정하자. 분명하고, 영감을 주며, 실현 가능한 비전 스크립트를 만들었다. 그러나 앞서 언급한 바와 같이 지금 단계에서 당신은 석판을 들고 시나이산을 내려가고 있는 것이 아니다. 당신의 비전은 이제 첫 번째 시안이고 수정 혹은 개선의 여지가 있다.

그 점은 오히려 플러스 요인이다. 주요 이해관계자에게서 개선안을 제안받으면, 비전을 향상시킬 중요한 인풋을 얻게 될 뿐 아니라, 든든한 지원도 얻을 수 있다. 사람들은 자신이 틀을 갖춰가는 데 일조하는 비전을 지지하기 마련이다. 한때 CEO이자 컨설턴트인 댄 치암파Dan Ciampa는 "최고의 비전은 절제되고 반복적인 접근법으로 완성된다. 이러한 접근법을 통해 지도자는 그림이 만들어지는 방법을 통제하면서도 동의를 구해야 하는 사람들이 주인의식을 느낄 수 있게 한다."고 말했다.[5]

나는 내부자 설득은 당신이 직접 보고하는 것에서 시작하는 것이 최선이라고 생각한다. 이때 당신은 군림하는 자세가 아닌 협조적인 자세를 취해야 한다. "나는 우리의 미래를 향상시킬 방법을 고민하는 데 많은 시간을 투자해왔다."는 말로 시작할 수 있다. "나는 지금 내가 무엇을 달성하겠다고 말하고 있는 것이 아니다. 이 방 안의 모든 인재가 함께할 수 있는 일이 무엇인지를 이야기하고 있다. 나는 여러분의 조언이 필요하고, 그것이 무엇이든 환영한다." 당신은 그들의 인풋과 인정을 원할 것이다. 좋다. 그러나 좀 더 중요한 것은 당신이 시작하려는 여행에 그들을 참여시키는 것이다.

나는 상호 연관된 세 가지 과제를 이야기하면서 이 내부 논의에 대해서 생각해보고 싶다. 우리가 살펴볼 세 가지 과제는 변화, 인적자원 그리고 피드백이다.

1. 변화의 문제

대부분의 비전 스크립트는 비즈니스 방식의 변화를 요구한다. 그런데 변화를 수용하는 조직원도 있고 거부하는 이도 있을 것이다. 어떤 이는 변화를 진정으로 환영하고, 모험을 기꺼이 받아들인다. 그들은 다양성을 즐기고 스노글로브를 흔드는 것(불안정)을 두려워하지 않는다. 그들은 승리를 위해서는 변화가 필요하다는 사실은 물론 변화가 가져올 이점들을 재빠르게 인식한다.

반면 어떤 이들은 예측 가능성과 확실성에 높은 가치를 둔다. 그들은 배가 흔들리지 않기를 바라기 때문에 다른 사람이 배를 흔들 때 불안해한다. 그들은 현상 유지에 행복해하거나 적어도 만족하기에, 당신의 비전이 가져올 변화에 위협을 느낄 것이다.

그런데 지도자와 관리자처럼 두 유형의 직원은 모두 필요하다. 다른 사람들이 변화를 도모하는 동안, 변함없이 배를 운전할 사람이 필요한 것이다. 설득의 목적은 지지를 구하는 것이지 사람들을 바꾸는 것이 아니다. 당신에게는 처리해야 할 변화가 이미 많다. 여기에 직원 교체라는 변화까지 첨가할 필요는 없다.

변화를 싫어하는 직원들을 설득할 때는, 기존의 업무를 계속하는 그들에게도 중요한 역할이 있다는 것을 이해시키고, 그들이 인정받고 있다는 느낌을 주는 것을 목표로 한다. 그래서 비전을 이야기할 때 이렇게 말하는 것이 좋다. "지금부터는 변함없이 지속될 임무에 대해서 이야기하겠다." 이때 당신의 비전은 분명해야 하고 그것을 설명하는 언어도 분명해야 한다. 보 로토Beau Lotto가 말한 것처럼 당신은 '흑과 백'으로 이야기해야 한다.[6] 이러한 화법은 확실한 것을 좋아하는 조직원들에게 당신이 제안한 변화가 진행되는 동안 믿고 붙들고 있을 무언가를 전해준다.

2. 직원의 문제

새로운 비전에서 직무 기술과 업무 안정성은 특히 직원들에게 중요한 문제다. 당신의 조직원들은 "내 업무에 변화가 생기나?", "내 보수가 바뀌나?", "내 직책은?"과 같은 것을 알고 싶어 한다. 그러니 이치에 맞는 이런 말로 그들을 안심시켜야 한다. "우리는 미래를 위한 새로운 계획 속에 여러분 각자의 자리를 마련하고 있다." 어떤 것이 바뀌고 어떤 것은 바뀌지 않는지를 명확하게 설명하는 것이 좋다. 그러나 동시에 현실적이어야 한다.

미래 계획에 적합한 사람이 되기 위해서는 노력하고 성장해야 한다. 그래야만 회사가 달라질 수 있다. 닐슨 북스에서 나의 비전 스크립트를 공개할 때, 나는 이런 방식으로 표현했다. "우리는 여러분을 위한 미래를 만들고 싶다. 여러분도 성장을 통해 그 미래의 일부가 될 각오를 할지 결정해야 한다." 이 말은 "당신이 우리의 비전과 함께 성장하지 않는다면, 우리는 성장할 각오가 되어 있는 다른 누군가를 영입할 예정이다."라고 에둘러 표현하는 것이다. 그만큼 우리는 비전에 헌신적임을 의미한다.

내 경험상 지도자들은 사람들과의 관계를 오랫동안 유지한다. 우리는 우리의 조직원들과 관계를 구축하는데, 관계를 청산해야 할 시점도 있음을 인정하기는 좀처럼 쉽지 않다. 이 문제는 비전이 없을 때 더 어려워진다. 하지만 비전이 명확하면 오히려 쉽다. 당신의 비전이 명확할수록, 누가 도움이 되고 누가 발전을 저해하는지 파악하기가 쉽기 때문이다. 비전 스크립트는 직원 채용을 위한 여과장치 이상의 역할을 한다([질문6]). 또한 직원 보유 여부를 결정할 때도 여과장치의 기능을 수행한다. 비전을 추구하는 지도자로서 당신의 임무는 조직원들이 그들의 업무를 수행하는 과정에서 성장할 수 있게 돕거나, 그들이 재능이나 성격에 좀 더 알맞은 업무를 찾도록 도와주는 것이다.

당신은 모두가 WII-FM*에 주파수를 맞추고 있다는 말을 들어봤을 것이다. "이 여행을 당신과 함께한다는 건 나에게 어떤 의미가 있는 거지? 나한테 어떤 이득이 있지?"라고 그들은 생각할 것이다. 그들은 이 새로운 비전이 그들에게 왜 좋은지, 왜 그들이 관심을 가져야 하는지 알고 싶어 한다. 회사의 매출 신장은 그들에게 확실한 동기가 되어주지 못한다. 당신의 성공을 돕는다는 말도 마찬가지다. 그들이 당신의 성공을 신경 써야 할 이유는 없기 때문이다.

> **비전이 분명하면 분명할수록, 누가 도움이 되고 누가 발전을 저해하는지 파악하기가 더 쉽다.**

내가 토머스 넬슨 출판사에서 이 문제에 어떻게 접근했는지 이야기하려고 한다. 나는 직원들이 몇 년간 보너스를 받지 못했다는 것을 알았다. 내 비전 안에는 누구에게나 보너스를 지급하는 계획이 포함돼 있었다. 또한 내 부서에 있는 모두가 지쳐 있고 업무량이 지나치게 많다는 것도 인지했다. 그래서 나는 우리 팀에 베스트셀러 작가를 좀 더 보강해서 매출이 가장 높은 부서가 된다면 혹은 현재의 베스트셀러 작가의 수를 반으로 줄인다면, 그들의 직장생활이 좀 더 편안해질 수 있을 것이라고 이야기했다. 또 "이 새로운 비전으로 인해 여러분은 자신

---

* WII-FM은 'What's In It For Me(그 안에 나를 위한 게 뭐가 있지?)'의 첫 글자로, 모두가 자기가 얻게 될 이익에 관심이 있음을 표현한 말이다. - 역자주

의 일을 다시 사랑하게 될 것이다."라고도 말했다. 가장 호응이 좋았던 것은 그들이 회사 보너스 프로그램을 통해 더 많은 월급을 가져갈 수 있으리라는 것이었다.

3. 피드백 문제

지도자들이 건설적인 인풋을 환영하지 못하는 가장 큰 이유 중 하나는 그것을 생각할 만한 충분한 여유가 없기 때문이다. 우리는 너무 빨리 움직인다. 터보 장치를 단 채 효율성만을 따져 일을 처리한다. 회의를 할 때도 결정을 내리고 기대한 결과를 얻는 데에만 집중한다. 지도자들은 그저 회의에 들어갔다, 나갔다, 그다음 회의에 들어간다. 부디 그런 실수를 저지르지 말기 바란다.

속도를 늦춰라. 피드백은 너무나 중요하므로 건너뛰거나 서둘러서는 안 된다. 당신의 조직은 당신의 비전을 시험하고 개선하는 데 도움을 줄 수 있다. 자기만의 관점, 배경, 지식, 문제 해결법을 가진 사람들을 만나고 있다는 사실을 명심해야 한다. 그들은 당신과 다른 시각으로 사물을 본다. 당신에게 필요한 것이 바로 그 다양성이다. 당신이 그들을 고용해야 하는 이유이기도 하다. 그들에게 피드백을 요청할 때는 한 걸음 물러나 냉정함을 유지하는 것이 좋다. 그래야 그들의 말을 들을 수 있다. 그들이 당신이 좋아하지 않는 답변을 내놓을 수도 있으니 말이다.

또 너무 자신을 변호하려고 들지 마라. "듣기는 빨리하고 말하기는 더디 하라."고 2000년 전 야고보 사도가 말했다.[7] 당신이 서둘러 조직 구성원들을 설득하려고만 한다면 그들은 부담을 느끼고 마음을 닫아버릴 것이다. 당신은 그들의 동의를 얻었다고 오해하면서 회의실을 나가겠지만, 당신의 제안을 조정해 그들의 지지를 얻을 수도 있었던 중요한 기회를 놓쳐버린 것이다. 앤디 스탠리Andy Stanley가 말했듯이, "듣기를 거부하는 지도자는 결국 중요한 말은 한 마디도 할 줄 모르는 사람만 곁에 두게 된다."[8] 당신도 이런 상황을 원하지는 않을 것이다.

상사 설득하기

:

상사는 당신의 위치에 따라 다를 것이다. 당신이 부서장이라면, 당신이 설득할 상사는 부사장 혹은 경영진일 테고, 당신이 사장이라면 설득 대상은 이사회 위원들일 것이다.

우드가 몽고메리 워드에서 발견한 것처럼 때때로 현상 유지 추종자들은 당신의 직위와 무관하게 당신의 비전에 표면적으로 그리고 은밀한 방법으로 저항을 할 것이다. 이러한 전략에는 수백 장의 스프레드시트 검토, 수치 다시 산출해오기, 포커싱 그룹 테스트, 수차례의 프레젠테이션, 비즈니스 사례 등으로 시간을 무한정 지연하는 방법이 있다. 혹은 프로젝트를 시작할 수 없거나 시작할 마음이 없는 상사의 반대에 부딪힐 수도 있다.

나도 과거 그런 상사와 일해본 적이 있다. 나는 그에게 모든 자료가 첨부된 제안서를 제출했다. 하지만 그는 문서를 다시 검토해보라고 지시했다. 재검토한 서류를 갖고 다시 그를 찾으면 그는 또다시 검토해볼 것을 요구했다. 그것은 끝나지 않을 죽음의 고리 같았다. 나는 결코 그의 마음을 움직일 수 없었다. 상사가 내 제안을 수락했을 무렵, 기회는 날아갔고, 그는 기회를 잃었다며 나를 비난했다. 정말 맥 빠지는 일이 아닐 수 없었다.

모든 상사의 공통점은 뜻밖의 이벤트를 좋아하지 않는다는 것이다. 당신의 상관이 까다롭든 비범하든, 당신이 절대 해서는 안 되는 일은 그들을 당혹스럽게 만드는 것이다. 따라서 당신의 직속상관은 중간에 있는 다른 사람을 통해서가 아닌, 당신에게서 직접 당신의 비전을 들어야 하며, 당신이 직속상관에게 비전을 처음 이야기하는 자리에는 다른 사람, 특히 상관의 부하 직원을 동석시켜서는 안 된다. 만약 당신이 상관을 당황스럽게 하거나 놀라게 한다면, 당신은 그를 설득할 기회를 잃게 된다.

윗선에 있는 사람들을 설득할 땐 타이밍이 중요하다. 비전 스크립트를 작성하고 그것에 대해 팀원들과 논의하는 데 몇 날 며칠을 투자했다면, 그것을 상관에게 보여줄 때 절대 서둘러서는 안 된다. 상관이 가장 느긋하게 들어줄 수 있을 때 보여줘야

타인에게 당신의 비전을 설득한다는 것은 지금 그들이 부족한 것이 무엇인지를 보여주고, 당신이 그 부족한 것을 채우는 것을 돕도록 그들을 움직이는 것이다.

한다. 당신도 상관이나 이사들을 겪어봐서 알 것이다. 그러니 좀 더 직접적으로 말해서 쓸데없는 곤경에 빠지지 않도록 하자.

설득은 어떻게 해야 하는 것일까? 여기 내가 지난 50년 넘게 비즈니스를 하면서 사용해온 다섯 가지 절차가 있다. 이 다섯 가지 절차를 상관을 설득하는 맥락에서 논의해보고자 한다. 물론 이 절차는 직장 동료나 외부인을 설득할 때도 유의미하다.

1. 성공에 대한 헌신

상사를 모실 때 나에게는 한 가지 원칙이 있다. 그것은 안타를 칠 수 있다는 확신이 서지 않는 한 절대 배트를 휘두르지 않는 것이다. 이 원칙의 목적은 리스크를 피하는 것이 아니라 충분한 준비를 통해 확신이 섰는지 확인하는 것이다. 당신도 나처럼 해보기를 바란다. 설득할 의지가 확고하게 선 것이 아니라면 설득 비슷한 말도 꺼내지 않는 게 좋다. 그러지 않을 경우, 상관, 동료, 그리고 직속 보고 라인의 직원들로부터 신뢰를 잃을 수 있다.

나는 자신의 상관(결국 나의 사장)을 절대 설득하지 못하던 상사를 둔 적이 있다. 그것은 내게는 불행한 일이었다. 내가 제안한 프로젝트에는 그의 승인 이상이 필요했기 때문이다. 내 상사는 내 제안서의 결재를 받기 위해 사장을 찾아가곤 했으나, 거의 언제나 기가 죽은 채로 돌아와 합리적이지 못한 사장에 대해 볼멘소리를 했다.

결국 그는 사장을 찾아가는 것을 뒤로 미루기 시작했다. 그는 거절당하리라는 것을 알았고, 내게 무능하게 보이고 싶지도 않았다. 그 결과 나의 제안은 절대 받을 수 없는 승인을 기다리며 그의 책상에서 시들어갔다. 이런 상태로 6개월이 지난 뒤, 사장은 내가 좌절감을 느끼고 있다는 것을 알아차렸다. 그래서 그는 나에게 직접 보고하라고 말했다.

솔직히 나는 상사의 말만 믿고, 사장에게 직접 보고하게 된 상황을 두려워했다. 나는 그를 비합리적이고 변덕스러운 독재자라고 생각했다. 그러나 나는 그가 정반대의 상사라는 것을 깨달았다. 그는 타인의 말을 경청하고 진심으로 나를 돕고 싶어했다. 그는 신속하게 결정을 내렸고 내가 하고 있는 일을 방해하지 않았다. 나는 그와 3년을 일했다. 사장에게 신속한 결정을 얻어내는 나의 능력 덕택에 사장은 물론 나의 직속 보고 라인의 직원들은 나를 신뢰했다. 그들의 목표 그리고 나의 목표를 달성하는 데 필요한 승인을 제때 받을 때, 그들이 나를 신뢰한다는 것을 알았다. 안타깝게도 나의 무능한 상사는 결코 그렇게 하지 못했다.

여기서의 교훈은 싸움터를 선택하고 철저히 준비하라는 것이다. 그러면 결국 당신은 일을 성사시킨다는 명성을 얻게 될 것이다. 이 명성은 당신이 말을 하기

싸움터를 선택하고 철저히 준비하라.

도 전에 이미 상관을 설득할 수 있다는 것을 의미한다. 당신의 상사들은 이렇게 생각할 것이다. "만약 샐리가 이것을 추천하면, 그것은 고려해볼 만한 가치가 있는 거야. 나는 그녀가 그것을 충분히 생각하고 곤란한 문제를 이미 다 검토해봤을 것이라고 확신해."

2. 고객 이해

승인을 받기 위해 가장 우선적이고 중요한 것은 당신의 니

즈가 아닌 당신의 상관이나 이사회의 니즈에 초점을 맞추는 것이다. 그들도 우리가 듣는 라디오 방송을 듣는다. 그들이 듣는 노래의 가사는 단 두 줄이다.

- 조직을 위한 비전과 목표를 달성하라.
- 이와 동시에 생산성 및 다른 성공 공식도 향상시켜라.

만약 그들이 당신의 비전에 맞춰 콧노래를 부를 수 있다면, 일단 그들의 귀를 여는 데 성공한 것이다. 아니라면 당신은 시작도 하지 못할 가능성이 높다. 그러니 제안을 들려주기 위한 일정을 잡기 전에, 당신의 비전 스크립트가 상사의 목표를 달성하는 데 어떤 도움이 될지에 대한 답을 찾아라. 이에 대한 답을 낼 수 없다면, 당신은 아직 설득에 나설 준비가 되지 않은 것이다.

내가 COO였을 때, 회사 부사장들 중 한 명이 자신의 출판 부서에 두 명의 그래픽 디자이너 증원을 원했다. 월급, 상여금 및 기타 간접비를 고려할 때, 직원 두 명의 증원으로 회사는 연간 10만 달러 이상을 지출해야 했다. 그런데 그는 이 부분을 이렇게 말했다. "좋은 뉴스가 있습니다. 회사가 연간 10만 달러를 절약할 방법을 찾았습니다." 나는 그의 말을 추가 수익을 올릴 수 있다는 의미로 이해했다. 그래서 즉각적인 관심을 표했다. 그러자 그는 우리 회사가 특정 분야의 도서 커버 디자인을 아웃소싱하는 데 이미 연간 20만 달러를 지출하고 있다면서 외주를 주던 일을 회사 내부에서 해결하면 지출을 반으로 줄일 수 있다고 나를 설득했다. 그는 자신의 제안이 어떻게 나의 니즈를 충족시킬 수 있는지를 보여줌으로써 내가 쉽게 그의 제안을 선택하게 했다.

3. 프레젠테이션 점검

나의 경험상, 사람들이 상사의 승인을 얻어내지 못하는 가장 큰 이유는 자신이 해야 할 과제를 하지 않기 때문이다. 그들은 자신들의 요청이 받아들여질 수 있도록 무엇을 그리고 어떻게 보여줄지에 대해 충분히 생각하지 않는다. 그 결과 그들의 접근법은 수많은 허점을 갖게 되고, 이는 상사에게 요청을 거절할 빌미를 제공한다.

승낙을 얻어내려면 프레젠테이션을 연습해보고 당신이 생각하는 근거들을 순서대로 점검해야 한다. 첫째, 결론부터 시작하라. 이렇게 하면 상사는 당신이 무엇을 원하는지 직접적으로 알게 되어 집중하기가 훨씬 쉽고, 당신이 프레젠테이션을 하는 동안 다른 생각을 하지 못할 것이다.

둘째, 배경을 설명하되 간결하게 해라. 즉, 현명한 결정을 내리는 데 필요한 배경만을 설명해야 한다. 한 문단이면 충분하다. 머뭇거림 없이 핵심만을 전달한다.

셋째, 이유를 설명해라. 당신의 제안을 승인해야 하는 중요한 이유를 세 가지에서 다섯 가지로 목록화해라. 이 목록 안에는 이 제안을 승인해야 하는 이유와 승인하지 않았을 때 초래될 결과가 명시돼야 한다.

넷째, 일정표를 만들어라. 승인을 받는다면 이 제안을 언제부터 실천에 옮길 것인지를 밝혀야 한다. 만약 결과물이 분할 방식 혹은 단계별로 제시될 경우, 중요한 과업 완수 시기를 간단하게 요약해서 설명하라. 결과물 예상 인도일은 지나치게 확정적으로 말하지 말고 행동으로 보여주는 것이 더 좋다.

다섯째, 재정적인 영향을 분명히 언급해라. 비용 혹은 필요한 투자 및 투자에 대한 수익의 측면에서 재정적 영향을 분명하게 그리고 정직하게 말해야 한다. 이때 비용을 축소하거나 이익을 과장해서는 안 된다.

4. 반대 예상

여기에서 싸움의 승패가 결정되는데, 불행하게도 실패한 대부분의 사람들이 이 단계를 건너뛴다. 30분을 들여 당신의 제안이 반대에 부딪힐 수 있는 부분을 검토하라. 이는 승낙을 얻어내는 과정에서 당신이 할 수 있는 최선의 투자이다. 당신의 상관이 제기할 수 있는 의문이나 반대에 대해서 생각해보라. 앞서 설명한 프레젠테이션 연습은 이를 쉽게 하는 방법을 알려줄 것이다.

질문이나 반대에 대해 신중하게 생각하지 못해 제안을 거절당하는 위험을 감수하지 마라. 악마의 변호인 역할을 해라. 가능성 있는 질문이나 반대 의견을 목록으로 만든 다음, 각각에 답변을 해봐라. 절대 흥분하지 마라. 각각의 반대에 대해서 한두 가지 반론만 제시해도 충분하다. 나는 이렇게 정리한 목록을 각각 다른 종이에 타이핑해서 상관과 만날 때 가지고 갔다.

5. 설득

이제 당신의 제안을 팔 준비가 됐다. 가장 중요한 것은 아이 콘택트다. 사장 혹은 이사회에 제출할 모든 문서를 설명하기보다는 전달하고자 하는 내용의 요점만 간결하게 말해야 한다. 이제 당신은 당신의 비전 스크립트에 충분히 친숙해져 있어야 한다. 그래야 요점만 말할 수 있고, 회의실에 있는 사람들의 마음을 읽을 수 있다. 이것이 설득의 기본이다.

다음과 같은 신호에도 주의를 기울여야 한다. 혹시 상관이 지루해 보이는가? 그러면 속도를 내라. 내게 질문할 것이 있을까? 말을 멈추고 그들에게 질문을 하게 한다. 당신의 상관이 논의에 참여한다면 그건 좋은 신호다. 관심이 있다는 의미이니 말이다. 그들이 다른 생각을 하는 것처럼 보이는가? 그러면 다시 집중할 수 있게 하거나 약속 날짜를 다시 잡는다. 절대 해서는 안 되는 일은 상대의 반응은 감지하지 못한 채 불도저처럼 무조건 밀어붙이는 것이다.

프레젠테이션이 거의 마무리되어 갈 때, 다시 한 번 당신의 제안을 언급하고 결정을 요청한다. 프레젠테이션이 단순히 정보만을 제공하는 것이어서는 안 된다. 당신이 원하는 '예스'를 내어줄 것을 부탁한다. 그런 다음, 이것이 정말 중요한데, 더 이상 아무 말도 하지 말아야 한다. 당신의 상관이 '예스'라고 말할 기회를 줘라. 이렇게 하는 것이 어렵겠지만, 나를 믿어라. 필요 이상으로 설득을 위한 말을 하면, 오히려 '예스'를 받아낼 가능성이 줄어든다. 당신의 상관이 거기 그냥 앉아서 당신의 설득에만 몰두하게 되기 때문이다. 그러니 말 중간에 존재하는 침묵의 순간을 채우고 싶은 유혹을 떨쳐내야 한다.

핵심 포인트는 언제 말을 멈춰야 하는지를 아는 것이다. 만약 당신의 상관이 당신의 제안을 승인할 경우, 감사 인사 외에는 아무 말도 하지 마라. 결정권을 쥔 사람이 승인을 내리고 난 다음, 발표자가 그의 제안을 덜 매력적으로 보이게 만드는 경우를 나는 수도 없이 봐왔다. 그러니 상관이 '예스'라고 말하면, 당신의 비전을 채택하기로 한 그들의 결정에 감사하고, 당신의 소지품을 챙겨 회의실에서 나와라. 만약 회의실에 계속 남아 있어야 하는 상황이라면, 적어도 이야기의 주제를 전환해라. 성공적으로 덮은 책장을 다시 열지 말라는 말이다.

동료 설득하기

⋮

당신의 비전을 조직 내 동기나 동료들에게 설득할 때는 개별적으로 시도하는 것이 바람직하고, 부하 직원들을 설득하기 전에 하는 것이 좋다. 동료들의 질문 혹은 관심사를 적극적으로 들어주고 꼼꼼하게 답변해줘라. 이는 당신에게 그들의 반응을 가늠하고 그들이 가지고 있을지 모르는 걱정을 해소해줄 수 있는 둘도 없는 기회이다. 이 기회를 통해 부하 직원들을 설득하고 당신의 비전을 개선하는 데 필요한 통찰력을 얻을 수 있다.

영향력이 있는 이해관계자의 목록을 작성하는 것부터 시작하고, 누구에게 제일 먼저 연락할 것인지 결정한 다음, 그 혹은 그녀를 조용히 방문하거나 전화를 걸어서 설득을 시도한다. 이후 접촉할 동료들을 점점 늘려간다. 처음 연락할 사람 후보로는 부서나 사업부의 장 등 감독의 책임이 있는 사람이라면 누구든 상관없다. 중요 이해관계자들에게 당신이 요구하는 변화를 처리할 시간을 주고, 인풋을 제공하고, 그들의 동의를 얻기 위해 노력해야 한다.

항상 동의를 얻어낼 수 있는 것은 아니지만, 당신은 할 수 있다. 그들이 개인적으로 당신이 달성하고자 하는 목표에 반대할 수도 있다. 하지만 자신들의 의견이 무시당하지 않고 중요하게 다뤄지고 있다는 것을 느끼면, 대부분은 당신의 결정에 동의하고, 필요할 때 지원해줄 것이다. 여기서 동의란 결정된 사안이나 결정을 실천에 옮기는 과정을 공개적으로 사후 비판하지는 않을 것이라는 의미다. 이들은 그 사안에 대해 새로운 걱정거리가 생기면, 당신 혹은 조직에 논의해보자고 요청할 것이다.

부하 직원 설득하기

:

지도자들이 부딪히는 무수히 많은 문제는 전사적全社的 차원의 대화 부족으로 유발되는 경우가 많다. 여론조사 기관 해리스 폴Harris Poll이 실시한 한 설문에 따르면, 10명 중 9명의 직원이 경영진의 성공을 가로막는 원인으로 대화 부족을 꼽았다.[9] 두 번째로 큰 문제는 지도자의 방향성 부재였다. 나는 이 문제가 거의 모든 부분, 즉 비전을 제시하고 임무와 핵심 가치를 강화하고, 조직을 운영하는 데 적용되리라 생각한다.

이해한다. 가끔 우리는 지도자로서 해야 할 말을 했다고 생각한다. 당연히 부하 직원들에게 고장 난 녹음기처럼 들리길 원치 않는다. 토머스 넬슨 출판사 재직 시절, 전사적 차원에서 회사의 비전을 이야기할 때, 나는 나 자신이 말을 지나치게 반복해서 한다는 느낌을 받았다. 똑같은 말을 반복해서 직원들을 지치게 만드는 것은 아닌가 하는 두려움이 생기기 시작했다.

나는 한 컨설턴트에게 고민을 이야기했다. 그러자 그녀는 그럴 필요 없다고 말했다. "말을 반복해서 하는 자신에게 모두가 싫증을 느끼고 짜증을 내기 시작할 것이라고 생각한다면, 당신은 이미 절반 정도는 성공한 셈이에요." 그것은 중요한 통찰력이다. 우리에게 분명한 것이 다른 사람들에게는 모호하게 들릴 경우가 많다. 우리의 임무는 반복을 통해 명확함을 얻는 것이다. 조직에 당신의 비전을 도가 지나치도록 전달했을 리 없다. 그것은 불가능하다.

다른 사람들은 당신의 마음을 읽을 수 없다. 우리 모두는 이 사실을 잘 안다. 그러면서도 그 사실을 잊는다. 다른 사람들에게 우리가 원하는 것이 무엇인지 추측해보라고 강요하는 일은 오해와 실수의 가능성을 높이는 것이다. 당신 머릿속에 있는 것을 조직 구성원들의 마음으로 옮기는 일은 소통을 통해서만 가능하다.

사람들은 우리가 제시한 경로를 잃어버리거나 거기에서 벗어난다. 우리가 우리의 전략이나 전술을 아무리 명확하게 이해하고 있다고 해도, 다른 사람들은 그것을 기억하지 못한다. 우리가 속한 이 '산만 경제The Distraction Economy'가 이러한 문제를 더욱 악화시킨다. 하지만 지도자로서 우리는 이 문제를 해결하기 위한 조치를 취할 수 있고, 취해야만 한다. 조직의 구성원들에게 중요한 것을 계속해서 전달하는 것으로 이 문제를 보완할 수도 있다. 스탠리는 "비전은 서서히 잊힌다."고 말한다. 조직의 구성원들은 매일, 매주 혹은 수개월 전 당신이 이야기한 비전을 기억하지 못한다. 아무도 그것을 마음속에 담아두지 않는다. 지속적인 대화를 통해서만이 가장 중요한 것이 무엇인지를 끊임없이 기억하게 할 수 있다.

어떤 사람들은 처음에는 당신의 비전에 동의하지 않을 수 있다. 조직 구성원 모두가 당신이 제시한 방향에 반드시 동의해야 하는 것은 아니다. 만약 당신이 결과를 중시한다면, 반대하는 사람들을 적극적으로 설득하거나 그냥 내버려둘 것이다.

비전에 기반한 소통은 비전 스크립트를 중심으로 조직을 하나로 뭉치게 한다. 조직을 하나로 뭉치는 것은 조직의 목표를 달성하는 데 있어 매우 중요하다. 분명한 사실은 비전이 서서히 잊히기 때문에, 조직 구성원들에게 계속 상기시켜야 하며, 그 수단은 당신의 말뿐이라는 것이다. 식물은 계속 물을 주어야만 잘 자라는 것처럼, 지도자가 자신의 비전을 지속적 반복적으로 전달해야만 조직도 성장과 활력을 유지할 수 있다.

외부인 설득하기

:

내가 토머스 넬슨 출판사에 합류했을 때, 회사는 직원 간 소통이 잘 이뤄지지 않았다. 당시 상황을 정확히 표현할 수 있는 농담이 있는데, '당신이 토머스 넬슨 출판사에서 일하는데, 다음에 무슨 일이 있을지 알고 싶다면, 일간지 〈테네시안Tennessean〉

을 읽으면 된다.'이다.

그런데 사실 CEO는 직원들보다 먼저 소식을 알려주던 해당 신문의 비즈니스 담당 취재 기자와 관계가 원만하지는 않았다. 나는 회사를 맡으면서 다른 접근법을 취했다. 그 기자를 점심 식사에 초대해 그와 업무상의 관계를 수립한 것이다. 바람직한 조치로, 내가 변화를 위해 단행한 다양한 조치 중 일부이다.

나는 회사 정보가 유출되는 이유가 정보의 흐름 문제가 아니라 뜻하지 않은 변화로 흐름이 끊겨서 생기는 공백 때문이라는 것을 깨달았다. 유출을 막거나 기자들을 쫓아버린다고 해결될 문제는 아니었다. 우리에게 필요한 것은 완전히 새로운 의사소통 전략이다. 특히 대대적인 변화가 필요한 경우에 그렇다. 모든 변화는 유출, 충격, 반격을 동반한다. 하지만 나는 그 모든 것을 피할 방법이 있을 것만 같았다.

새로운 계획을 추진하려고 할 때 취해야 할 다섯 가지 조치가 있다. 이 다섯 가지 조치는 조직에 중대한 변화를 꾀하는 모든 지도자에게 적용된다.

첫째, 당신이 하고 싶은 말이 무엇인지 파악하라. 당신의 메시지를 분명하게 하라. 당신이 지금 하는 일이 무엇이며, 그것을 하는 이유는 무엇인지, 그것이 당신의 회사와 고객들에게 어떤 영향을 미치는지에 대해 명확하게 밝혀라.

둘째, 전달할 메시지가 정해지면 그것을 종이에 적어라. 나는 언제나 보도 자료부터 쓴다. 공개적으로 메시지를 밝히려면

"

식물은 계속 물을 주어야만
잘 자라는 것처럼,
지도자가 자신의 비전을
지속적 반복적으로
전달해야만 조직도 성장과
활력을 유지할 수 있다.

"

요지가 필요하다. 제목, 효과적인 어구, 간단명료한 문장을 생각해라. 또 자주 묻는 질문^{FAQ}으로 시작하고 질문이 생길 때 그것을 상기해라.

셋째, 영향력 있는 외부 이해관계자들에게 연락하라. 선별된 사외 VIP들과 개인적으로 접촉을 시도할 만한 가치가 있다. 만약 당신이 민간기업, 주요 고객, 공급업자, 작가, 대리인, 협력사, 기부자라면, 외부 이해관계자에 중요한 투자자도 포함될 수 있다. 분명한 이유를 가지고 메시지를 공개해야 할 때는 중요한 투자자들과 사전에 접촉하는 것이 좋다. 당신의 조직에 앞으로 있을 변화를 업데이트하기 전, 하는 동안, 혹은 한 후에 접촉해도 되지만, 되도록 몇 시간 안에 시도하는 것이 좋다.

넷째, 언론이나 소셜 미디어를 통해서 그러한 변화를 발표해라. 보도 자료를 내고 소셜 미디어를 이용해라. 당신이 해야 할 일을 완료했다면, 그 변화를 가장 신경 쓰는 사람의 입장에서 그것은 뉴스가 아닐 것이다. 그들은 이미 당신이나 당신 동료를 통해 개인적으로 그 소식을 전해 들었을 것이다. 사람들이 그 변화에 대해 어떻게 생각하는지 알기 위해서 소셜 미디어의 반응을 적극적으로 모니터링하는 것이 바람직하다. 필요할 경우 대화에 끼어들어, 불쾌하지 않은 수준에서 오가는 대화를 바로잡는 일을 두려워하지 마라.

다섯째, 당신이 직접 질문에 답하도록 한다. 미디어를 피하는 것은 좋은 생각이 아니다. 나의 경우는 모든 미디어 질의에 대해 내 비서실이 직접 답을 한다. 우리는 최선을 다해 모든 질문에, 심지어 답을 갖고 있지 않을 때 혹은 코멘트가 불가능할 때조차도 답을 하려고 노력한다.

내 경험상 미디어는 자신들을 존중해주는 상대를 거의 항상 존중해준다. 미디어를 존중한다는 것은 즉각적으로 응답하고 솔직하게 대하며 중요한 기자나 인플루언서들과의 관계를 잘 수립하는 것을 의미한다. 만약 당신이 그런 관계를 잘 구축해 놓았다면, 당신의 노력 여하에 상관없이 소통에 실패하더라도, 그들이 당신의 말을 당신한테 유리하게 해석해줄 가능성이 높다는 것을 명심해라.

과거 존중하기

⋮

이것은 조직에 당신의 꿈을 설득시킨다는 주제를 마무리하기 전 이야기할 마지막 소주제다. 나는 갑자기 토머스 넬슨 출판사의 CEO 역할을 맡게 됐을 때 아주 훌륭한 조언을 들었다. "언제나 과거를 소중히 하시게. 현재 존재하는 모든 것은 더 나쁜 문제에 대한 해결책으로 마련된 것이라네." 기존의 비전, 임무, 전략에 결함이 있을 수 있다. 하지만 당신은 그것들이 무엇을 대체한 것인지 알지 못한다. 현재 존재하는 것은 당신이 조직에 합류하기 전에 있었던 것보다 훨씬 나은 것일 수 있다.

열정과 대범한 비전에 깊은 인상을 받은 일부 지도자들은 과거를 경멸한다. 이런 부류의 지도자들은 그들이 모욕하거나 조롱하는 대상에 상관없이, 자신들의 의견을 스스럼없이 표현하는 경우가 많다. 하지만 모욕이나 조롱보다는 "우리가 지금까지 해온 일이 제대로 효과를 보고 있다. 나는 지난번 당신이 해결책을 가져왔던 것처럼, 이번에도 우리가 한 단계 더 성장할 수 있는 해결책을 가져오기를 바란다."라고 말하는 편이 더 낫다.

사람들에게 과거의 맥락을 알려주지 않고 변화를 모색할 때 직면하는 문제들 중 하나는 그들에게서 평가의 기회를 뺏는다는 것이다. 그들이 지난번 변화를 어떻게 성공적으로 이뤄냈는지 알 수 있다면, '그럼 나도 그때와 똑같은 경험을 하겠구나.'라고 생각할 수 있다. 이는 새로운 변화에 대한 두려움을 완화하는 데 도움이 된다. 당신이 과거를 무시하지 않는다고 해서 과거를 반드시 지켜야 한다고 생각할 사람은 아무도 없을 것이다. 그러니 오히려 그 반대로 해라. 과거를 존중하는 것이 좋다.

이렇게 하면, 이제 당신은 달라진 시장 환경, 사용할 수 있는 새로운 기술과 도구, 명확한 미래 비전을 구축할 때 사용할 수 있는 더 많은 역사적 데이터를 가진, 완전히 다른 시대에 살고 있다는 사실에 기초해 미래에 대해 진지하게 생각해볼 준비를 마친 셈이다. 그러니 이제 당신의 비전을 다른 사람들에게 이해시켜보자.

비전을 추구하는 지도자는 존경심과 겸손함으로 조직을 이끌고, 구성원들의 지지를 얻는다. 그리고 효과적인 리더십은 주요 이해관계자들이 중시하는 숭고한 가치와 일상의 관심사 모두에 호소해 자신의 비전을 설득한다.

과거를 존중하고 조직을 설득하기 위해 최선의 노력을 다했음에도 저항에 직면할 수 있다. 내 경험에 따르면 저항은 모든 비전을 실현하는 과정이다. 비전을 추구하는 지도자는 미래를 성취하는 과정의 일부로서 저항을 인정하고 받아들인다. 그렇다고 장애물, 절망, 오판 혹은 다른 어려움에 굴복해야 한다는 의미는 아니다. 당신은 이제 눈앞에 있는 장애물을 치우고 앞으로 나아갈 수 있는 계획을 수립할 수 있다. 다음 질문에서는 계획을 수립할 때 취해야 하는 몇 가지 단계를 소개할 것이다.

비전
스크립터

×

매력적인 비전을
수립하기 위한 프로세스

bit.ly/비전스크립터PDF에서 비전 스크립터를 다운로드받을 수 있습니다.

시작하기에
앞서

> **"**
> 미래에 대한 가능성을 상상하고
> 그 가능성을 다른 사람들과 공유하는 능력이
> 지도자와 비지도자를 차별화하는 기준이다.
> 허미니아 아이바라
> **"**

내일은 오늘보다 더 나을 것이라는 믿음이 없다면 우리는 조직을 이끌 수 없다. 미래에 대한 매력적인 비전은 동기를 유발하고, 조직이 나아갈 방향을 알려주며, 매일의 전략과 의사결정을 이끈다. 어떻게 해야 당신의 기업을 위해 그러한 그림을 그릴 수 있을까?

이름난 지도자 대부분이 이 문제로 어려움을 겪는다. 어떤 지도자들은 준비가 덜 됐다며 비전 수립을 미룬다. 어떤 지도자들은 고민하느라 시작조차 못 한다. 매일의 업무에 치여 내일을 구상할 시간적 여유가 없다고 말하는 지도자도 있다. 그러나 명확하고 영감을 주면서 실현 가능한 비전을 수립하는 것은 생각보다 수월하다.

앞으로 당신은 1) 매력적인 비전 수립을 시작하는 법, 2) 더 나은 내일의 가능성에 대해 긍정적이고 열린 자세를 유지하는 법, 3) 당신이 원하는 미래가 어떤 모습인지 보여주는 질문들을 제기하는 법, 4) 당신 조직에 맞는 매력적인 비전 스크립트의 초안을 작성하는 법을 알게 될 것이다.

비전 수립은 미래의 모습을 상상하고 당신의 조직을 그러한 미래로 이끌 수 있는 가능성을 정확하게 설명하는 행위이다. 제대로 된 비전 스크립트는 슬로건이나 임무 기술서가 아니다. 현재 시제로 쓰인 탄탄한 문서이다.

어렵게 느껴지더라도 걱정할 필요 없다. 이 비전 스크립터가 당신 조직에 적합한 비전 스크립트를 작성하는 데 길라잡이가 되어줄 것이다. 또한 당신이 원하는 조직의 모습, 제품, 판매 및 마케팅 그리고 당신이 미치게 될 영향은 물론 당신의 비즈니스에서 다른 중요한 항목들을 분명하게 파악하는 데 도움을 줄 것이다. 이는 간단하지만 입증된 프로세스로 누구나 따라 할 수 있다. 훌륭한 글쓰기 능력도, 많은 시간도 필요 없다. 성공을 위해 약간의 상상력을 투자할 의지만 있으면 된다. 이제 시작할 준비가 됐는가?

조직 구성원들을 당신이 원하는 새로운 길로 이끈다고 생각하면 흥분되지 않는가? 당신이 제시한 미래를 듣고 영감을 얻는 조직원들의 모습을 보고 싶지 않은가? 당신은 그렇게 할 수 있다. 이제 비전을 수립해 조직을 이끌고 성공할 차례다. 당신은 조직원들을 어디로 이끌고 싶은가?

미래 구상
준비

"
지도자들은 과거에 존재하지 않았던 것을 창조해야 한다.
이를 위해 일어날 수 있지만 아직 일어나지 않은
무언가에 대한 비전을 사람들에게 보여줘야 한다.

세스 고딘

"

비전 스크립트의 초안 작성을 위해 제일 먼저 할 일은 거리 두기다. 업무를 수행하는 도중에 초안을 작성하는 일은 어렵기 때문에 정신없는 일상에서 한 발짝 떨어져 그 너머를 내다보는 것이 필요하다.

하루 중 비전 스크립트를 작성하는 시간을 계획한다. 이렇게 하면 의지를 집중시킬 수 있고 달성하고자 하는 목표를 명확하게 알 수 있다. 이를 위해 사무실이 아닌 곳에서 온전히 하루를 보내는 것도 좋다. 주의를 산만하게 하는 요소들을 차단하면 뭔가 놀라운 일이 일어날 것이다. 가능하다면 사무실과의 연락도 차단하는 게 좋다.

필요할지 모르는 재무제표나 기타 서류들은 미리 준비한다. 현재에 대한 명확한 진단이 미래에 대한 그림을 그리는 데 도움을 줄 것이다.

팀원들을 참여시키는 것은 어떨까? 매력적인 비전 스크립트를 작성하는 것은 지도자로서 당신의 임무이지만 구상 단계에 지도부를 참여시킨다면 이 과업이 좀 더 수월해질 수 있다. 도움이 된다고 판단된다면 그들의 참여를 유도하는 것이 바람직하다.

다음 메모난에 준비할 필요가 있다고 생각되는 것들을 구체적으로 기록해보자.

NOTES

가능성
열어두기

미래는 결국 가능성의 문제다. 그런데 우리는 경험을 통해 한계, 제약, 불가능의 이유를 생각하는 데 익숙해진다. 이 문제를 고민해보는 것은 중요하다. 비전 스크립트 수립 과정의 일부가 과거와 현재를 직시하고, 그 과거와 현재가 미래 가능성에 대한 우리의 생각에 어떤 영향을 미치는지를 파악하는 것이기 때문이다.

우리는 한 번에 두 가지 과업을 수행해야 한다. 지금까지 우리가 경험한 것을 진정성 있게 직시해야 하고 확실히 좋아질 수 있다는 가능성을 믿어야 한다. 나쁜 경험도 단지 정보에 불과하다. 그 정보를 어떻게 해석하고 적용할지는 당신에게 달려 있다. 그 정보를 활용해 믿음을 제한할 수도 있고, 제약으로부터 당신을 해방시켜줄 단순한 진실 하나를 수용할 수도 있다. 단순한 진실이란 과거가 어떻든 최고의 순간은 아직 오지 않았다는 것이다.

내일, 즉 지금으로부터 3년에서 5년 뒤 당신의 모습을 상상해본다. 당신의 조직, 상품, 판매 및 마케팅 그리고 결과와 관련해 당신이 기대하는 미래를 그려본다. (경우에 따라 이 네 가지 항목 이외의 다른 항목에 대한 미래 구상이 필요할 수도 있지만, 일단 이 네 가지 항목이 출발점이다.) 무엇이 보이는가? 그 모습은 어떤가? 당신과 당신의 비즈니스를 위해 가능한 것은 무엇인가? 하지만 거기에 어떻게 도달할 것인지에 너무 집착하지 말아야 한다. 그것은 전략의 문제인데, 전략은 언제나 비전 다음이다.

비전은 예언이 아니다. 비전과 관련해 필연적인 것은 아무것도 없다. 당신은 지금 무수히 많은 가능한 미래 중 하나를 기술하고 있다. 그러한 미래가 현실이 되기 위해서는 진지한 고민과 노력이 필요하다.

당신의 미래에 대해 어떠한 의구심이나 제한적 믿음을 가지고 있는가? 그러한 것이 있다면 다음 메모난에 기록해본다. 가능성이 들어설 자리를 만들기 위해 의구심이나 제한적 믿음을 거부하거나 새로운 생각의 틀을 만들어 그것으로 대체할 수 있는가?

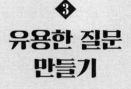

유용한 질문
만들기

처음 비전을 문서로 작성하는 데 도움이 되는 방법은 질문을 해보는 것이다. 질문에 답하는 것이 바로 비전 수립의 시작이다. 다음의 〈4. 비전 스크립트 초안 작성〉에는 영역에 특화된 질문들이 제시된다. 일단 여기에서는 생각의 방향을 잡을 수 있는 몇 가지 기본적인 질문들로 시작해보자.

- 향후 3년에서 5년 후, 나의 회사가 어떤 모습이기를 바라는가?
- 팀원들이 번아웃되거나 회사를 떠나지 않게 하려면 회사가 어떻게 바뀌어야 하는가?

- 생산성을 극대화하기 위해 제품 라인업은 어떠해야 하는가?
- 나의 회사는 시장의 경쟁자들과 어떻게 경쟁할 수 있을까?
- 비전을 좀 더 빨리 실현하기 위해서는 어떤 혁신과 프로세스가 필요할까?

이 질문에 답하는 것으로 멈춰선 안 된다. 다음의 질문들에 대해서도 생각해보라.

"한 예언자가 3년 후 어떤 일이 일어날지 말해준다고 한다면, 당신은 무엇을 가장 알고 싶은가?"

이 질문은 내일과 관련해 당신이 관심을 가지는 것, 흥미로워하는 것이 무엇인지를 알아보기 위한 것이다.

"우리 회사를 파산시킬 회사가 되려면 어떻게 해야 할까? 그런 회사는 어떤 모습이며 우리보다 우위를 갖게 된 이유는 무엇인가?"

이 질문은 약점을 알게 하고 동시에 내일의 성장을 위한 기회를 제시한다.

"어떤 사람들이 우리의 고객이 되기를 원하는가?"

오늘 당신의 고객이 누구인지 아는 것은 중요하다. 그러나 당신의 회사를 성장시키려면 내일에 대한 대답은 달라야 한다. 이 질문은 회사의 제품이 고객들의 삶을 어떻게 변화시킬 것인지에 대해 생각해보게 한다.

"당신은 어떤 사람들과 시간을 보내고 싶은가? 어떤 주제에 대해 이야기하고 싶은가? 여행을 간다면 어디로 가고 싶은가? 어떤 책을 읽는가?"

현재 당신의 관심사가 미래 가능성들을 보여줄 수도 있다. 당신의 호기심이 당신을 이끌어줄 것이다. 호기심의 용도가 바로 그런 거다.

앞에 제시된 질문들은 모두 당신을 상상의 사고 공간으로 이끌어줄 것이다. 이 사고 공간에서 당신의 내일은 명확한 형체를 갖출 수 있다. 그것이 바로 비전 스크립트를 작성하는 근본적인 목적이다.

4
비전 스크립트
초안 작성

비전 스크립트를 어떻게 작성해야 할까? 수많은 지도자, 특히 글쓰기에 소질이 없는 지도자들이 이런 질문을 던졌다. 하지만 걱정할 것 없다. 비전 스크립트의 형식은 다양하다. 상세한 기술 형식으로 작성할 수도 있고, 주요 항목들로 이루어진 목록만으로도 비전 스크립트가 될 수 있다. 어떤 형식으로 정리하는 것이 당신에게 가장 자연스러운지 그리고 원하는 미래를 투영하는 데 가장 도움이 되는지만 판단하면 된다.

당신은 비전이 이미 실현된 것처럼 현재 시제로 미래를 기술하고 싶을지도 모른다. 또한 명확하고, 영감을 주면서, 실현 가능하고, 설득력 있는 비전 스크립트를 작성하고 싶을 것이다.

- 명확하다는 것은 구체적이고 직접적인 언어를 사용한다는 의미다.
- 영감을 준다는 것은 당신과 비전 스크립트를 읽는 다른 사람들을 흥분시킬 수 있다는 의미다.
- 실현 가능하다는 것은 충분히 구체적이어서 이를 바탕으로 전략을 수립하고 필요한 인력을 고용할 수 있다는 의미다.
- 설득력 있다는 것은 당신의 팀을 규합하고 그것을 현실로 만들 수 있다는 의미다.

일단 자신을 믿고 시작해서 앞으로 나아가라. 나는 굉장히 큰 프로젝트를 맡으면, 지점 A에서 지점 B로 도달하는 방법과 관련해 어렴풋한 생각만 갖고 있다. 다음 걸음을 내디딜 만큼의 불빛만 있으면 그것으로 충분하다. 일단 발을 내디디면, 필요한 다음 조치가 저절로 모습을 드러내거나 그것을 얻기 위한 방법을 알게 되기 때문이다. 그러나 그렇게 될 거라고 믿지 않는다면, 그런 일은 일어나지도 않는다.

소설가 E. L. 닥터로우E. L. Doctorow가 말했듯이 "글쓰기는 안개 낀 저녁에 차를 운전하는 것에 비유할 수 있다. 당신은 차 헤드라이트가 비추는 곳까지만 볼 수 있다. 하지만 그런 방법으로 목적지까지 갈 수 있다." 이는 비전 스크립트를 작성하는 데도 적용이 된다.

당신은 경로에서 벗어나 새롭고 익숙하지 않은 곳으로 들어갈 수도 있다. 처음부터 모든 질문에 명확한 답을 할 수는 없을 것이다. 비전 스크립트를 작성하는 일은 발견의 과정이다. 필요할 경우 자유롭게 변경하고 수정해도 좋다. 작성하는 동안, 끊임없이 스스로에게 다음과 같은 질문들을 해야 한다. 내가 원하는 것은 무엇인가? 그것은 분명한가? 영감을 줄 수 있는가? 실현 가능성이 있는가? 설득력이 있는가? 당신이 이러한 질문들에 답할 때, 당신의 비전은 점점 형태를 갖춰갈 것이다.

이제 비전 스크립트의 초안을 작성하는 작업을 시작할 것이다. 영역에 특화된 질문과 메시지를 제시하여 당신이 당신의 조직, 제품, 판매 및 마케팅, 영향력(결과)에 대해 좀 더 꼼꼼하게 검토하는 데 도움을 주고자 했다. 추가적인 항목이 더 필요하다면, 여분의 공란을 그러한 용도로 사용해도 좋다.

조직

:

비전 스크립트는 조직으로 시작하는 것이 중요하다. 이유는 당신의 조직이 모든 것을 가능하게 하기 때문이다. 좋은 조직은 당신이 지도자로서 가장 잘할 수 있는 일에 집중할 수 있게 도와준다. 그들은 전략을 집행하고, 고객들을 관리하고, 새로운 고객들을 창출할 것이다. 좋은 조직은 번뜩이는 아이디어, 포부, 기술, 노하우로 당신을 놀라게 할 것이다. 3년 후 당신이 생각하는 이상적인 조직은 어떤 모습일까? 다음 질문들로 시작해보자.

- 당신은 어떤 부류의 팀원들과 일하고 싶은가?
- 그 팀원들이 공유하고 있는 특징은 무엇인가?
- 그들은 어떤 방식으로 일하는가? 그들의 직업윤리는 무엇인가?
- 최고의 인재를 데려오기 위해 당신은 무엇을 하는가?
- 당신의 조직은 어떻게 성공을 위한 문화를 구축하는가?
- 당신의 보상 철학은 무엇인가?
- 당신의 상여금 패키지는 어떤가?
- 미래 직원들이 당신의 회사에 관심을 갖는 이유는 무엇인가?
- 사람들이 당신 회사에 입사하려는 이유는 무엇인가?
- 당신 회사의 근무 환경은 어떤가?
- 근무 환경이 당신에게 중요한 이유는 무엇인가?

비전 스크립트 〈조직〉 부분에 대한 초안이 마련되면, 다음 질문들을 던져보고 대답이 '예'인 경우 체크 표시를 한다.

□ 분명한가?　　　　□ 영감을 주는가?

□ 실현 가능한가?　　□ 설득력 있는가?

조직을 위한 비전

제품

⋮

당신이 제공하는 제품이나 서비스는 무엇인가? 당신은 고객들을 위해 앞으로 어떤 문제들을 해결할 것인가? 앞으로 어떤 제품을 만들고 싶은가? 고객에게 제공하고 싶은 것은 무엇인가? 미래 제품을 구상할 때 도움이 될 만한 팁은 당신의 임무를 완수하는 데 도움이 될 무엇을 만들 수 있는지 물어보는 것이다. 우선 다음 같은 질문에 답해보자.

- 당신의 제품이 가져올 결과는 무엇인가?
- 당신의 제품이 전달하는 가치는 무엇인가?
- 당신의 제품은 어떤 사람들에게 도움을 주는가?
- 당신의 제품을 사용할 때 고객들은 어떤 기분이 드는가?
- 사용자 경험은 어떨까?
- 제품 생산 과정은 어떤가?
- 어떤 방법으로 판매할 제품을 선정하는가?
- 경쟁사의 제품과 비교할 때, 당신 제품의 경쟁력은 무엇인가?

비전 스크립트 〈제품〉 부분에 대한 초안이 마련되면, 다음 질문들을 던져보고 대답이 '예'인 경우 체크 표시를 한다.

□ 분명한가? □ 영감을 주는가?

□ 실현 가능한가? □ 설득력 있는가?

제품을 위한 비전

판매 및 마케팅

⋮

당신은 그 놀라운 제품들을 어떻게 판매하고 있는가? 당신 회사는 고객을 어떻게 확보하는가? 기본적인 것에 관해 이야기하는 게 아니다. 지금이 당신 회사의 판매와 마케팅에 대해 좀 더 포괄적이면서 철학적으로 생각해볼 기회다. 당신은 유의미한 지표를 제시하려고 할지도 모르겠지만, 이는 근본적으로 고객과의 관계를 어떻게 수립할 것인지에 대한 문제다. 우선 다음의 질문에 답해보자.

- 판매와 마케팅에 대한 당신의 철학은 무엇인가?
- 당신이 속한 시장은 어떤 분야인가?
- 고객층은 얼마나 두터운가?
- 어떤 방식으로 고객을 확보하는가?
- 새로운 고객을 확보하는 데 투자하는 비용은 얼마인가?
- 당신 고객의 삶의 가치는 무엇인가?
- 고객 정보 수집 1회당 비용cost per lead은 얼마인가?
- 당신 회사는 판매 프로세스를 마련해두고 있는가?
- 당신은 마케팅, 영업 및 고객 경험 부서의 활동을 어떻게 평가하고 있는가?
- 고객 확보 및 유지와 관련해 각 부서의 역할은 무엇인가?

비전 스크립트 〈판매 및 마케팅〉 부분에 대한 초안이 마련되면, 다음 질문들을 던져보고 대답이 '예'인 경우 체크 표시를 한다.

□ 분명한가?   □ 영감을 주는가?

□ 실현 가능한가?   □ 설득력 있는가?

판매 및 마케팅을 위한 비전

결과

∶

마지막으로 비전 스크립트에 당신과 조직의 노력을 통해 얻고
자 하는 결과를 기술해야 한다. 당신의 비전이 실현됐을 때의
결과는 무엇인가? 이 질문에 대답은 경제적 결과와 결부시켜서
할 수 있다. 하지만 영향력 혹은 다소 덜 물질적인 측면처럼 덜
구체적인 방식으로도 답할 수 있다.

- 어떤 결과를 얻었는가? 당신과 당신의 팀이 가장 유의미
  하다고 생각하는 지표를 제시해도 무방하다. 예를 들어,
  매출, 이윤, 직원 수 혹은 고객 명단의 규모 등을 제시해
  도 좋다.
- 지도자로서 당신을 흥분시키는 금전적 상한선은 얼마인가?
- 지도자로서 당신은 시간과 역할을 가지고 어떤 것들을
  자유롭게 하는가?
- 직원들의 직장 만족도 혹은 이직률은 얼마나 되는가?
- 당신 회사의 성장이 당신과 당신의 조직에 어떤 영향을
  미치기를 바라는가?
- 업계 동료나 경쟁사들은 당신을 어떻게 평가하는가?

비전 스크립트 〈결과〉 부분에 대한 초안이 마련되면, 다음
질문들을 던져보고 대답이 '예'인 경우 체크 표시를 한다.

☐ 분명한가?　　☐ 영감을 주는가?

☐ 실현 가능한가?　　☐ 설득력 있는가?

결과에 위한 비전

실행하기

> **"**
> 훌륭한 지도자는 비전을 수립하고, 명확하게 설명하며,
> 비전이 실현될 때까지 열정적으로 밀고 나간다.
> 잭 웰치
> **"**

비전 스크립트 초안을 완성한 것을 축하한다. 비전 스크립트는 한 번에 모든 것이 마무리되는 과정이 아니다. 이제 팀원들의 피드백을 받고, 관련된 이해관계자들을 설득하고, 목표와 전략을 수립하는 데 비전 스크립트를 활용할 시간이다. 최상의 결과를 위해서는 비전 스크립트를 자주 검토하고, 필요하다면 수정해야 한다.

마지막으로 덧붙이고 싶은 말이 있다. 비전을 수립하는 과정을 마무리하고도 이를 실천하는 것을 망설이는 경우가 있다. 비전을 공유하는 일을 부담스러워하거나 비전이 완벽해지기를 바라면서 계속 초안을 만지작거리기도 한다. 그러한 유혹을 이

겨내야 한다. 조지 패튼은 이렇게 말한다. "과감하게 지금 집행할 좋은 계획이 다음 주에 실행할 완벽한 계획보다 더 낫다."

완벽을 추구하는 것은 해야 할 일을 미루는 또 다른 방법에 불과하다. 더 이상 미룰 시간이 당신에게는 없다. 당신의 조직은 당신이 미래에 대한 구상을 보여주길 기다리고 있다.

ADDITIONAL NOTES

ADDITIONAL NOTES

3

눈앞에 놓인
과제

THE
VISION
DRIVEN
LEADER

불가능이란 자신의 능력을 활용해 세상을 바꾸는 것보다 주어진 대로 세상을 사는 것이 더 편하다고 생각하는 나약한 인간이 만든 그럴싸한 표현에 불과하다.

- 에이미 레토(Aimee Lehto)

계획은 발전기다. 상상력이 부족한 사람에게 지나치게 많은 계획은 오히려 독이 된다.

- 르 코르뷔지에(Le Corbusier)

좋은 생각은 즉각적으로 받아들여지지 않는다.아이스크림 선데와 신호등도 대중적 관심을 받기까지 수년이 걸렸다.좋은 생각은 상당한 변화를 요구하기 때문에 현상 유지와 충돌하게 된다.관성은 강력한 세력이다.

- 세스 고딘(Seth Godin)

저항에 어떻게
대처해야 할까?

장애물 다루기

"

누구나 얼굴을 한 대 맞기 전까지는
계획을 가지고 있다.
마이크 타이슨(Mike Tyson)[1]

"

1967년 1월 27일, 세계인의 눈은 최첨단 우주선 아폴로 1호 사령선 안에 앉은 세 명의 미국인에게로 쏠렸다. 다음 달 있을 최초의 달 유인우주선의 시범 비행으로 계획된 총연습 비행은 반드시 필요했다. 나사는 많은 것이 이 실험에 달려 있음을 알았다. 결전의 시간이 다가오고 있었다. 1960년대가 저물기 전, 달에 인간을 보내고 무사히 지구로 귀환시키겠다는 존 F. 케네디의 비전을 실현해야 한다는 압박은 계속됐다. 케네디의 도전은 위험으로 가득 차 있기도 했지만 무모하기도 했다. 우주비행사들은 8일간 40만 킬로미터를 여행하고, 잘 알려지지 않은 달 표면에 정확하게 착륙하고, 다시 우주로 나갔다가, 지구로 귀환할 항로를 찾아보고, 전소되지 않고 다시 지구의 대기권에 진입해야 했다.

아폴로 1호의 임무는 당시 알려진 우주여행의 한계를 확장하는 것이었다. 이 대범한 달 착륙 프로젝트 이전에 미국이 유인우주선을 성공적으로 발사한 적은 단 한 차례 15분간의 탄도 비행이 전부였다. 머큐리 스페이스 캡슐Mercury Space Capsule은 인간이 마하 7의 속도로 이동하면서 임무를 수행하는 것이 가능하다는 것을 증명했지만, 최대 높이가 약 187킬로미터에 불과했고, 지구의 기초 외기권을 벗어나지도 못했다.[2]

나사의 과학자들과 엔지니어들은 추가적인 기술 지원을 위해 외부 회사와 대학과 협력해야만 했다. 나사의 연산능력Computing power은 오늘날의 기준에 비춰볼 때 믿을 수 없을 만큼 조잡한 수준이었다. "아폴로 1호를 지원하는 나사의 모든 슈퍼컴퓨터를 합친 것보다 PC 위에서 마우스의 움직임을 통제하는 소프트웨어가 (중략) 더 많은 메모리를 필요로 한다."고 한 프로그래머가 회고했다.[3] 혹은 이렇게 말할 수도 있다. 당신이 지금 사용하고 있는 스마트폰이 인간을 달에 보낸 나사의 컴퓨터보다 연산능력과 메모리가 더 뛰어나다고 말이다. 한 보고서에 따르면 "기술의 한계가 너무나 크고 산출 데이터가 몹시 복잡해서, 엔지니어들이 기대할 수 있는 최선의 결과는 확실성에 최대한 가까이 다가가는 것이었다."[4]

기술 및 설계 문제로 차질을 빚게 되고 장애물과 저항에 부덮혔을 때, 존 F. 케네디의 말이 나사의 건물 복도에 울려 퍼졌다. "우리는 1960년대가 가기 전, 인간을 달에 보내기로 결정했습니다. 그 임무가 쉬워서가 아니라 (중략) 어렵고 우리의 최고의 열정과 기술을 구축하고 평가해보는 데 도움이 되기 때문입니다. 우리는 그 도전을 기꺼이 받아들였고, 절대 지연시킬 의사가 없으며, 반드시 완수해내기를 바라기 때문입니다."[5]

케네디는 미국이라는 국가에 명확하고, 영감을 주면서, 실현 가능한 비전을 제시했다. 그리고 우리는 그것에 동의했다. 그러나 수년간의 신중한 산출, 오차 없는 문제 해결, 기술의 획기적 발전, 끝없는 이미지 합성, 수개월에 걸친 시뮬레이터 연습, 그리고 30만 명이 넘는 나사 직원과 하청업자들의 단합된 노력에도 불구하고 아폴로 1호의 사전 비행 연습은 재난으로 끝나고 말았다.

우주비행사 거스 그리섬Gus Grissom, 에드 화이트Ed White, 로저 샤페Roger Chaffee는 우주선에 들어간 후 출입구를 봉인했다. 그런데 체크리스트를 점검하는 동안 전기 스파크가 산소가 풍부한 선실 공기에 점화되었고 조종석은 화염에 휩싸였다. 결국 1분 만에 세 명의 우주비행사 모두 질식사했다. 이 화제로 우주 개발 프로그램은 거의 막을 내릴 뻔했다. 이후 나사와 미 의회는 이 비극적 사고에 대한 조사에 착수했고, 거의 1년간 우주 개발프로그램은 중단됐다.

삶에 상수는 많지 않은데, 저항은 상수 중 하나다. 마찰 저항이 없는 비전은 없다. 최고의 사람들도 어려움, 오판, 좌절, 실망 그리고 다른 모든 장애물에 직면한다. 비전을 추구하는 지도자인 당신은 이에 어떻게 대처할 것인가? 저항에 어떻게 대항하겠는가?

효과적으로 대응하기 위해 갖춰야 할 세 가지 특성을 이야기하기 전에, 저항의 본질에 대해 고찰하고 몇 가지 사례를 살펴보고자 한다. 어떤 저항은 환경적인 것이고, 어떤 것은 사회적인 것이며, 또 어떤 것은 심리적인 것이다.

현장의 환경

환경적 저항이 가장 분명하게 보이고 이해하기도 쉽다. 멘로 이노베이션스의 CEO 리처드 셰리든이 지적했듯이, 조직은 일상 업무를 수행하는 데 최적화돼 있다.[6] 뭔가 새로운 것을 시도할 때는 자동적으로 비효율이 초래된다. 인재를 재배치하고, 업무량을 변경하고, 소규모 배정 예산 혹은 없는 예산을 관리하는 것은 시련의 시작에 불과하다.

이상적으로 생각하면 우리는 가장 열정적으로 가장 잘할 수 있는 업무를 수행해야 한다. 만약 당신이 나의 책《초생산성》을 읽었다면, 그것을 갈망 영역Desire Zone이라고 부른다는 것과 우리가 조직에 가장 가치 있는 기여를 할 수 있는 부분이 이 영역이라는 것을 알 것이다. 그러나 새로운 구상을 할 때는 모든 게 백지 상태다. 지도자들은 열정이 없거나 능숙하지 않은 업무도 수행해야 한다. 조직에서 해당 프로젝트를 출범시킬 수 있는 사람이 그들밖에 없기 때문이다. 예를 들어, 우리 회사가 '풀 포커스 플래너'를 출시하기 위해, 경영진은 직접 인쇄업자, 물류 포장 센터와 협상해야 했고 심지어 디자인도 일부 담당해야 했다. 효율적이었을까? 전혀 아니었다. 그러나 효과적이기는 했다. 그 일을 담당할 직원을 채용하면 되지 않았을까? 그럴 수도 있다. 그러나 직원 채용에 앞서 생각들을 시험해보는 것이 더 나았고, 그러려면 경영진이 좀 더 광범위한 수준에서 적어도 짧은 기간이나마 참여해야 했다.

유사한 조직적 구조적 문제들 외에 환경적 저항도 경제적 기술적 한계의 형태로 나타난다.

- 케네디가 달 착륙 계획을 설명했을 때, 나사는 감당하기 어려울 만큼의 물류 관련 문제와 마주했다. 또한 복잡한 수학적 계산을 처리할 연산능력도 부족했다(톰 행크스 주연의 영화 〈아폴로 13〉에서 나사 엔지니어들이 우주에서 벌어진 위기를 해결하기 위해 계산자를 급하게 꺼내는 장면이 이러한 사실을 여실하게 보여준다). 그들은 착륙 및 우주비행사의 이동을 위해 알고 있어야 할 달 표면 상태를 몰랐다. 그들은 우주선이 달의 환경에서 어떻게 움직일지도 몰랐다.[7]

- 에블린 베레진이 워드 프로세서 데이터 세크레터리Data Secretary 프로그래밍을 구상하기 전에, 그 일을 해낸 사람은 아무도 없었다([질문6]). 그녀는 자신이 그 프로그래밍을 해낼 수 있다는 것을 알았다. 그러나 프로그램을 운영할 마이크로프로세서 소스가 거의 없었다. 그녀는 딱 맞는 공급업체를 알고 있다고 생각했다. 그것은 소규모 스타트업 기업 인텔Intel이었다. 하지만 불행하게도 인텔에는 그녀가 필요로 하는 칩들을 만들 장비가 없었다. 결국 베레진은 진로를 변경해 다른 공급업체를 찾아야만 했다.[8]

- 팀 쿡Tim Cook은 2011년 8월 애플의 CEO로 취임했다. 그는 애플에서 자신의 비전을 자유롭게 전개하는 대신, 취임 6개월 만에 위기를 관리해야 하는 상황에 놓였다. 언론을 통해 애플의 최대 제조공장인 중국의 처참한 근무환경이 공개됐고, 저임금 노동자들이 폭동을 일으켰다. 쿡은 사외감사를 고용했다. 사외감사는 근무환경, 임금, 안정성에 관한 360개 항목으로 이루어진 구제 실천 방안을 제시했다.[9] 문제를 해결하는 것이 중요한 일이기는 했지만, 그가 취임 직후 하려고 계획했던 일은 아니었다.

- 운전자와 탑승자를 연결한 우버의 게릿 캠프와 트래비스 칼라닉은 비전을 달성하기 위해서는 당시에는 존재하지 않았던 아주 강력한 소프트웨어 프로그래밍과 앱이 필요

했다. 그러나 더 큰 과제는 탑승자의 머릿속에 적절한 '멘탈 포지셔닝mental positioning'을 만드는 것이었다. 앱을 이용해 택시를 부르는 게 익숙한 일이 아니었기에, 잠재 고객들은 그게 어떤 것인지 전혀 아는 바가 없었다. 당시 소셜 미디어에서 유명했던 밈을 요약하면 다음과 같다.

> 1998: 낯선 사람과 같은 택시를 타지 마라.
> 2008: 인터넷에서 알게 된 사람들을 혼자서 만나지 마라.
> 2019: 우버-인터넷에서 낯선 사람을 호출하고 나만 혼자 그 차에 탄다.

- 소니는 2006년 이북 리더기를 출시했다. 한 옵저버는 첨단 기술 사양과 날렵한 형태에 주목하며 이를 람보르기니와 비교했다. 하지만 제품의 우수성이 전부는 아니다. 소니는 디지털 시대 이전에 체결된 작가들의 계약 문제를 출판사들이 정리하도록 뒀는데, 출판사들은 소니의 플랫폼상에서 자신들의 지적 재산권이 지켜질지 불안해했다. 소니가 이 문제를 해결하기 위해 고군분투할 때, 아마존이 킨들을 들고 시장에 등장했는데, 아마존은 같은 문제를 더 빠르고 훌륭하게 해결했고, 방대한 도서 구매 고객에게 영향을 미치며, 우수한 유저 경험을 바탕으로 경쟁자들을 물리쳤다.[10]

이와 같은 환경적 저항을 보여주는 사례는 끝도 없이 많다. 기업가들은 자본 부족을 경험한다. 생산 지연을 경험하고, 비용은 눈덩이처럼 불어난다. 마케팅 캠페인은 실패한다. 그들은 예상한 제품을 만들어내지 못할 때도 있다. 앨런 케이가 말했듯이, "미래를 예측하는 최선의 방법은 그것을 발명하는 것이다." 그러나 발명은 절대 녹록지 않다. 어떤 지도자들은 환경적 저항을 극복하고 비전을 크게 성공시킨다. 다른 지도자들은 극복에 실패하고 그들의 비전은 사장된다.

그런데 저항도 예측이 가능하다. 그러나 구체적인 문제들은 수면 위로 떠오르기 전까지는 수면 아래 숨어 있다. 사회적 심리적 저항도 마찬가지다. 어려움의 형태는 다르지만, 이러한 문제들도 예측은 가능하다.

우린 손을 씻지 않을 것이오!

⋮

헝가리 출신 산과 전문의 이그나스 젬멜바이스Ignaz Semmelweis 박사가 1846년 빈 종합병원에 도착했다. 그는 산모 사망률을 보고 놀랐다. 환자의 거의 3분의 1이 산욕열로 사망했던 것이다.[11] 이는 그곳만의 문제는 아니었다. 18세기와 19세기에 영국과 웨일스에서 산욕열로 사망한 환자는 5천 명에 이르렀다.[12]

젬멜바이스는 산욕열의 원인을 찾기로 결심하고, 의사들이 관리하는 산모보다 조산사들이 돌보는 산모가 생존율이 높은 이유를 파악하는 것부터 시작했다. 그리고 의사들이 전날 산욕열로 사망한 산모를 맨손으로 부검하는 것으로 하루 일과를 시작한다는 것을 알아냈다. 이 의사들은 부검을 친 뒤 바로 병동으로 가서 산통 중인 산모를 검사했다.[13]

정말 그랬을까? 그 의사들은 세균에 대해 몰랐던 것일까? 그때는 잘 몰랐다. 젬멜바이스는 건강한 산모에게 사체 입자가 전이돼 치명적 감염을 유발한다고 결론 내렸고, '손 씻기'라는 혁신을 도입했다. 젬멜바이스는 부검 뒤 부패된 사체의 냄새가 사라질 때까지 석회수로 손을 씻어야 한다고 주장했다.[14] 그 결과는 즉각적이고 극적이었다. 의사가 운영하는 병동의 산모 사망률이 산파가 운영하는 병동의 산모 사망률보다 더 낮아진 것이다.

그런데 젬멜바이스의 상사 요한 클라인Johann Klein이 인명을 구한 획기적 발견이라고 찬사를 보내기는커녕 적극적으로 손 씻기를 반대하고 나섰다.[15] 물론 젬멜바이스는 뜻을 굽히지 않았다. 1850년 3월 15일 그는 동료 의사들의 모임에서 그의 가설과 직접 발견한 사실을 공유하는 연설을 했다. 하지만 그 자리에 있던 의사들은 클라인처럼 그의 이론에 분노했고 손 씻기를 주장하는 그를 조롱했다.

젬멜바이스는 그를 비판하는 사람들을 맹렬히 비난했으며, 때때로 그들을 '무책임한 살인자'라고 일컬었다. 점점 더 호전적으로 되어갈수록, 그는 소외되었고, 결국 의료계에서 쫓겨났다. 이후 그를 정신병원에 가두려는 음모가 꾸며졌고 실행됐다. 그곳에서 젬멜바이스는 경비요원들에게 구타당한 지 2주 만에 세상을 떠났다.[16]

죽어가던 47세 의사 젬멜바이스는 아직 실현하지 못한 자신의 꿈을 생각했다. "산욕열이 완전히 사라지는 행복한 미래를 상상하면, 나를 엄습한 슬픔을 모두 날려 버릴 수 있다."[17] 그런 행복한 날은 그가 사망하고 수년 후에 왔다. 오늘날 젬멜바이스는 천재 의사 그리고 감염 통제의 아버지로 추앙받는다.[18] 그러나 살아생전에 그의 비전은 배척당했다.

젬멜바이스 반사작용: 외부와 내부

우리는 너무 많은 계획을 엎어버린다는 이유로 새로운 비전을 반대하는 흔한 현상을 '젬멜바이스 반사작용' 또는 '젬멜바이스 효과'라 일컫는다. 이러한 부류의 저항은 앞서 우리가 본 환경적 요인과 달리 사회적인 것이다. 젬멜바이스의 이론을 거부한 의사들은 병을 고치는 그들의 손이 사실 죽음을 유발하고 있다는 사실을 받아들일 수 없었다. 그래서 그들은 그의 제안에 귀를 기울이려고 하지도 않았다.

비전을 추구하는 지도자들은 젬멜바이스의 변화된 버전을

정기적으로 마주한다. 비전이 대범할수록 반사작용은 더욱 두드러진다. 반사작용은 2007년 애플이 아이폰을 발표했을 때 혹은 애플이 2014년 애플 워치를 공개했을 때처럼 늘 일어날 수 있다. 두 제품에 대한 초기 반응은 양극화되었다.[19]

반사작용은 조직 내에서도 일어날 수 있다. 어떤 조직에서는 반사작용이 지속적으로 일어나서, 지도자가 싸움에 지치거나 조직을 떠나거나 아니면 조직에서 퇴출당하기도 한다. 빌 제롬Bill Jerome과 커티스 파웰Curtis Powell은 "조직은 성장을 원한다고 말하지만 실제로는 변화를 원하지 않는다."고 말한다.[20]

비전을 추구하는 지도자들은 에너지, 혁신, 성장을 촉진하고, 현상 유지에 반기를 드는데, 이러한 지도자의 태도는 변화를 혐오하는 동료와 상사들에게 불안정과 불확실성을 야기한다. 변화의 주체들이 간혹 비난을 받는 이유다. 제롬과 파웰이 말한 것처럼 "열정적인 그들이 늘 환영받고 이해받는 것은 아니다. 오히려 그들은 오랫동안 고생한다. 개선을 위한 그들의 끈질긴 노력의 대가로 그들은 '비협조적', '분란을 일으키는', '관대하지 못한', '몰이해한' 사람이라는 낙인을 받는다."[21]

이러한 유형의 반사작용은 외적으로 드러난다. 그런데 또 다른 유형이기는 하지만 좀 더 치명적인 반사작용이 있다. 우리의 마음속에서 일어나는 반사작용으로, 이는 저항의 심리적 표출이다. 이 심리적 저항도 예측은 가능하다. 당신이 비전을 조직원들과 공유하려 할 때, 자신의 심리적 저항도 예상해야 한다.

실제로 우리 자신이 가장 무서운 적이 될 수 있다. 어떻게 그것이 가능할까? 의심스러운 생각이 고개를 들고, 결과에 대한 걱정 혹은 거절에 대한 공포가 살아나면, 우리는 확고한 신념을 갖고 비전을 설득할 수 없게 된다. 당신은 스스로에게 이렇게 의문을 던질지 모른다. '우리 팀이 받아들이기에 이 비전은 너무 급진적인 게 아닐까?', '참여를 독려할 만큼 충분히 멋진 비전인가?', '필요한 변화를 거부하는 사람들을 어떻게 해야하지?', '비전을 실행에 옮기는 동안 회사가 잘못되면 어쩌지?', '이 비전을 성공시킬 자원을 찾아낼 수는 있을까?' 이런 문제들에 골머리를 앓는 동안 우리는 내면의 반사작용을 경험하고 비전을 포기할 수도 있다.

이해할 만하다. 그럴 수 있다. 나는 회사 오너나 간부들을 코치할 때면 이 문제를 거론한다. 자신이 너무 앞서간다고 느낀 적이 있는지 물어보는 것이다. 한번은 자신이 무엇을 하고 있는지 정확히 모르면서 일을 하고 있다는 사실을 다른 사람들이 알아차리는 것은 시간문제라고 생각한 적이 있는 사람은 손을 들어보라고 했는데, 놀랍게도 그 방 안에 있던 사람 중 74%가 손을 들었다. 업무에서 능력의 한계치를 실험할 때 이런 기분을 느끼기 쉽다. 손을 든 사람들 대다수가 성공을 거둔 지도자들이었는데, 그들이 자신들의 능력의 한계치를 실험하고 점검하기 때문이었다.

모든 의구심이나 믿음을 제한하는 의문들이 최종적인 의사 결정을 막으면 어떻게 될까? 당신의 비전은 새롭고 더 밝은 미래에 대한 스냅 사진에 불과하다. 그럼에도 우리 내부의 저항과 두려움이 만드는 장애물을 극복하기 위해 노력하는 것이 정말 가치 있는 일일까? 물론이다. 비전을 추구하는 지도자로서 우리는 그러한 저항에도 불구하고 우리 내면의 힘을 활용해 용기 있고 자신감 있게 앞으로 나아가야 한다.

반사작용이 내적인 것이든 외적인 것이든, 비전을 달성해야 하는 이유에 집중하는 것이 중요하다. 이것이 비전 달성에 가장 필수적인 요건이기에 나는 코칭 수업에서 이를 강조해왔다. 난관에 부딪혔을 때, 저항에 직면했을 때, 해답은 난관 너머에 무엇이 있는지 그리고 그 너머의 것이 당신에게 왜 중요한지를 기억해야 한다. 새로운 사업을 시작하거나, 기존의 사업부를 되살리거나, 신상품을 출시하거나, 그 어떤 경우든, 우리는 우리의 비전을 고수해야만 한다.

부정적인 감정이 고개를 들지 못하게 하는 것도 중요하다. 저항이 고개를 들 때, 문제는 상황이 아니라 우리가 감정적으로 어떻게 대응하느냐이다. 우리는 우리의 목적과 정서적으로 연결되어 있어야 하지만, 부정적인 감정이 우리를 압도하게 돼서는 안 된다. 두려움, 의심, 실망을 경험할 수 있지만, 그러한 감정이 우리의 행동을 지배하게 내버려둬서는 안 된다. 그러한 감정들이 무엇인지 파악하고, 그것들이 우리를 지배하지 못하

"

난관에 부딪혔을 때,
저항에 직면했을 때,
해답은 난관 너머에
무엇이 있는지
그리고 그 너머의 것이
당신에게 왜 중요한지를
기억해야 한다.

"

도록 하고, 멈추지 말고 앞만 보고 나아가야 한다.

저항을 물리치는 세 가지 특성
:

저항이 비전을 좌절시키려 할 때 활용할 수 있는 중요한 세 가지 특성이 있다. 거절당했을 때의 끈기, 도덕적 타협을 제안받았을 때의 진정성, 그리고 차선의 결과에 안주하라는 유혹에 맞서는 용기가 그것이다.

1. 끈기

복싱 선수를 제외하고, 예술가, 작가, 작곡가, 화가와 같은 창작자들보다 얼굴에 더 많은 펀치를 맞는 사람은 없을 것이다. 지도자와 조직의 평범한 구성원 모두의 역할을 해온 나는 거절은 창작 과정의 일부라고 말한다. 성공은 포기하지 않고 끊임없이 작업을 계속한 결과다. 그런 창작자들은 거절이라는 불가피한 가격을 당했을 때 불굴의 인내심을 발휘한다. 그들의 입장이 되어 몇 발자국 걸어가 보자. 그들의 경험은, 미래 비전에 대한 노골적인 거절을 견뎌내야 하는 지도자들에게 교훈이 될 수 있다.

창작자들은 존재 가능한 것에 대한 비전을 가지고 작업을 시작한다. 그들은 우리의 상상력을 사로잡을 이야기, 노래, 그래픽 아트를 상상하고, 우리를 감동시키며 심지어 사회적 정치적 행동을 하도록 동기를 부여한다. 그들은 아직 존재하지 않는 것의 존재 가능성을 안다. 그래서 최선의 노력을 기울이고, 상당한 개인적 희생을 감수하며, 자신의 아이디어에 생명을 불어넣는다.

그들은 대개 혼자서 작업하면서 자기 회의 속에서 몇 날 혹은 몇 개월을 보낸 후, 자신의 창작물을 좋아해줄 관객을 만날 수 있다는 희망을 갖고 밖으로 나온다. 작곡가라면 음반 홍보사나 음반사에게 자신의 음악을 들려준다. 작가는 문학작품 대리인이나 출판사에 도서 제안서나 샘플(경우에 따라서는 완성된 원고)을 보낸다. 화가는 전시 기회를 얻을 수 있다는 희망으로 미술관을 찾아간다. 그리고 나서 기다린다. 그들은 초조함에 서성이기도 하고 기도를 하기도 한다.

하지만 결과와 무관하게 창작자들은 창작을 한다. 그들은 멈추지 않는다. 그럼에도 실망스러운 소식과 마주할 때가 더 많다. 아주 작은 관심이 기대감을 높이기도 하지만, 백 가지 이유로 일이 뜻대로 안 되는 경우가 더 많다. "유감스럽게도 노래는 좋지만, 음반에는 수록할 수 없게 됐습니다", "저는 흥미롭게 읽었는데 출판사 이사회는 저와 의견이 달랐습니다", "우리 갤러리에는 전시할 공간이 없어요" 등등.

허먼 멜빌Herman Melville이 비전통적인 인물이 주인공과 대적하는 내용의 원고를 벤틀리앤선Bently&Son 출판사에 보냈을 때,

그는 단칼에 거절당했다. 그들은 불친절한 태도로 눈에 해로울 정도로 원고가 길다고 지적했고, 내용과 관련해서는 이렇게 말했다. "일단 꼭 고래여야만 하는지 묻고 싶군요. 다소 난해하지만 어쨌든 흥미로운 플롯 장치라고 칩시다. 그래도 우리는 젊은 독자들을 위해 좀 더 대중적인 얼굴을 가진 악당이 등장했으면 좋겠습니다."

《모비딕Moby Dick》에서 고래를 뺀다고? 그래야 하는 이유는? 마음을 단단히 먹어라. 그들은 이렇게 진지하게 말할지 모른다. "예를 들면, 선장이 젊고 어쩌면 관능적인 여성을 향한 추한 마음과 싸울 수 있지 않았을까요? 우리는 당신의 가장 다정한 친구이자 훌륭한 작가인 너다니엘 호손Nathaniel Hawthorn이 이 문제에 관한 한 도움을 줄 것이라고 확신합니다. 그는 비밀을 간직한 육감적인 여성을 대중소설에 등장시킨 경험이 상당히 많으니까요."22

사실상 거의 모든 유명 창작자가 맥이 빠지는 거절을 당해봤을 것이다. 그들은 얼굴을 주먹으로 한 대 맞은 것처럼 비틀거리며 뒷걸음질 치다 다시 일어나 또 한 라운드를 버틴다. 아니면 패배를 인정하고 수건을 던질 수도 있다. 하지만 멜빌의 끈질김은 결국 승리를 거뒀다. 그는 편집자들을 끈질기게 설득했고, 결국 편집자들은 풍만한 가슴을 가진 처녀들이 나오지 않는 《모비딕》을 출간하기로 결정했다.

마크 트웨인Mark Twain은 "3년 안에 아무도 출판 계약을 제안하지 않으면, 나무나 잘라야 하는 운명이라는 신호로 받아들일 것이다."라고 말한 적이 있다.[23] 나는 존 그리샴^{John Grisham}이 그 신호에 신경 쓰지 않아 다행이라 생각한다. 그는 첫 소설 《타임 투 킬^{Time to Kill}》을 다 쓴 후, 출판사와 문학작품 에이전시 총 60군데에 샘플 원고를 보냈다. 그리고 40장의 거절 편지를 받았다. 계속해서 도착하는 거절의 답장을 받은 그가 어떤 기분이었을지 상상해보라. 아무도 그의 작품에 관심을 가지지 않았다. 그러다가 작은 출판사에서 연락이 왔다. 그는 계약을 했고, 초판으로 5천 부를 인쇄했다. 오늘날 그의 책은 여전히 3억 부 이상 판매되고 있다. 나는 그리샴이 자신의 비전을 나무 자르기와 바꾸지 않았다는 사실에 기뻐할 것이라고 확신한다.[24] "난 한 번도 집필을 접는 것을 생각해본 적이 없다."고 그리샴은 말했다. "나의 태도는 '인생 뭐 있나. 그냥 재밌게 해보자.'였다. 수백 명한테 그 원고를 보내고 난 다음에나 포기해야겠다고 생각했던 것 같다."[25]

그리샴이나 멜빌에게는 비교할 수 없는 수준이지만 나 역시 거절당한 경험이 있다. 나는 거의 1년간 늦은 밤까지 주말을 포기하면서까지 첫 책을 힘들게 집필했다. 그러다 출판사에 출간 의사를 물어야 하는 시간이 왔다. 나는 승전 용사처럼 당당하게 나의 집필실을 나섰다. 당시 한 수도원 벽에 새겨져 있던 어구가 새롭게 와닿았다. "책이 완성됐다. 그러니 작가는 즐기게 두자."[26] 나는 마치 크리스마스 아침에 선물상자를 열 준비가 된 꼬맹이처럼 한껏 기대에 부풀어 원고를 출판사에 보냈다.

그러나 결과는 참담했다. 연이어 거절의 답변을 들었다. 내 책을 거절하는 내용의 편지는 마치 누군가 '당신 아이가 못생겼어요'라고 말하는 것 같았다. 나는 포기하지 않았다. 이후 수개월에 걸쳐서 서른 개가 넘는 출판사로부터 거절의 답변을 들었고, 마침내 한 출판사로부터 책을 내보자는 제안을 받았다.

그다음엔 어떻게 됐을까? 책이 나오고 얼마 지나지 않아 출판사로부터 전화를 받았다. 내 책이 〈뉴욕타임스〉 북 리스트에 올랐다는 것이다. 정말 믿을 수 없었다. 나의 비전을 이해하지 못한 출판사로부터 줄줄이 퇴짜를 맞았음에도 불구하고, 내 책은 28주간이나 〈뉴욕타임스〉 북 리스트에 머물러 있었다.

> 당신이 불가피한 장애물이나 거절에 굴복해 그 너머에 있는 당신의 비전을 보지 못한다고 하더라도 세상이 잃을 게 무엇이 있겠는가?

내가 내 책에 대한 비전을 확고하게 믿고 밀어붙이지 않았더라면 그 어느 것도 일궈낼 수 없었을 것이다. 불굴의 의지와 내가 구상한 것에 대한 굳은 믿음이 없었다면 포기할 수밖에 없었을 것이다. 그랬다고 한들 누가 나를 비난할 수 있었겠는가? 전문가라고 하는 이들이, 처음에 10개, 그다음 20개, 그다음 30개 출판사들이, 마치 오디션 프로그램의 심사위원들처럼 탈락의 종을 치고는 나를 탈락시켰는데 말이다.

비전을 추구하는 지도자로서 당신도 관련이 있을지 모른다. 끈기는 당신이 저항을 뚫고 앞으로 나아갈 때 당신을 더욱 단단하게 만들어줄 것이다. 앞에서 인용한 작가들이 증명한 것처럼 돌아온 결과는 고통을 감수할 만하다. 당신이 불가피한 장애물이나 거절에 굴복해 그 너머에 있는 당신의 비전을 보지 못한다고 하더라도 세상이 잃을 게 무엇이 있겠는가?

2. 진정성

넬슨 북스를 회생시키기 위한 나의 비전을 발표하고 얼마 후, 나는 우리의 성공 가능성을 낮출 수도 있는 부정적인 소식을 들었다. 한 친구가 나를 불러 가장 높은 매출을 올리는 작가 하나가 전통적 주류인 기독교 사상과 거리가 먼 사상을 지지하고 있다고 알려준 것이다. 이는 그저 인사이들 베이스볼*처럼 들리겠지만, 기독교 서적 출판사인 토머스 넬슨으로서는 심각한 문제였다.

처음에 나는 그의 말을 무시했다. 그러나 이후 다른 사람들로부터 비슷한 말을 들었다. 결국 나는 그 작가의 웹사이트를 방문해 사실을 직접 확인했다. 내가 읽은 것 중 일부는 정말 문제가 있어 보였다. 그러나 서둘러 결론을 내리는 대신, 내가 오해하고 있는 부분이 없는지를 확인하기 위해 평소 존경하던 신

---

* 소수에게만 흥미가 있을 만한 것. - 역자주

학자 둘에게 도움을 요청했다. 그들은 내가 가장 걱정했던 부분을 확인시켜줬다. 둘 다 "이건 굉장히 심각한 문제입니다."라고 말했다.

우리가 해당 작가에게 다음 출간 도서의 집필을 위해 엄청난 비용을 지불하지 않았다면 그리 큰 문제는 아니었을 것이다. 우리는 최종 확정된 디자인의 원고를 인쇄소에 막 넘겼고 이제 그해 가장 큰 성공을 거두는 일만 남았다고 기대하고 있던 차였다. 솔직하게 말해 우리 사업부의 재정 상황은 그 책의 대대적인 성공을 필요로 했다. 그토록 바라던 우리 부서의 회생이 이 신간의 성공에 달려 있었다.

우리는 이 문제를 작가와 직접 이야기해보기로 했다. 나는 그녀가 실수했을 뿐 의도한 건 아니라고 생각했다. 어쨌든 그녀는 교육을 받은 신학 이론가는 아니었다. 그래서 나는 그녀에게 내 입장을 이해시킬 수 있을 것이라 예상했다. 하지만 그녀는 꿈쩍도 하지 않았다. 두 시간 정도 회의를 하는 동안, 그녀는 쉬지 않고 내게 설교했고, 그녀를 반박한 것에 분노하고 이 문제에 관한 한 자신을 제외한—서기 325년 열린 1차 공의회 이후 거의 모든 기독교인을 포함해서—모두가 틀렸다고 확고하게 믿고 있었다.

다행히 사장이 회의에 들어와 우리의 모든 대화를 직접 들었다. 우리는 문제의 심각성을 감지했다. 만약 그 작가의 책을 출간한다면, 우리는 기독교도서 시장의 대다수 독자와 충돌해야 했다. 심지어 그것은 회사의 진정성과 내 양심에도 부합하지 않았다. 반대로 우리가 그 책을 출간하지 않으면 기대했던 막대한 매출을 포기해야 했다. 회수 불가능한 선인세로 막대한 금전적 손실도 입을 터였다.

회의를 마치고 사무실로 돌아왔을 때 사장이 내게 의견을 물었다. 나는 그에게 인쇄기를 멈추고 책의 출간을 취소해야 한다고 말했다. 그 의미를 잘 알고 있던 사장은 내 의견을 반박했다. "책 내용 중에 문제될 만한 것이 전혀 없지 않나요? 이번에는 그냥 출간하고, 앞으로 그 작가와 일하지 않으면 되지 않을까요? 어떻게 생각합니까?"

나는 "그렇게 간단한 사안이 아닙니다. 문제는 그녀가 이 내용을 공개적으로 강의하고 있다는 거예요. 만약 우리가 책을 출간하면 그녀의 의견에 동조한다는 의미이고, 간접적으로 그녀의 주장을 홍보하는 셈입니다."라고 답했다. 사장은 동의할 수 없다는 듯 고개를 좌우로 흔들더니 내게 밤새 이 문제에 대해 생각해보라고 했다.

집으로 돌아온 나는 아내에게 넬슨 북스에서의 내 경력은 끝난 것 같다고 말했다. 내가 넬슨 북스에서 일한 지 6주가 채 되지 않은 때였다. 나는 의기소침해졌고 솔직히 환멸까지 느꼈다. 이것은 내가 생각했던 것이 아니었다. 아내는 내게 용기를 주면서 이렇게 말했다. "그래도 양심을 거스르면서까지 일할 순 없잖아. 하나님을 믿고 옳다고 생각하는 대로 해. 결과가 어떻게 되든 난 언제나 당신 편이야."

다음 날 아침, 나는 다시 사장을 만났다. "저는 남들한테 주목받자고 이 자리에 있는 것은 아닙니다. 하지만 이 책을 출간할 수는 없어요. 저를 한 번만 믿어보세요. 물론 재정적 문제는 이해는 합니다. 이 책을 포기할 경우 발생할 금전적 손실을 생각하면 저도 이 결정이 달갑지는 않습니다. 하지만 책을 출간한다면 그 대가를 꼭 치러야 할 거예요. 그래도 책을 출간하시겠다고 하면, 저는 자리에서 내려오겠습니다. 이건 양심이 걸린 문제니까요." 확실히 그건 나의 진정성이 타격을 입을 수 있는 문제였다.

그는 내 말을 받아들이지 못했다. 그는 나에게 손짓을 하며 사무실에서 나가달라면서, 그 문제에 대해 생각해보고 나를 다시 부르겠다고 말했다. 나는 내 사무실로 돌아와 빠르면 그 주말쯤에 해고를 당하게 될 것이라고 확신했다. 머릿속으로는 이미 짐을 싸고 있었다.

그러고 나서 30분쯤 지나 전화가 울렸다. 토머스 넬슨 출판사의 CEO 샘 무어였다. 그는 이동 중이었으며, 방금 나의 보스(사장)와 통화를 마친 상태였다. 그는 평소와 마찬가지로 바로 본론으로 들어가 이렇게 말했다. "마이크, 어떻게 된 건지 자초지종을 설명해주세요."

나는 사장에게 책 출간을 포기하자고 제안했던 것을 포함해 이제까지 일어난 일을 설명했다. 샘은 우리가 입게 될 금전적 손실이 얼마나 되느냐고 물었다. 나는 흠칫 놀랐지만 이내 정확한 손실 액수를 그에게 말해줬다. 그는 일순간도 지체하지 않고 이렇게 답변했다. "난 당신 의견에 동의합니다. 책 출간을 취소하세요. 그게 맞는 것 같아요."

난 당황했지만 이내 안도했다. 그해 우리는 다른 장애물도 만났다. 하지만 장애물은 우리의 진정성과 비전에 대한 우리의 헌신을 시험하는 기회가 됐다고 확신한다.

신은 지도자로서 우리가 가는 길에 장애물을 놓으실 때가 있다. 그 이유는 우리를 멸망시키기 위해서가 아니라 우리의 성장을 바라기 때문이다. 이러한 과정에서 진정성을 잃으면 우리를 믿고 따르는 구성원들, 동료, 우리의 고객 그리고 협력사의 신뢰를 저버리는 위험을 자초하게 된다.

덧붙이자면 그해 우리는 예상 매출액을 초과 달성했다. 우리의 진정성이 시험당할 때 우리는 어떻게 대응해야 할까? 이에 대해 지그 지글러Zig Ziglar는 이렇게 말한다. "진정성만으로 지도자가 되는 건 아니지만, 진정성이 없으면 절대 지도자가 될 수 없다."[27]

3. 용기

사람들은 새로운 비전을 통해 힘을 얻는다. 창작의 수도꼭지에서는 뜨거운 물이 콸콸 넘쳐흐른다. 아이디어가 샘솟는다. 팀원들은 가능성에 고무된다. 그리고 나서 다음 단계 작업이 시작된다. 직원들은 주어진 업무 내용을 보고한다. 어쩌면 그들은 초안, 제안, 데모 등을 공유할지 모른다. 나쁘지 않다. 훨씬 좋을 수도 있다. 그런데 그것만으로는 부족하다. 뭔가 간과하고 있는 것이 있다.

모두 예의가 바르다. 소수는 제안도 한다. 그러나 당신의 아주 깊은 곳 어디에서는 그 꿈이 타격을 입었음을 깨닫는다. 물론 그 꿈이 사장된 것은 아니다. 그러나 그 꿈은 마감 시한, 예산, 제한적 자원이라는 현실에 맞춰 줄어든 건 사실이다. 꿈을 달성하는 방법이 꿈을 갉아먹은 셈이다. 바로 이 순간, 당신은 결정을 내려야 한다. 원래 수립한 비전을 그대로 밀고 나갈 것인지 아니면 물러설 것인지를 결정해야 한다.

비전을 실현하지 못하게 만드는 것은 단 하나, 바로 용기다. 용기는 처음 가졌던 열정이 점차 식어갈 때 비전에 생명력을 불어넣는다. 내 경험상, 밀물에 맞서 앞으로 헤엄쳐 나가기 위해서 그리고 당신의 비전을 지키기 위해서 필요한 용기를 찾는 방법은 여러 가지가 있다. 용기는 중요한 것을 고수하는 것에서 시작한다. 삶에서 중요한 많은 것이 그렇듯, 비전을 수립하고 남들을 설득하려면 헌신해야 한다. 비전을 실현하기 위해서는 안주하거나 포기하지 않겠다는 내적 결심이 필요하다. 꿈이 비전을 보장한다는 확신이 들면, 확고한 신념을 가지고 최선을 다해야 한다.

그다음 원래의 비전과 연결해야 한다. 비전이 수립되기 전

겸손하게 조직을 이끌 때, 다가가기 쉽고, 호감이 가고, 영감을 주는 지도자가 될 수 있다. 장담컨대, 당신의 조직은 분명 예기치 않은 어려움에 봉착할 것이다.

그러한 순간에 겸손함이 조직을 하나가 되게 해줄 것이다. 반면 자만심은 조직을 분열시키고 사기를 꺾을 것이다.

저항이 따를 것이라는 것은 예측 가능하다. 따라서 우리는 끈기를 기르고, 진정성을 잃지 말고, 용기 있게 행동하며 앞으로 있을 저항에 대비해야 한다. 만약 당신의 조직이 당신에게서 기대하

> **저항이 따를 것이라는 것은 예측 가능하다. 따라서 우리는 끈기를 기르고, 진정성을 잃지 말고, 용기 있게 행동하며 앞으로 있을 저항에 대비해야 한다.**

는 것이 비전이라면([질문2]), 지금이 바로 비전이 가장 필요한 시기란 뜻이다. 그들을 실망시키지 마라. 포기에는 보상이 따르지 않는다. 반면 역사는 무수히 많은 사례를 통해 저항에 맞서 인내하면 보상이 따른다는 것을 보여준다.

저항과 보상

⋮

아폴로 1호의 재앙은 우주에서 우위를 점하겠다던 케네디의 비전에 치명타를 가했다. 그러나 재앙에도 긍정적인 면은 있다. 그 사고는 나사가 임무 수행에 좀 더 전념하게 만드는 계

기가 됐다. 그들은 임무 수행과정, 프로토콜 및 절차를 꼼꼼히 점검했다. 그들이 실패의 위기에 내몰렸던 위기를 뚫고 앞으로 나아갔기 때문에, 케네디의 비전은 닐 암스트롱이 달 유영을 마치고 1969년 7월 24일 태평양 해상에 무사히 안착하면서 현실이 됐다.

역사적 사례들은 차고 넘친다. 최초의 미니밴을 만들겠다는 크라이슬러의 비전은 조직 내부의 거의 모든 이해관계자에게 거절당했다. 기존의 차량들과 다를뿐더러 그들의 경쟁사들이 그와 비슷한 차량을 만들지 않는다는 이유였다. 신임 CEO 리 아이아코카Lee Iacocca는 미니밴의 잠재성을 간파했으나, 회계사(재무담당부서)는 처음에 그 계획을 막으려고 노력했다.[28] 하지만 결국 혁신이 크라이슬러를 파산에서 구했을 뿐만 아니라 자동차 산업에 대대적 변화를 가져왔다.[29]

스티브 잡스가 애플의 매킨토시 컴퓨터에 대한 비전을 제시했지만, 오히려 본인이 설립한 애플에서 해고당했다. 모두의 예상을 깨고 잡스는 애플로 복귀해 파산 직전의 회사를 구하고 아이폰 개발이라는 새로운 비전으로 회사에 새로운 활력을 불어넣었다. 애플은 회사 가치가 1조 달러를 넘긴 미국의 최초 주식 공개기업이 됐다.[30]

그리고 젬멜바이스 박사도 있다. 그는 전염병의 전파를 막기 위한 솔루션으로 손 씻기라는 비전을 제시했지만, 핍박을 받았다. 그가 사망한 후 수년이 지나고 그의 선구자적 비전은 승리를 거두었고, 무수히 많은 생명을 구했으며, 루이 파스퇴르의 질병 세균 이론에 기초가 되었다.

일상적인 것은 예측 가능한 결과를 도출한다. 그러나 당신이 뭔가 신선하고, 새로운 것을 원한다면, 비전이 필요하다. 위대함은 설계에 의해 발생한다. 비전을 추구하는 지도자는 조직의 바람직한 미래 결과를 설계하고 추구하는 데 전념하며, 저항을 비전을 실현하는 과정의 일부로 받아들인다. 가장 유능한 비전을 추구하는 지도자가 되려면 끈기, 진정성, 용기가 꼭 필요하다.

당신은 이 세 가지를 모두 갖고 있는가? 나는 그렇다고 믿는다. 아마도 당신은 조직의 현재 상태와 비전이 얼마나 일치하는지에 대해 생각하고 있을지 모른다. 너무 늦은 것은 아닌지 걱정할지도 모른다. 그것이 다음 장에서 우리가 논의하게 될 문제다. 좋은 소식은 조직이 성장 곡선의 어느 지점에 있든, 비전은 중요한 역할을 수행하며 좀비로 전락한 기업들까지도 되살릴 수 있다는 것이다.

제약을 가하는 20가지 생각과
당신을 자유롭게 만드는 20가지 진실

제약을 가하는 믿음은 당신의 성장을 제한한다. 그런데 우리 모두는 그러한 생각들을 가지고 있다. 어떤 것들은 다른 사람들과 관련한 생각이고, 또 어떤 것들은 환경에 관한 것이다. 물론 가장 해로운 것은 바로 우리 자신에 관한 것이다. 이러한 생각들을 당연한 것으로 여기면, 우리는 스스로를 현상 유지라는 틀에 가두게 된다. 제약을 가하는 생각들은 우리가 미래에 대해 긍정적인 비전을 구축하는 것을 방해한다.

제약을 가하는 생각을 극복할 수 있는 가장 좋은 방법은 당신을 해방시켜 줄 진실과 그 생각을 바꾸는 것이다. 그 진실한 말은 당신을 성장, 번영, 성공으로 이끌어줄 것이다.

여기 비전을 방해하는 제약을 가하는 생각과 이를 극복할 수 있게 자유를 주는 진실의 몇 가지 사례를 정리했다.

제약을 가하는 생각	자유를 주는 진실
1 나는 선견지명이 있는 지도자가 아니다.	1 나는 미래에 대한 확고한 그림을 그리고 있으며, 이를 명확하게 설명할 수 있다.
2 비전에 대해 이야기하면 사람들은 피로감을 느낀다.	2 사람들은 긍정적인 비전을 통해 동기를 부여받고 싶어 한다.
3 나는 설득력이 없다.	3 나는 분명하고 열정적으로 나의 비전을 전달할 수 있다.
4 비전은 과대평가돼 있다.	4 비전은 내가 가진 가장 강력한 리더십 도구다.
5 지금 나에게는 비전을 수립할 시간이 없다.	5 나는 최우선순위인 비전 수립에 필요한 시간을 낼 수 있다.
6 대체 비전 따위가 뭔지 모르겠다.	6 나는 비전이 무엇인지 배울 수 있다.

7 비전을 어떻게 수립하는지 모른다.	7 나는 다른 이로부터 배워서 이 프로세스를 완벽하게 내 것으로 만들고 싶다.
8 비전 수립은 나의 임무가 아니다.	8 나에게는 내 회사에 대한 비전을 수립할 책임이 있다.
9 과거에 비전 수립을 시도해본 적이 있지만 아무도 관심을 보이지 않았다.	9 실수를 통해 배우고, 미래에 성공할 수 있다.
10 비전을 수립하기에 너무 늦었다.	10 미래에 대한 긍정적인 비전을 추구할 가장 좋은 시기는 바로 지금이다.
11 이 도전을 하기 위한 준비가 돼 있지 않다.	11 나는 성공을 위한 정서적, 지적 자원을 보유하고 있다.
12 나는 다른 사람들에게 동기를 부여하는 방법을 알지 못한다.	12 나는 매력적인 비전을 수립하고 타인들을 비전 달성 노력에 참여시킬 수 있다.
13 내 일은 비전 수립이 중요하지 않다.	13 나는 분명하고 매력적인 비전을 확실하게 설명하는 것으로 나의 비즈니스를 강화할 수 있다.
14 난 상상력이 부족하다.	14 나는 지금 직면한 문제들을 해결할 수 있는 해결책을 생각해낼 수 있다.
15 난 글쓰기를 못한다.	15 나는 매력적인 비전 진술서를 작성하는 데 필요한 모든 도움을 동원할 수 있다.
16 어디서부터 시작해야 할지 모르겠다.	16 나는 자발적인 학습이 가능하며, 성공을 위해 필요한 자원들을 찾아낼 수 있다.

17 나의 조직은 이미 나름의 방식이 뿌리를 내리고 있어 미래 지향적 접근을 하기에는 어려움이 예상된다.	17 나의 조직은 시간과 재능을 투자해 뭔가 의미 있는 일을 하고 싶어 한다.
18 내가 멋진 비전을 수립할 수 있을지 의문이다.	18 나는 한때 내 능력 밖의 일이라고 생각했던 것을 할 능력이 지금은 충분히 있다.
19 미래에 대한 계획을 세울 시간이 없다.	19 나는 미래를 상상할 수 있고, 앞으로 그 미래를 실현시킬 계획을 수립할 수 있다고 믿는다.
20 나는 비전을 수립할 만한 위치에 있지 않다.	20 나는 조직 내에서 나의 상관, 동료, 부하 직원을 변화시킬 수 있는 영향력을 갖고 있으며, 나의 비전으로 다른 사람들을 리드할 수 있다.

자유를 주는 진실 워크시트

당신을 가로막는 제한적인 생각 다섯 가지를 생각해내고, 이를 자유를 주는 진실로 바꿔보자.

제약을 가하는 생각	자유를 주는 진실
1	1
2	2
3	3
4	4
5	5

bit.ly/자유를주는진실에서 한글 템플릿을 다운로드받을 수 있습니다.

너무 늦은 것은
아닐까?

── 비전 수정의 위력 ──

> **"**
> 인생에서 실패한 사람 중 많은 이가
> 자신들이 성공에 얼마나 가까이 다가갔는지
> 깨닫지 못한 채 포기한다.
> 토머스 에디슨(Thomas Edison)[1]
> **"**

"지금 우리는 위험한 상황에 처해 있습니다." 부사장이 이사회에서 말했다. "현금이 바닥나서 (중략) 살아남기 어려울 것 같습니다." 이런 소식을 듣고 싶은 사람은 없을 것이다. 2003년 외르겐 비그 크누스토르프가 이 소식을 레고 경영진에 알렸을 때, 그는 진실을 말하고 있었다.[2] 오늘날 레고가 세계에서 가장 성공한 브랜드 중 하나로 인정받고 있음을 고려할 때, 상상하기 어려운 일일지 모르지만, 2000년대 초 레고는 파산 직전까지 갔다.[3]

레고의 매출은 1970년대 이후 급격히 감소하기 시작했다. 게다가 치열한 경쟁 탓에 1990년대 생산성이 급락했다. 레고의 특허들이 만료되면서 시장에 새로 진입한 기업들이 생겨났고,

비디오 게임이나 교육용 전자 장난감에 대한 수요가 증가하면서 전통적인 장난감 시장은 어려움을 겪었다. 게다가 어린아이들의 일정표가 스포츠와 방과 후 활동으로 점점 채워지며, 아이들이 놀이를 할 시간은 점점 줄어들었다. 축구 연습을 하면서 크고 복잡한 장난감 조각을 조립하는 것은 쉽지 않으니까.

이러한 위기를 극복하기 위해 히트 상품 개발이 간절했던 레고는 1994년에서 1998년 사이에 출시하는 신상품 수를 세 배로 늘리며 대성공을 기대했다. 그런 뒤 외부 컨설턴트와 회생 전문가들의 조언에 따라 의류 및 보석 분야로도 사업을 확장했다. 독점판매권을 소유한 기업들과 협력 관계를 체결했고, 테마파크도 개장했다. 또 후발 주자의 입장에서 처음부터 시작하는 마음으로 비디오 게임 부서도 신설했다.

매출이 급상승했지만, 그만큼 제품 원가도 상승했다. 회사가 들인 노력이 잘못된 부분을 보지 못하게 만들거나 상황을 더 악화시켰다. 회사 경영진이 어떤 조치가 효과가 있고 어떤 것은 효과가 없는지 판단할 만한 시스템을 갖추지 못했기 때문이었다. 입지를 다시 다지기는커녕 레고는 기존의 입지마저 잃고 거의 파산 수순을 밟고 있었다.

2003년 매출이 바닥을 쳤을 때(크누스토르프가 이사회에서 사실을 알렸을 때), 레고는 부채가 턱밑까지 차올랐으며 사업 부분은 문어발식으로 확장되어 복잡해진 나머지, 회사가 자사 재고를 관리할 수 없는 지경에까지 이르렀다. 다행히 레고 경영진은 크누스토르프가 옳다는 것을 깨달았고, 그를 CEO 자리에 앉혔다. 레고는 그의 리더십으로 다시 태어났다.

우리가 '너무 늦은 게 아닌가?'라고 물으면, 어떤 이들은 우리의 환경을 고려해 서둘러 '예스'라고 말하고 싶은 유혹을 느낀다. 그러나 과연 그것이 옳을까? 기업이 오래되었든 스타트업이든 상관없이 매년 수많은 기업이 파산하지만, 레고처럼 지옥의 문턱에서 회생하는 기업도 많다. 그런 기업들은 내가 '비전 전환Vision Zag'이라고 부르는 것을 통해 힘들게 회생에 성공한다. 비전 전환이란 비전을 다시 수립하는 것이다. 모든 기업은 올바른 방향 전환을 통해 급성장할 수 있고, 추락을 피할 수도 있다. 심지어 완전히 다시 태어날 수도 있다. [질문2]에서 언급한 후지필름의 사례를 기억하고 있기를 바란다.

또 중요한 것이 있다. 조직들은 수명 주기의 모든 단계에서 방향 전환을 할 수 있다. 우리는 기업 중 일부를 '비전 곡선Vision Arc'을 이용해 살펴보게 될 것이다. 당신은 이를 통해 그 기업들이 언제 어디에서 방향 전환을 단행했는지, 그리고 당신은 어디에서 방향 전환을 시도하게 될지 알 수 있을 것이다.

비전 곡선

⋮

보다시피 비즈니스는 출범기, 상승기, 과도기, 성숙기, 쇠퇴기,

좀비기, 사망기 총 7개 단계를 거친다. 물론 이 단계들은 고정된 것이 아니다. 연속선상에서 좀 더 편리하게 지점을 이어놓은 것에 가깝다. 나는 이를 '비전 곡선'이라고 부르는데, 이를 통해 각 단계마다 곡선을 따라 비즈니스를 계획하는 것이 도움이 된다고 생각한다. 당신은 해당 기업과 그 역사에 의존해 기업의 탄생에서 소멸까지를 추적해볼 수 있다. 때때로 기업들은 라자루스Lazarus(실패를 극복하고 만회하는 사람)가 되어 갑자기 방향 전환을 시도해 결국 회생한다. 역사가 얼마 안 된 기업들도 필요할 경우 갑작스럽게 방향을 전환하기도 한다.

비전 곡선으로 시간 경과에 따른 수익성에 대한 전체적인 그림을 그려볼 수 있다. 기업은 성공적으로 길을 잘 찾아간다면 출범기에서 성숙기까지는 수익성이 증가한다. 성숙기에 이른 뒤에는 쇠퇴의 길을 걷거나 비전 전환을 통해 재도약의 기회를 마련한다. 기업이 비전 곡선의 초기 단계로 효과적으로

◆ 비전 곡선

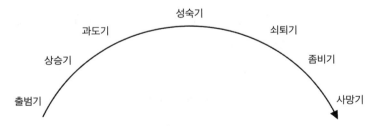

비전 곡선은 시간 경과에 따른 비즈니스의 표준적 궤도를 나타낸 것인데, 생산성 감소는 불가피한 것으로 보인다. 그렇다면 쇠퇴는 정말 피할 수 없는 것일까?

선회할 때, 비전 전환이 가능해진다. 이를 확인하기 위해서 비전 전환에 성공한 몇몇 기업의 사례를 살펴볼 것이다.

이윤과 시간은 절대적인 것이 아니라는 것을 명심해야 한다. 그것들은 기업에 따라 상대적이다. 모든 기업이 각 단계를 모두 거치는 것도 아니다. 어떤 기업들은 레고가 거의 그럴 뻔했던 것처럼 쇠퇴기에서 실패할 수 있다. 또 어떤 기업들은 나의 소규모 출판 벤처기업이 그랬던 것처럼 과도기 단계를 잘 버텨내지 못하기도 한다. 출범기 단계를 벗어나지 못하고 끝나는 경우도 있다.

비전 곡선은 의미가 있다. 작가이자 비즈니스 분석가인 스티브 대닝Steve Danning이 말한 것처럼 "50년 전 포춘 500Fortune 500에 오른 기업의 수명은 약 75년이었다. 지금은 15년이 채 되지 않으며 점점 더 감소하고 있다."[4] 대닝은 계속해서 올바른 질문을 던진다. "만약 한 기업이 계속해서 공격적으로 나가기로 결정하고 오로지 고객의 가치를 더하는 데만 온전히 집중한다면 어떤 일이 일어날까?" 레고의 크누스토르프가 그랬고, 그 결과는 더 설명이 필요 없을 것이다. 레고는 현재 세계에서 가장 성공한 기업 중 하나로 꼽힌다.

비전 전환은 한 기업이 심지어 좀비기 혹은 사망기에 있더라도, 새로운 비전을 정하고 신규 투자를 하고 시장점유율을 확대할 때 일어난다. 비전 전환은 왜 중요할까? 실질적으로 비전이 없을 경우, 당신은 어느 단계에 있든 꼼짝하지 못할 것이다. 당신의 기업은 다음 단계로 성장할 수 없을 것 같은 출범기 혹은 상승기에서 시들어 가고 있을 수도 있고, 아니면 사망 직전의 정체된 쇠퇴기에 있는지도 모른다.

비전 곡선 가운데 어느 단계에 있든 상관없이, 당신의 기업은 비전 전환을 통해 기업의 활력과 생산성을 확대할 수 있다. 앞으로 보겠지만 새롭게 수정된 비전을 가지고 새롭게 출발하는 데 결코 늦은 것은 없다. 한 가지 덧붙이자면 너무 이른 것도 없다. 처음에 수립한 비전으로 실패한 경우, 출발하자마자 방향 전환을 해야 할 때도 있다.

출범기에서의 비전 전환

⋮

출범기 단계에서는 꿈이 왕이다. 이 단계는 경이와 발견의 시간이다. 새로운 도전 앞에 당신의 열정은 최고조에 올라 있다. 그러나 비전이 없으면 우리가 앞서 다뤘던 그 모든 이유로 인해 결국 실패할 수밖에 없게 되어 있다(특히 [질문2]참조). 문제를 더욱 복잡하게 만드는 것은 모든 신생 기업이 직면하는 가파른 학습곡선이다. 이 시기의 학습곡선은 고객을 어디에서 찾아야 하는지, 고객에게 어떻게 다가갈 것인지, 독자 생존이 가능한 기업이 되기 위한 기준은 무엇인지 같은 모르는 것으로만 가득 차 있다.

출범기에서 방향을 정할 때 예감이나 직감에 의존하고 싶은 유혹에 빠지기 쉽다.(그것이 나의 소규모 출판사가 문을 닫게 된 결정적 이유다.) 이 시기에는 시간을 투자해 비전을 명확하게 규정하는 것이 필요하다. 우리는 출간할 책을 선정할 때 여과기처럼 사용할 비전이 없었다. 출판사의 비즈니스 확장을 이끌어줄 비전도 없었다.

비전을 갖고 있더라도 비전이 기대한 대로 전개되지 않으면 어려움에 봉착하게 된다. 이때 방향 전환을 한 기업만이 이 시기를 이겨내고 살아남는다. 하버드 경영대학원의 클레이튼 크리스텐슨Clayton Christensen은 "성공한 신생 벤처기업은 처음 계획을 실행에 옮기며 시장에서 어떤 계획이 제대로 실행이 되고 그렇지 않은지 알게 됐을 때, 처음 세운 비즈니스 전략을 포기한 기업들이다."라고 말했다.[5] 다음에 소개할 두 개의 사례 연구에서 이와 같은 경우를 확인할 수 있다.

에어비앤비의 전환

에어비앤비의 당초 비전은 개인이 소유한 숙박시설 네트워크 위에 글로벌 제국을 구축하는 것이 아니었다. 오히려 지금의 비전은 공동 설립자 브라이언 체스키Brian Chesky와 조 게비아Joe Gebbia가 임대비용을 충당하기 위한 추가 현금이 필요해졌을 때 떠올랐다. 2007년 샌프란시스코에 거주하던 두 사람은 대형 컨퍼런스를 유치하기엔 호텔 객실 수가 모자란다는 사실을 깨닫게 됐다. 그들은 신속하게 에어매트리스 몇 개를 구입해 숙박 장소와 조식을 제공하고 80달러를 받았다. 결과가 좋았다. 2008년 덴버에서 개최된 전미 민주당 전당대회 당시, 임시 숙소에 대한 수요가 공급을 훨씬 앞지르자 그들은 같은 접근법을 적용했다. 다시 한 번 작은 성공을 거뒀지만, 실제 사업으로 발전시킬 정도는 아니었다.

바로 이때 두 사람은 자신들의 비전이 너무 작다는 것을 깨달았다. 방향 전환이 필요했는데, 처음에 들으면 웃음밖에 나오지 않았다. 전통적인 호텔의 대안으로 현지 집주인들이 남는 방을 여행자들에게 빌려주는 전 세계 네트워크를 구축하는 것이 그들의 목표였다. 체스키는 당시를 이렇게 회상한다. "모두들 미친 짓이라 생각했어요. 아무도 우리를 지지해주지 않았지요. 우리는 돈이 없었는데, 살 빼는 데 최고더라고요. 먹을 걸 살 돈이 없어서 아마 당시 9킬로그램 정도가 빠졌을 거예요."**6**

체스키는 자신이 뭔가 큰일을 낼 것 같다고 생각했지만, 그의 새로운 비전은 그를 겁먹게 만들 만큼 말도 안 되는 것이었다. 그는 사업 초기가 똑같은 날들이 수도 없이 오랫동안 반복되는 성촉절Groundhog Day* 같았다고 묘사했다. 이 기간 동안 그는 아침에 가슴을 치는 고통 속에서 깼다가, 뭔가 잘될 것 같은

---

* 미국에서 마멋이 겨울잠에서 깨어난다는 날이다. 2월 2일로 이날 해가 나면 마멋이 자기 그림자를 보고 다시 동면 상태로 돌아가므로 겨울 날씨가 6주 동안 더 계속된다는 설이 있다. -역자주

어느 정도의 확신이 들었다가, 다음날이 되면 다시 고통 속에서 아침을 시작했다.

체스키가 느낀 두려움은 계속된 거절로 인한 것이었다. 그들이 제시한 숙박 서비스의 개념은 처음에는 투자자들의 관심을 전혀 끌지 못했다. 그는 투자자들이 투자설명회 중간에 회의실을 빠져나갔던 것을 기억한다. "대부분이 우리가 제정신이 아니라고 생각했습니다."[7]

그들의 획기적인 아이디어가 대중과 다수의 벤처 자본가들의 관심을 받게 되기까지는 수년이 걸렸고, 회사 웹사이트 디자인은 세 차례나 바뀌었다. 그러나 결국 그들의 비전은 폭발적인 관심을 끌었고, 현재 에어비앤비는 3만 4,000개 도시에 진출해 있으며, 세계 최대 숙박시설 제공업체가 됐다. 메리어트, 하얏트, 힐튼 혹은 다른 세계적인 호텔 브랜드들과 달리 숙박시설용 건물은 단 한 채도 보유하고 있지 않으며, 회사의 가치는 350억 달러에 달한다.[8] 그들의 첫 비전은 충분히 크지 않았다. 그것이 문제임을 인식한 그들은 바로 방향을 전환했다.

유튜브의 전환

공동창업자 스티브 첸Steve Chen, 조드 카림Jawed Karim, 채드 헐리Chad Hurley는 처음에는 비디오 데이팅 웹사이트를 구상했다. 2005년 그들은 잠재적인 연인을 연결해주겠다는 한 가지 목적으로 유튜브를 시작했다. "우리는 '채널을 맞추면 연결된다'는 슬로건까지 만들었다."**9** 카림의 말이다. 사용자들을 끌어모으기 위해 세 명의 동업자는 몇몇 도시의 온라인 벼룩시장 〈크레이그리스트Craigslist〉에 꿈꾸는 데이트를 기술한 영상을 업로드한 여성에게 20달러를 제공한다는 광고를 냈다. 하지만 반응은 냉랭했다. 아무도 이들의 제안을 받아들이지 않았지만, 카림은 별로 놀라지 않았다. "우리도 우리의 새 상품을 어떻게 설명해야 할지 몰랐다."고 그는 말한다. 이는 모든 스타트업 회사들이 공통적으로 겪는 문제이다.**10**

그 순간 이 세 명의 공동창업자는 방향 전환을 단행했다. "좋아, 그럼 데이트 주선 콘텐츠는 잊어버리자. 그 대신 우리 채널을 전면 개방해서 아무 영상이나 올릴 수 있도록 하자."**11** 새로운 비전을 실행에 옮기기 위해 카림은 코끼리를 묘사하는 18초짜리 영상 〈미 앳 더 주Me at the Zoo〉를 올렸다. "이때부터 사용자들이 자신들이 기르는 개, 휴가 등 온갖 종류의 영상을 공유하기 시작했다. 우리는 이것이 상당히 흥미로웠다." 유레카의 순간이 뒤따라왔다. "우리는 '사용자들이 유튜브가 무엇인지 정의하게 두면 어떨까?'라고 생각했다. 6월 즈음 우리는 웹사이트를 완전히 뜯어고쳐서 좀 더 개방적이면서 누구나 사용할 수 있게 했다. 결과는 대성공이었다."**12** 2006년 구글은 16억 5천만 달러에 유튜브를 인수했다.

상승기에서의 비전 전환

⋮

상승 기류를 타는 것은 황홀하다. 팀원들은 흥분하고, 온통 다 파란 하늘뿐이다. 그러나 비전이 없는 지도자들은 이 단계에서 어려움에 봉착하는 경우가 많다. [질문2]에서 이미 봤듯이 전략과 결정을 안내해줄 비전이 없다면, 잘못된 기회들을 좇고 제대로 된 기회는 놓치고 그 대가를 치르게 된다. 상승기에서 분명한 비전은 조직을 성장할 수 있는 올바른 기회로 이끌어준다. 비전을 갖고 있지 않거나 비전이 시대착오적이라면 어떻게 될까? 출범기에서처럼 상승기에서도 얼마든지 비전 전환을 통해 궤도 수정을 하고 놀라운 결과를 얻을 수 있다.

◆ 비전 전환

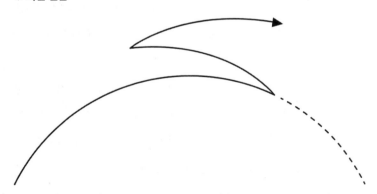

비전의 전환으로 미래를 새롭게 그리면 조직에 새로운 활력을 불어넣을 수 있다. 마이크로소프트의 CEO 사티아 나델라Satya Nadella의 말을 이용해보면, 그것은 당신의 비즈니스를 새로 고치는 방법이다. 이 그림은 쇠퇴기 단계에서의 방향 전환을 보여준다. 물론 지도자들은 필요할 때 언제든 방향 전환을 할 수 있다.

인스타그램의 전환

2010년 케빈 시스트롬^{Kevin systrom}은 원래 아이폰 앱인 버븐 Burbn을 개발했다. 버븐은 그가 가장 좋아하는 성인 음료의 이름에서 따왔다. 페이스북, 포스퀘어^{Fouresuare}, 고왈라^{Gowalla}(현재 파산)의 경쟁자로 여겨졌던 버븐은 사용자에게 만남 장소에서 체크인하고, 함께 어울리는 것에 대한 포인트를 받고, 함께 있는 모습을 사진으로 남겨 업로드할 수 있게 했다.[13] 시스트롬은 경쟁 상품보다 나은 것을 만들 수 있다고 자신했다. 그리고 정말 뭔가를 만들었는데, 그가 원했던 방식으로 작동하지는 않았다. 얼리 어댑터들 덕분에 처음에 성공을 거두긴 했지만, 버븐 앱은 대체적으로 어수선하고 다루기에 어렵다는 평가를 받았다.

김위찬은 자신의 저서 《블루오션 전략^{Blue Ocean Strategy}》에서 시스트롬이 처음에 그랬던 것처럼 경쟁자들과 정면 대결하는 것은 실수라고 말한다. "블루오션 전략은 경쟁을 무의미하게 만드는 경쟁 없는 시장을 만들어 기업들을 치열한 경쟁에서 빠져나오게 한다."[14] 궁극적으로 시스트롬이 시도한 것이 바로 그 전략이었다. 시스트롬은 마이크 크리거^{Mike Krieger}와 한 팀을 이룬 다음 사용자들이 버븐의 체크인 서비스를 전혀 사용하지 않는다는 사실을 파악했다. 사용자들은 포인트를 얻는 것에도 별 관심이 없었다. 그들은 사진을 찍어서 올리는 것만 좋아했다. 두 사람은 그 사실만으로도 나아가야 할 새로운 방향을 알 수 있었다.

시스트롬과 크리거는 사진을 찍고, '좋아요'라는 코멘트를 달고, 사진을 올리는 기능을 제외하고는 버븐의 모든 기능을 없애버렸다. 2010년 10월 6일 두 사람은 버븐에서 인스타그램으로 이름을 바꾼, 완전히 새롭게 단장한 애플리케이션을 선보였다. 출시 하루 만에 2만 5천 명이 이 애플리케이션을 다운로드했다. 그리고 3개월 후 백만이 넘는 사용자가 인스타그램을 이용해 사진을 공유하고 '좋아요'를 표시했다. 2012년 4월 12일 페이스북은 10억 달러에 인스타그램을 인수했다. 오늘날 인스타그램의 시장 가치는 1천억 달러를 상회한다.[15]

스타벅스의 전환

고든 보커Gordon Bowker, 제리 볼드윈Jerry Baldwin, 지브 시글Zev Siegl은 '점심 먹고 맛없는 커피 한잔'이라는 통념을 바꾸고 커피의 맛을 재정립하기로 마음먹었다.[16] 1971년 3월 30일, 세 사람은 시애틀의 한 건물 앞에 딸린 점포를 임대해 대량의 원두와 원두를 갈 장비를 판매했다. 10년 후 4개 점포의 매출은 440만 달러였다. 원두와 최고급 그라인딩 장비의 판매회사였던 스타벅스는 처음에는 커피를 팔지 않았다. 커피라는 음료는 고객들이 편안함을 느끼게 하기 위한 수단에 불과했다. 이 세 사람의 비전이 미친 범위는 거기까지였다.

1982년 하워드 슐츠Howard Schultz가 상승기에 있던 스타벅스의 운영 및 마케팅 이사로 합류했다. 1년 후 슐츠는 이탈리아

밀라노에서 개최된 국제 가정용품 전시회에 참가했다. 그곳에서 슐츠는 카페가 커뮤니티 만남의 장소가 된다는 사실에 깊은 인상을 받았다. 에스프레소 한잔을 마신 그는 이렇게 생각했다. "이건 완벽한 음료야. 미국인들은 그 누구도 이 맛을 몰라. 이걸 미국에 들여가자."[17] 그는 장비 및 제품 벤더에서 카페로 비즈니스 모델을 바꿔야 한다고 세 명의 공동창업자에게 제안했다. 하지만 그들의 반응은 냉랭했다.

슐츠는 스타벅스를 떠나 밀라노에서의 경험을 되살려 일 조르날레Il Giornale Coffee Company라는 이름의 커피 회사를 창업했다. 그 회사의 이름을 발음할 수 있는 사람이 아무도 없었음에도, 그의 커피숍은 대성공을 거두었다. 그는 재빨리 두 개의 점포를 추가로 열었다. 약 1년 후 시애틀에 위치한 세 개 커피숍에서 슐츠는 '연간 150만 달러의 매출을 올렸다.'[18] 이 엄청난 성공으로 그는 자신이 과거 몸담았던 원두 공급업체인 스타벅스를 인수했다. 당시 스타벅스는 자금난과 지나친 사업 확장으로 어려움을 겪고 있었다. 1987년 그는 자신의 커피숍 이름을 스타벅스로 바꾸었고, 전 세계에 3만 개 이상의 점포를 개장했으며, 이 책을 쓰고 있는 현재, 240억 달러의 매출을 올리고 있다.[19]

과도기에서의 비전 전환

⋮

과도기 단계에서 기업들은 늦은 봄 앞마당에 서 있는 관목과 비슷하다. 다 자라서 도처에 퍼져 있다. 이때가 대체적으로 다음 대도약을 위해 전지를 해줘야 하는 시기다. 당신이 가졌던 최초 비전의 정당성을 입증하고 수정을 해야 하는 시기이다. 즉, 어떤 가정이 여전히 유효하고 어떤 가정들이 틀렸는지를 파악해야 한다.

이 시점에서는 처음의 비전과 무질서한 성장의 결과물을 고수하고 싶은 유혹을 받는다. 그러나 이때가 미래에 대한, 특히 당신의 회사가 제공하는 제품과 당신의 고객들과 관련해 현명한 선택을 해야 하는 시간이다. 이는 기업 전체는 물론, 한 기업 내의 사업 부문과 브랜드에도 적용된다.

JVC의 전환

1970년대 JVC와 소니Sony는 자신들의 비디오테이프 리코더가 업계 표준이 되기를 바라면서 최고의 자리에 오르기 위해 경쟁했다. 소니의 기술적으로 우수한 베타맥스 시스템은 더 나은 영상과 소음이 덜한 사운드를 제공했으며, 소니의 카세트는 1시간 동안 녹음이 가능했다. 시장에 처음 진출했다는 이유만으로, 소니는 시장 우위를 점하고 홈비디오 시장 전체를 점유했다.

한편 전자회사인 JVC는 소니의 제품을 흉내 내기보다는 더 좋은 제품을 만들 수 있다고 생각했다. TV와 라디오 콘솔 제품으로 잘 알려진 JVC는 비디오테이프로 시험에 나섰다. 그들은 방향을 전환하고 저렴한 가격의 VHS 포맷을 시장에 선보였다. VHS 포맷은 베타 포맷보다 영상의 품질은 좋지 않았지만, 2시간 정도 녹화가 가능했다. 결국 소니는 JVC에 시장을 내줬다. 소니는 좋은 품질의 제품으로 무장하고 있었지만, 소비자들이 화질보다는 녹화 가능 시간에 더 관심이 높다는 사실을 간파하지 못했던 것이다. 실제 베타 카세트로는 영화 한 편도 다 담을 수 없었다.[20]

소니는 어떻게 이토록 분명한 사실을 놓치고 말았을까? 그들은 소비자들이 TV프로그램만을 녹화하고 싶어 한다고 생각했다. 이 경우 한 시간짜리 제품이면 충분했다. 게다가 출시 첫해에 10만대를 판매했기에 소니는 자신들의 생각이 틀리지 않았다는 것이 입증됐다고 믿었다.[21] 하지만 그들은 이 매출 수치가 VHS 포맷이 시장에 나오기 전에 기록된 사실이라는 것을 간과했다. 소비자들은 저렴하고 녹화 시간이 더 긴 VHS 포맷이 영화 한 편을 녹화하거나 재생하는 것이 가능하다는 것을 발견한 다음부터는 VHS 포맷에 끌리기 시작했다.

이때 소니도 방향 전환을 시도했지만, 이미 비디오 대여 시장이 조성되어 있을 만큼 너무 늦은 상태였다. 던컨 와츠Duncan Watts는 "이 무렵 VCR의 주된 기능이 TV프로그램 녹화가 아니라 비디오테이프로 영화를 보는 것이란 사실을 깨달았지만, 그

땐 이미 늦었다."고 말했다.[22] 출시 첫해 VHS 포맷이 소니가 독점하던 비디오 시장의 40%를 점유했다. 1980년대 후반 미국에서 판매된 VCR 10대 중 9대가 VHS 포맷이었다.[23]

넷플릭스의 전환

넷플릭스가 2007년 빨간색 작은 봉투 안에 DVD를 넣어 배달하는 서비스에서 스트리밍 플랫폼으로의 전환을 결정했을 때, 그들은 노골적인 비관론에 부딪혀야 했다. 타임워너Time Warner의 CEO 제프리 뷰커스Jeffrey Bewkes는 영화 스트리밍을 중심으로 구축된 비즈니스 모델의 지속 가능성에 대해 의문을 제기했다. "한 달에 8달러에서 9달러를 청구하는 서비스로 과연 회사를 유지할 수 있을지 잘 모르겠다. 이는 산술적으로 말이 되지 않는다."[24]

넷플릭스의 공동창립자 리드 헤이스팅스Reed Hastings가 블록버스터Blockbuster의 CEO 존 안티오코John Antioco에게 블록버스터의 브랜드를 온라인에서 운영하고, 그 대신 블록버스터는 그들의 상점에서 넷플릭스의 브랜드를 운영하는 비전에 대해 설명하는, 잊을 수 없는 순간이 일어났다. 안티오코와 그의 팀은 그 가능성을 보지 못했다. 당시 넷플릭스의 CEO 배리 매카시Barry McCarthy는 "그들은 그냥 웃으면서 자신들 사무실에서 우리를 내쫓았다."라고 그때를 회상했다. "적어도 처음에 그들은 우리가 그저 틈새시장이나 공략하는 작은 기업이라 생각했다. 시간이 지나면서 시장에서 우리의 존재감이 커지자, [안티오코의] 생각이 바뀌었다. 하지만 처음에 그들은 우리를 무시했고 그것이 우리에게는 이점으로 작용했다."[25]

넷플릭스가 DVD 구독 모델에서 스트리밍 모델로 전환할 수 있었던 건 변화하는 기술과 소비자의 요구에 따라 변화할 수 있는 그들의 능력 덕분이었다. 이러한 적응력은 최근에도 계속되어 넷플릭스는 자체 제작하는 콘텐츠들까지 성공을 거두고 있다.[26] 그 결과 넷플릭스는 2018년 4월 현재 미국 소비자들 사이에서 가장 시청률이 높은 TV네트워크로 선정됐고,[27] 그들이 제작한 23개 콘텐츠는 2018년 프라임타임 에미상을 수상했다.[28] 그리고 넷플릭스의 연간 매출은 2006년 9억 9,700만 달러에서 2019년 3월 31일 현재 166억 1,000만 달러 이상으로 증가했다.[29]

한편 이 책을 집필하고 있는 2019년 현재 전 세계에 남아 있는 블록버스터 상점은 단 하나에 불과하다. 그 상점은 오리건 주 벤드에 있다. 원한다면 이곳에서 코미디 드라마 영화 〈조찬 클럽The Breakfast Club〉을 대여할 수 있다.[30]

성숙기에서의 비전 전환

⋮

성숙기의 기업들은 과도기의 난기류를 견뎌내고 생존했다. 만약 당신의 기업이 이 범주에 포함된다면, 업계 내에서 입지를 탄탄히 갖춘 기업이라 할 수 있다. 당신의 고객들은 충성도가 높고 당신이 제공하는 상품이나 서비스를 기꺼이 포용하고 의존할 준비가 돼 있다. 당신은 마찬가지로 성숙기에 접어든 다른 기업들과 경쟁해야 하는데, 이는 가격 인하 압박을 의미한다. 회사의 매출 및 수익률은 최고점에 도달했고, 대체적으로 안정세를 유지할 것이다.

하지만 미래에 눈에 띄는 성장을 기대하기는 어렵다. 기업이 대상으로 삼는 소비층의 시장이 이미 포화상태에 이르렀기 때문이다. 이 시기에 기업은 자원의 최적화와 비즈니스 확대로 여전히 수익 증대를 기대하는 투자자들을 유치한다. 물론 혁신, 인수 혹은 합병을 통한 확장의 기회도 여전히 존재한다. 한편 이 시기는 비전이 없는 기업들이 안일해지고 통제를 잃게 되는 시기이기도 하다. 스티브 잡스가 애플로 복귀했을 때 애플의 상태가 그랬다.

애플의 전환

잡스는 1995년 110억 달러에서 1997년 70억 달러로 불과 2년 만에 매출이 36% 급락한 시기인 1997년에 애플로 복귀했다.[31] 전체 매출에서 가장 큰 비중을 차지하는 매킨토시의 매출이 주춤했고, 애플이 보유한 현금은 석 달 후면 바닥날 예정이었다.[32] 대대적인 변화가 없다면 애플은 파산을 피할 수 없었다.

잡스가 제일 먼저 한 일은 부채 상환 능력을 갖추는 것이었다. 그는 빌 게이츠와 거래를 해 1억 5,000달러를 받는 대신 마이크로소프트를 상대로 제기했던 길고 돈이 많이 드는 소송을 취하했다. 이로 인해 애플은 파산을 면할 수 있었다.

그러고 나서 잡스는 불필요한 부분을 덜어냈다. 애플의 비대한 생산 라인에서 생산되는 제품, 예를 들어 레이저 프린터, 애플의 퀵테이크 디지털 카메라, PDA 뉴턴을 비롯해 제품 70%의 생산을 중단했다. 잡스는 이렇게 설명했다. "'집중한다는 것' 은 '노'라고 말할 줄 아는 것이다."[33] 잡스는 애플이 너무나 잘못된 선택을 하고도 놀라울 정도로 잘하고 있다고 생각했다.[34] 그는 "무엇을 그만둘지 결정하는 것은 무엇을 할지를 결정하는 것만큼 중요하다. 이는 기업에도 제품에도 해당된다."고 덧붙였다.[35] 이후 그는 4개의 핵심 요소(프로, 소비자, 데스크톱 및 노트북)를 추출해 이 네 개 분야에만 집중하게 했다. 이때를 기점으로 애플은 완전히 다른 방향을 향해 나아갔다.

잡스의 비전은 제품 그 이상을 향한 것이었다. 그는 자신의 조직이 그 비전을 실현하는 데 도움을 줄 것이라 확신했다. 그는 기존 이사회를 해산하고 새로운 팀을 꾸렸다. 새로운 이사회 임원인 오라클의 CEO 래리 엘리슨Larry Ellison은 이렇게 말한다. "혁신, 창의성 그리고 비전으로 다시 돌아가기 위한 조치였다."[36]

이때의 전환은 이후 애플에 등장할 수많은 비전 전환의 시작으로, 애플 역사상 가장 혁신적이고 가장 수익성 높은 시대를 열었다. 2007년 최신 기술로 무장한 아이폰의 출시로 추진력을 받은 애플은 미국 상장회사들 중 회사 가치 1조 달러를 상회한 최초의 기업이 됐다.[37]

아마존의 전환

성숙기 회사로서 아마존은 안전 경영, 즉 웹을 통해 다양한 스펙트럼의 상품을 배달하는 서비스를 고수할 경우 정체기에 직면할 수 있었다. 하지만 아마존은 자연스러운 수순으로 쇠퇴기에 진입하는 대신, 20년이 지나서도 방향 전환과 혁신을 통해 개척자적인 기업 문화를 여전히 유지하고 있다. 알렉사 지원 장비(4,000개 이상의 스마트 홈 장비를 통제하는), 아마존 고우 소매점(계산대를 거칠 필요 없음), 프라임 워드로브(구매 전에 고객이 미리 착용해 볼 수 있는 서비스) 출시에서부터, 프라임 비디오에서 오리지널 프로그램의 카탈로그를 만들 수 있는 서비스에 이르기까지 아마존은 매년 미국 소비자 만족지수American Customer Satisfaction Index에서 1위 기업으로 선정됐다.[38]

타의 추종을 불허하는 완벽한 고객 서비스에 대한 그들의 헌신과 노력에 더해, 지속적인 혁신을 통해 고객에게 만족감을 선사한 아마존은 최적화된 효율성으로 번영기를 연장해왔다. "심지어 잘 모르고 있을 때조차 고객들은 더 나은 것을 원한다. 고객을 만족시켜야겠다는 열망은 그들을 대신해 더 나은 것을 발명하게끔 한다." 아마존의 창업자이자 CEO인 제프 베이조스스 Jeff Bezos의 말이다. "어떤 고객도 우리에게 프라임 멤버십 프로그램을 만들라고 요청한 적 없지만, 결국 고객들이 그것을 원하고 있었다는 것이 밝혀졌다."[39]

성숙기 기업인 아마존이 스타트업 기업처럼 행동한 이유는 무엇일까? 주주들에게 보낸 서한에서 베이조스는 아마존에서는 항상 '첫째 날' 같은 기분이 느껴진다며 그 이유를 이렇게 설명했다. "둘째 날은 정체되고, 이후 관계없는 것들이 이어지고 또 그 뒤에는 고통스러운 쇠퇴기가 따라오고 그 뒤에는 사망기가 따라온다. 그것이 우리가 늘 첫째 날인 것처럼 일하는 이유다. 쇠퇴는 극도로 더딘 움직임으로 일어난다. 입지를 다진 중견 기업은 수십 년간 둘째 날을 유지할 것이나 결국 마지막 결과인 죽음은 오게 마련이다."[40] 하지만 지속적으로 방향 전환을 할 경우, 계속 젊음을 유지할 수 있다.

쇠퇴기에서의 비전 전환

:

쇠퇴기 단계라면, 당신의 기업은 이미 본궤도에 올라 있다. 고객들은 당신의 브랜드를 알고, 사랑하고, 의존하고, 찾아낸다. 회사 경영진은 업계의 최고 인재로 이루어져 있다. 필요한 시스템과 프로세스가 갖춰져 있어 기업 운영을 최적화할 수 있다. 지속적으로 배당금도 지급한다. 그러나 혁신을 추구하고 계산된 위험들을 무릅썼던 초창기의 기업가정신은 잃어버릴 위험이 있다.

시장을 바라보는 경영진의 근시안적인 태도는 새롭게 부상하는 시장, 소비자 경향, 획기적인 기술 발전 등을 파악하지 못할 수 있다. 코닥의 사례를 생각해봐라. 그러나 경영진이 새로운 비전을 펼칠 수만 있다면 기업의 쇠퇴는 피할 수 있다. 애플처럼 말이다.

이 장의 앞부분에서 우리는 쇠퇴기 기업으로서 레고가 크누스토르프의 리더십 아래 어떻게 방향 전환을 하여 파산 직전의 기업을 수익성 높은 기업으로 회생시켰는지 이야기했다. 2018년 레고는 〈포브스Forbes〉지가 선정하는 가장 가치가 높은 브랜드 세계 100대 기업에 이름을 올렸으며,[41] 비전의 전환을 이뤄내지 못했다면 결국 갈 수밖에 없었던 파산법원행을 피했다. 여기서 나는 아주 아슬아슬한 타이밍에(쇠퇴기에서) 효과적으로 비전 전환을 달성한 또 다른 기업 하나를 더 살펴보려고 한다. 바로 마이크로소프트다.

마이크로소프트의 전환

1975년 4월 4일, 빌 게이츠와 고등학교 친구 폴 알렌Paul Allendms은 마이크로소프트를 설립했다. 적절한 타이밍에 적절한 소프트웨어로 시장에 데뷔한 마이크로소프트는 PC혁명의 중심에 섰다. 게이츠가 마이크로소프트의 최고경영자 지위에서 물러나고 마이크로소프트 왕국의 열쇠를 그의 후임 스티브 발머에게 넘겼다. 마이크로소프트는 업계 최고의 자리에 있던 회사였다. 전 세계 개인용 컴퓨터 10대 중 9대가 윈도우를 운영 체제로 사용했다.[42]

하지만 발머의 취임 이후, 마이크로소프트는 커트 에이첸왈드Kurt Eichenwald가 말하는 '마이크로소프트의 잃어버린 10년'[43] 즉 쇠락의 길을 걷기 시작했다. 마이크로소프트 하락의 가장 큰 이유는 톰 워런Tom Warren의 말처럼 발머가 지나치게 게이츠의 유산에 의존한 나머지 비전이 부족했기 때문이다.[44] 발머가 임기 4년 차에 접어들었을 때, 경영진의 상위 간부인 짐 알친Jim Allchin은 발머와 게이츠에게 이런 이메일을 발송했다. "만약 MS에 몸담고 있지 않다면 맥MAC을 구매할 것이다. 애플은 자신들이 뭘 해야 하는지 확실하게 아는 것 같다."[45]

발머의 리더십 아래에서 마이크로소프트는 혁신의 문화를 잃었다. 당시 고위관리자였던 데이비드 세이드먼David Seidman에 따르면 "발머는 유독한 문화를 구축하고, 좋은 제품을 죽이고, 형편없는 제품을 판매했으며, 업계의 경향을 예측하지 못했다. (중략) 발머는 반복적으로 다른 기업에서는 큰 성공을 거둔 제품들을 죽였다. 마이크로소프트는 애플보다 먼저 스마트폰과 태블릿을 개발했지만 자금을 투자하지 않았고 무수히 많은 혁신 시도를 사장시켰다."[46] 우리는 아이폰과 관련해서 발머가 비전이 없는 지도자였다고 이미 언급한 바 있다. 발머는 "아이폰이 의미 있을 정도의 시장 점유를 할 가능성은 없다. 아이폰은 절대 성공할 가능성이 없다."고 말했다.[47] 하지만 아이폰은 마이크로소프트의 모든 상품의 매출보다 더 많은 매출을 올렸다.[48]

2014년 발머가 회사를 떠나고 마이크로소프트는 마침내 사티아 나델라의 지휘 아래 반드시 필요했던 비전 전환을 단행했다. 나델라는 마이크로소프트의 성공을 가로막는 내부 문제들을 재빨리 파악했다. 그는 저서 《히트 리프레시Hit Refresh》에서 이렇게 회고했다.

> 회사는 병들었고, 직원들은 지치고 좌절감을 느꼈다. 그들은 원대한 계획과 참신한 아이디어를 갖고 있었음에도 번번이 경쟁자에게 패배하고 뒤처지는 일에 신물이 났다. 그들은 큰 꿈을 품고 입사했지만 회사에서 그들이 한 일은 상부 경영진을 뒷바라지하고, 세금 관련 업무를 수행하고, 회의에서 언성을 높이며 말다툼을 한 것이 전부였다. 나처럼 그들 역시 세상을 바꾸겠다는 포부를 갖고 마이크로소프트에 들어왔지만, 지금은 성장을 멈춘 회사에 실망했다. 그들은 경쟁사로부터 스카우트 제안을 받고 있다. 가장 슬픈 것은 많은 직원이 회사가 영혼을 잃었다고 생각한다는 것이다.[49]

나델라의 미래에 대한 새로운 비전은 그의 선임자의 현상 유지 철학을 과감하게 버리는 것에서 출발했다. 나델라는 장비와 서비스에 주력하던 시대를 끝내고 모바일과 클라우드 연결의 미래에 주력해야 한다고 주장했다. 나델라는 CEO에 취임하고 얼마 되지 않아 동료들에게 보내는 내부 문건에서 자신의 비전을 다음과 같이 설명했다. "마이크로소프트는 모바일 및 클라우드 우선인 세상을 위한, 생산성 및 플랫폼 회사가 되는 것을 목표로 한다. 우리는 생산성 제고를 통해 지구상의 모든 이와 모든 조직이 더 많은 일을 수행하고 더 많은 것을 성취할 수 있도록 할 것이다."[50]

이러한 비전 전환은 회사에 새로운 활력을 불어넣었고, 그 결과 마이크로소프트의 주가는 나델라가 취임한 시점에 한 주당 36.35달러였으나, 불과 4년 뒤인 2018년 말 3배가 상승한 113달러 이상에 거래됐다.[51]

나델라가 CEO에 취임했을 당시 마이크로소프트는 좀비의 땅으로 입성이 얼마 남지 않은 쇠퇴기 단계에 있었다는 사실을 기억해야 한다. 나델라의 비전 전환은 마이크로소프트를 구했을 뿐만 아니라 번영하는 기업으로서의 새로운 길을 열었다. 마이크로소프트는 나델라의 새로운 비전을 수행할 수 있었기 때문에 2019년 4월 23일 미국 역사상 세 번째로 시가총액 1조 달러를 넘기는 기업이 됐다.[52]

좀비기에서의 비전 전환

⋮

간단히 말해 좀비 기업들은 일반적으로 채무 불이행의 가능성이 높은 노후화된 기업이다. 부채에 대한 이자를 지급할 만큼의 이윤을 남기지 못한다. 심지어 수십 년간 쇠퇴기 기업으로서 익히 알려진 기업들도 파산 위험이 높은 좀비 기업이 될 가능성이 높다. 최근의 한 보고서에 따르면, 미국 내 좀비 기업의 비중이 2007년에서 2015년 사이에 두 배 증가했으며, 전체 공개기업 중 이들이 차지하는 비중은 약 10%로 늘었다.[53]

블록버스터가 재빨리 방향 전환을 하지 못하는 바람에 넷플릭스 모델의 공격을 피하지 못했던 것처럼, 좀비 기업들은 시장의 대변혁을 가져오는 혁신가들이 보내는 위험경고, 나아가 그러한 변화가 자신들의 생존 가능성을 위협할 수 있다는 잠재적 위험을 감지하지 못했다. 좀비 기업들의 비전은 현상을 유지하는 것이었다. 그리고 이들 기업은 법적으로 파산한 것은 아니나 신규자본을 끌어올 수 없다는 의미에서, 예상치 못한 시장 변화가 있거나, 비전 전환을 통해서 기업이 회생하지 못하는 한 사실상 파산한 것이나 마찬가지다.

유나이티드 레코드 프레싱의 전환

내슈빌에 위치한 유나이티드 레코드 프레싱 공장은 거의 70년 동안 비틀스, 밥 딜런 같은 가수들의 음반을 생산해왔다.

그러나 1988년 CD의 판매량이 LP판의 판매량을 압도하면서,[54] LP판의 매출은 곤두박질쳤다. 2000년대 중반 무렵, 좀비 기업이 되기 직전 유나이티드는 인력을 대폭 감축하고 1교대로 생산량을 제한했다. 모든 측면에서 이 기업은 죽은 것이나 마찬가지였다. 그때 예상치 않은 일이 일어났다.

2008년 LP레코드의 수요가 다시 증가하기 시작했다. 밀레니얼 세대와 힙스터들이 LP 앨범 듣기에 매력을 느꼈고, LP레코드를 수집할 만한 가치가 있는 것으로 보는 시각이 점점 늘어났기 때문이다. LP레코드의 매출은 2008년 4백만 장을 밑돌았으나 2017년 1,600만 장으로 무려 400% 증가했다.[55] 유나이티드는 직원 수를 40명에서 150명으로 확대하고 생산 공장을 24시간 풀가동하고 있다. 그렇게 하더라도 "현재 수요를 따라가기에는 역부족이다."[56] 이 경우는 시장이 지나치게 큰소리를 내, 기업이 응답하지 않을 수 없었다.

마블의 전환

수십 년 동안 그들의 슈퍼히어로로 세계를 구해온 마블 엔터테인먼트 그룹Marvel Entertainment Group도 연이은 실패에서 스스로를 구원할 수는 없었다. 불과 3년 만에 회사 주식이 한 주당 35.75달러에서 2.375달러로 폭락한 후인 1996년 12월 마블 엔터테인먼트 그룹은 법원에 파산 보호 신청을 했다.[57] 이후 마블의 운명을 손에 넣으려는 거대 투자자들 간에 치열한 경쟁이 이어졌다. 이 암울한 시기에 마블은 스파이더맨, 엑스맨, 헐크, 그리고 판타스틱 포를 포함한 유명 영웅 캐릭터의 영화제작권을 팔아넘겼다.

법적 다툼이 몇 년 간 이어진 후, 마블은 토이비즈^{ToyBiz}에 인수되어 파산을 면했고 1998년 6월 '마블 엔터프라이즈^{Marvel Enterprises}'라는 새로운 이름으로 재탄생했다. 가장 인기가 많은 슈퍼히어로들의 영화제작권을 팔아버렸던 마블은 기업의 생존을 위해서는 새로운 비전을 세워야 했다.

그들의 비전 전환은 세 가지로 이루어졌다. 첫째, 마블은 만화보다는 영화에 집중하기로 했다. 이는 과거 원작 만화에 집중하던 것과는 확실하게 차별화되는 변화였다. 둘째, 아직 판매하지 않은 보석과 같은 캐릭터들(예를 들어 토르나 캡틴 아메리카 등)을 담보로 은행에서 5억 2,500만 달러의 신규 자금을 대출받았다.[58] 마블은 이 자금으로 향후 수년에 걸쳐 영화 10편을 제작하겠다는 비전을 실천에 옮겼다.

셋째, 토이비즈가 장난감 제조 분야의 전문지식을 갖고 있다는 것을 감안해, 기억 속에서 사라진 주변 캐릭터들로 영화를 제작하기로 결심하고, 전략적으로 근사한 장난감을 만들 수 있는 슈퍼히어로 캐릭터들을 선정했다. 그들이 선택한 캐릭터들은 무엇이었을까? 현명하게도 마블은 액션 히어로를 선정하는 일을 스튜디오 경영진에 맡기는 대신, 최초 사용자, 즉 영화를 보러 오는 어린아이들에게 맡겼다. 구체적으로 말하면, 영화를 주제로 한 상품을 구매해 집에서 갖고 놀기를 원하는 어린이들에게 의견을 물은 것이다. 벤 프리츠Ben Fritz는 "어린이들에게 슈퍼히어로들의 사진을 보여주고, 그들의 능력과 무기에 대해 묘사해보라고 했다. 그런 다음 어떤 캐릭터를 장난감으로 가지고 놀고 싶냐고 물었다. 회사 내부의 많은 이의 예상과 달리, 놀랍게도 아이들은 압도적인 숫자로 아이언맨을 꼽았다."라고 설명했다.[59]

덜 알려진 캐릭터를 출현시킨 그들의 비전 전환은 대성공이었다. 〈아이언맨 1〉로 전 세계적으로 5억 8,520만 달러의 흥행 수익을 올렸다. 〈아이언맨 2〉의 전 세계 흥행 수입은 6억 2,390만 달러였으며, 〈아이언맨 3〉은 12억 달러의 영화 흥행 수익을 거둬들였다. 이 세 편의 영화로 마블은 24억 달러 이상을 번 것이다. 여기에 장난감, 사운드트랙 및 영화판권에 대한 수입은 포함되어 있지 않다.[60] 2009년 디즈니가 40억 달러에 마블을 인수한 것은 놀랄 만한 일이 아니다.[61]

이후 마블은 오래된 만화책에서 잘 알려지지 않은 슈퍼히어로를 주인공으로 하여 영화를 만들어 흥행시켰고, 판권으로 막대한 수입을 올릴 수 있는 능력을 거듭 입증했다. 50년 전 만들어졌지만 아무도 신경 쓰지 않았던 캐릭터 중 하나인 '블랙 팬서'의 경우, 전 세계 영화 수입으로 13억 달러 넘게 벌어들였으며, 상영 수입 10억 달러를 넘긴 10번째 영화가 됐다.[62] 상품 판매에 도움이 되는 영화를 만들겠다던 그들의 비전에 걸맞게,

블랙 팬서는 2018년 라이선스 제품 판매로 약 2억 5천만 달러를 벌어들인 것으로 추산된다.[63]

오늘날 마블이 제작한 영화들은 흥행 수익 상위권을 차지하고 있다. 수십억 달러 상영 수익을 올린 〈아이언맨〉, 〈어벤져스〉, 〈스파이더맨〉, 〈엑스맨〉이 이에 해당한다.[64] 그리고 이 책을 쓰고 있는 현재 마블의 〈어벤져스: 엔드게임Avengers: Endgame〉이 개봉 첫 주 만에 전 세계적으로 12억 달러의 흥행 수익을 거뒀다.[65] 영화 〈프린세스 브라이드The Princess Bride〉의 미라클 맥스Miracle Max의 말을 빌리자면, 이 모든 것은 거의 사망한 것이나 마찬가지였던 기업이 이뤄낸 성과다.

사망기에서의 비전 전환

:

기업들도 죽는다. 그리고 이러한 일은 매일 일어난다. 현금이 없어서 직원들의 월급을 줄 수 없고 공급업체에 대금을 결제할 수 없으며 채권자에게 부채를 상환할 수 없어 결국 파산하게 된다. 하지만 이러한 지경에 이르렀어도 방향 전환은 가능하며, 모두의 예상을 깨고 죽음의 문턱에서 살아 돌아온 기업도 많다. 나는 이제부터 사망기에서 비전 전환에 성공한 두 기업에 대해 이야기할 예정이다. 첫 번째 사례의 결과로 매월 9천만 사용자가 혜택을 입고 있으며,[66] 두 번째 사례의 결과로는 나와 내 회사, 장담컨대 이 책을 읽고 있는 여러분 중 다수를 포함해 매일 1천만 명이 혜택을 보고 있다.[67]

스튜어트 버터필드Stewart Butterfield는 유쾌한 성격의 소유자다. 이러한 성격은 아마도 히피 부모 아래서 성장했기 때문일 수도 있다. 2002년 그는 루디코프Ludicorp를 설립하고 컴퓨터 역할놀이 게임 '네버엔딩Neverending'을 개발했다. 하지만 이 게임은 2년 후 폐기됐다. 그러나 이 컴퓨터 게임에 사용됐던 기술 덕택에 온라인 사진 공유 및 관리 앱인 플리커Flickr가 탄생할 수 있었다. 2005년 3월 20일 버터필드는 플리커를 3,500만 달러에 야후에 매각했다.[68] 이것이 첫 번째 사례다.

2009년 버터필드는 새로운 기술 벤처회사인 타이니 스펙Tiny Speck을 설립했다. 이 회사는 캐나다와 미국에 각각 사무실을 갖고 있었다. 그는 또다시 브라우저 기반의 멀티플레이어 게임 '글리치Glitch'를 개발했다. 4년간 1,000만 달러 이상의 수익을 올렸지만 대규모 사용자를 유치하는 데 실패했기 때문에 결국 글리치도 폐기됐다.[69] 하지만 이것이 '완전한 끝'을 의미하는 것은 아니었다.

그들은 루디코프가 파산했을 때 버터필드가 백그라운드 기술로 회생한 것처럼, 다 타버린 잿더미에서 자산 하나는 건질 수 있을지도 모른다고 생각했다. 이번에 그들이 주목한 것은 캐나다와 미국의 사무실을 연결하기 위해 개발했던 커뮤니케이션 플랫폼이었다. 그들은 이 시스템을 상품화해서 원거리에

다수의 사무실과 직원을 보유한 기업에 팔면 어떨까 하고 생각했다.[70] 이 질문에 1천만 명의 사용자와 8만 5,000개 기업이 응답했고, 이들은 그 답인 슬랙Slack을 매일같이 데스크톱과 모바일에서 사용하고 있다.[71] 비전 전환으로 조연이 주연이 된 사례다.

실패는 정상적인 것이다. 한편 성공은 이례적인 것이다. 성공이 이례적인 건 대부분 벽에 부딪혔을 때 포기하기 때문이다. 당신의 바로 눈앞에 굉장한 아이디어가 있을지 모르지만, 당신은 그것의 존재 자체를 모를 수 있다. 때론 실패로 집중을 방해하는 요인들이 모두 제거된 다음에야 우리는 가장 중요한 자산을 발견하게 된다. 나는 슬랙이 내 팀의 근무 환경을 향상시킨 방식을 사랑한다. 그러나 내가 슬랙을 사랑하는 또 다른 이유는 비즈니스에서 성공하기 위해 무엇이 필요한지를 단적으로 보여주어서다. 비즈니스의 성공은 문제 해결, 제품 사용의 편이성과 오락성에 있으며, 이러한 것들은 개방성과 긍정의 마음에서 기원한다.

버터필드는 한 번이 아닌 두 차례나 비전 전환을 단행했고, 그 결과는 슬랙으로 이어졌다. 슬랙은 출범 첫해에 기업 시가 총액 11억 2천만 달러를 넘겼으며, 스타트업 역사상 최단 시간에 20억 달러를 넘겼다.[72] 슬랙의 성공이 더욱 빛나는 것은 슬랙이 막대한 성공 이후 40개가 넘는 다른 스타트업 기업에 투자했기 때문이다.[73] 타이니 스펙의 파산이 슬랙을 낳았고, 슬

"

때론 실패로
집중을 방해하는 요인들이
모두 제거된 다음에야
가장 중요한 자산을
발견하게 된다.

"

구상　　　명확성 점검　　　영감 점검　　　실천 가능성 점검

설득　　　저항 극복　　　필요할 경우
방향 전환

[질문 3]~[질문9]에서 우리가 살펴본 모든 것을 바탕으로 비전을 구상해 실현하기까지
의 명확한 프로세스가 만들어졌다. 이제 당신의 비전을 현실로 만들 준비가 됐는가?

랙의 성공은 수십 개의 스타트업에 새로운 생명을 불어넣었다. 이것이 바로 비전 전환의 진정한 힘이다.

끊임없는 전환

:

방향 전환은 특정 시점에 일회성으로 일어나는 것이 아니다. 기적의 승부차기 같은 것도 아니다. 비전 전환은 제대로 수행한다면 지속적인 행동 양식이 될 수 있다. 비전을 추구하는 지도자는 늘 비전을 재수정할 만한 가치가 있는 더 나은 미래가 있다는 것을 안다. 모든 기업이 장애물을 만나고 방향을 전환해야 하는, 다시 말해 비전을 수정할 기회를 갖는다. 시기와 방법은 기업이 현재 비전 곡선의 어느 단계에 속해 있느냐에 달려 있다. 수평선에 시선을 고정하고 있는 지도자들은 태양이 떠오르는 순간을 놓치지 않을 것이다. 그러한 지도자는 자신의 기업이 진정으로 빛날 수 있는 미래로 기업을 인도할 기회를 놓치지 않을 것이다.

당신의 기업이 회생하기에 혹은 새로운 방향으로 전환하기에 너무 늦은 것은 아닌지 여전히 고민 중이라면, 멀리서도 말고 아마존, 애플, 마이크로소프트, 마블 같은 기업들을 봐라. 이 네 기업의 경우, 활력이 넘치고 상당히 매력적인 비전을 통해 변화의 기회를 잡았고 기업의 진행 방향을 좀 더 나은 방향으로 변경할 수 있었다. 그들은 성장하고 오랜 번영을 누리기 위해서는 언제든 비전을 수정해야만 한다는 사실을 알고 있다. 그것이 당신의 기업에 비전을 추구하는 지도자가 필요한 이유다. 그래서 이제 남아 있는 유일한 질문은 "당신은 준비가 됐는가?"이다.

당신은 준비가 됐는가?

── 앞으로의 긴 여정에 대비하기 ──

> **"**
> 어떤 사람은 사물을 있는 그대로 보고 "근데 뭐?"라고 말한다.
> 나는 이제까지 없던 것을 꿈꾸며 이렇게 말한다. "안 될 게 뭐야?"
>
> 조지 버나드 쇼(George Bernard Shaw)[1]
> **"**

최근 몇 년간, 경제학자들과 다른 관찰자들은 스타트업 기업 수가 줄고 있는 데서 드러나듯이 미국의 경제 활력이 부족하다고 말해왔다. 기업가정신이 사라지고 있다. 혁신은 기존 기업 안에서 주로 일어나고 있고, 경제 활동도 감소하고 있다. 이는 전반적으로 성장 속도가 더뎌지고 있음을 의미한다. 몇몇 대표적 일간지의 헤드라인을 소개하자면 이렇다.

- 미국 기업가정신의 미스터리한 실종
- 생산성 저하의 원인: 스타트업이 줄고 있다
- 스타트업이 쿨한 시대는 갔다

- 미국의 기업가정신은 사실상 사라졌다
- 미국의 스타트업 업계는 빈혈증을 앓고 있다
- 미국의 스타트업 실종
- 역동성 후퇴[2]

　관련된 이론이나 해명은 넘쳐난다. 어떤 이들은 규제 확대가 원인이라 지적하고, 또 다른 이들은 개인 저축 감소로 새로운 비즈니스를 시작할 자금이 없는 것이 이유라고 말한다. 모든 복잡한 상황이 그렇듯, 미국의 기업가정신이 사라진 데도 무수히 많은 요인이 있을 것이다. 그러나 비전의 부족을 요인으로 꼽지 않는다면 정확한 원인을 규명하기 어려울 것이다.

　〈아이엔씨Inc.〉 잡지가 독자들에게 창업을 가로막는 요인이 무엇인지 물었다. 가장 높은 응답률을 보인 두 가지 요소는 경쟁 장벽, 기술 부족, 높은 사업 실패율, 세금, 규제가 아니었다. 그 두 가지 요소는 '아이디어 부재(응답자의 40%)'와 '재원 부족(응답자의 48%)'이었다.[3] 이는 비전과 관련된 문제들이다. 비전이 없거나 투자자들을 설득할 만큼 비전이 충분히 매력적이지 않기 때문이다.

　나는 이 책이 이러한 통계수치를 바꾸는 데 도움이 되기를 바란다. 당신은 준비가 됐는가? 이것이 이 책의 마지막 질문이며 어떤 면에서는 가장 중요한 질문이다.

　Part 1에서 나는 성공적인 비즈니스를 구축하고 싶어 하는

> **이제 당신은 다음 단계로 나아가야 한다. 세상은 당신의 비전을 필요로 한다.**

지도자들에게 비전은 꼭 필요한 요소임을 보여주었다. Part 2에서는 당신 조직에 맞는 비전 스크립트를 작성하는 방법과 조직의 구성원들을 참여시키는 방법에 대해 이야기했다. Part 3에서는 장애물을 극복하고 당신의 기업이 현재 어떤 단계에 속해 있든 상관없이 방향 전환을 하는 방법에 대해 이야기했다. 이제 당신은 다음 단계로 나아가야 한다. 세상은 당신의 비전을 필요로 한다.

기회 상실

:

1876년 웨스턴 유니언Western Union의 사장 윌리엄 오텐William Orten은 알렉산더 그레이엄 벨Alexander Graham Bell의 연락을 받았다. 벨은 그에게 자신의 전화 특허를 10만 달러(오늘날 약 200만 달러)에 구매하라고 제안했다. 당시 웨스턴 유니언은 전신 사업의 90%를 점유하고 있었는데, 전신 사업은 우편 및 포니 익스프레스 사업과 비교했을 때 엄청난 발전으로 여겨졌다. 그러나 전화는 완전히 새로운 기술적 대발견을 의미하는 것이었다.

코닥과 디지털카메라 혹은 자포스Zappos가 될 아이디어를 그냥 지나친 모든 투자자처럼 오텐은 전화의 의미를 파악하지 못했다. 벨의 발명품을 무시했던 오텐은 그에게 이렇게 편지를 보냈다. "그것은 참으로 흥미롭고 새로운 물건이지만, 우리는 전화의 상업적 성공 가능성이 전혀 없다는 결론을 내렸습니다. 우리 회사가 전기 장난감으로 무엇을 할 수 있겠습니까?"[4] 오텐이 벨의 발명품을 거절하고 30년 후, 웨스턴 유니언은 더 큰 비전을 가진 회사에 인수됐다. 그 회사는 우리 대다수가 AT&T로 알고 있는 아메리칸 텔레폰 앤 텔레그라프 컴퍼니American Telephone and Telegraph Company다. 기회는 다시 돌아오지 않는다. 절대로.

신선하고 심지어 제정신이 아닌 것 같은 비전을 가지고 에어비앤비, 우버, 이베이eBay, 도어대시DoorDash, 달러 셰이브 클럽Dollar Shave Club, 아마존과 같은 기업을 만들고 싶다고 말하면, 많은 이는 현실성 없는 말도 안 되는 일이라 생각한다. 아마존이 오늘날의 거대 공룡이 되기 전, 월스트리트 분석가들은 아마존을 '상당히 회의적인 시각'으로 바라봤다.[5] 한 저널리스트는 아마존은 "절대 인터넷 성공담 속 고성장, 고수익, 고효율 기업이 될 수 없다. 이 회사가 있을 유일한 장소는 역사책과 제프 베이조스의 대단한 상상력 속이다."라고 말했다.[6] 이제 웃는 사람은 누구겠는가?

망각으로 가는 길

⋮

나는 살면서, 수만 명의 직원을 고용하고 이름만 대면 알 만한 대단한 브랜드 지명도를 갖고 있으면서 막강한 글로벌 발자취를 남긴, 많은 쇠퇴기 기업이 기억 속으로 사라지거나 시대착오적인 기업으로 전락하는 것을 봐왔다.

코닥, 블록버스터, 노키아Nokia, 보더스 북스 앤 뮤직Borders Books and Music, 라디오쉑Radio Shack, 서킷 시티Circuit City, 토이스 알어스Toys"R"Us, 아타리Atari, 이스턴 에어라인Eastern Airlines, 타워 레코드Tower Records, 울워스Woolworth's, 스위스에어Swissair, 더 샤퍼 이미지the Sharper Image, 선빔 프로덕트Sunbeam Products, 팬앰Pan Am, 리오넬 코포레이션Lionel Corporation, 앳킨스Atkins, J.C. 페니Penney, 코모도어 컴퓨터Commodore Computer, 베들레헴 스틸Bethlehem Steel, 모토로라Motorola, 케이마트Kmart, 시어스 등등. 내가 언급한 것보다 더 많은 기업이 역사 속으로 사라져갔다. 이들에게 무슨 일이 있었던 것일까? 한때 영광을 누리던 이 기업들이 활동을 쉬거나, 쇠퇴의 길을 걷다가 위기에 빠지거나 혹은 더 나쁜 결말을 맞은 이유는 무엇일까?

경제적 기술적 변화를 포함해 많은 요인이 작용했다. 그러나 또 다른 답이 이들 요인 안에 숨어 있다. 즉, 가장 중요한 순간에 비전이 없었기 때문이다. 무수히 많은 이유로 인해 그들은 자신들의 현재 상태를 제대로 파악하지 못했으며 앞으로 그들이 어떤 모습일지 어떤 모습이어야 하는지 내다보지 못했다. 혹은 그들이 그러한 절차를 거쳤다고 하더라도, 자신들의 비전에 입각해 조치를 취하지 못했을 것이다.

아서 클라크가 썼듯이, "지루할 정도의 규칙성을 가진, 겉으로 보기에 유능한 인간들이 기술적으로 가능한 것과 불가능한 것을 규정했는데, 때때로 잉크가 다 마르기도 전에 그들이 틀렸다는 것이 판명됐다." 이유는? 그는 모든 것이 '상상의 실패' 그리고 '용기의 실패'로 귀결된다고 말했다.[7]

앞에서 대니 마이어가 제기한 질문—"어떻게 하면 우리 회사를 도산시킬 수 있는 회사가 될 수 있을까? 이 포식자 회사가 우리 회사에 대해 경쟁우위를 갖는 이유는 무엇인가?"—들을 잊지 마라. 지금 이 순간 누군가 당신 기업을 두고 이러한 질문을 하고 있을지 모른다. 당신은 그들이 대답하기 전에 이 질문에 먼저 답해야 한다.

당신이 취해야 할 조치

∶

이 마지막 질문(준비됐는가?)에 답하려면 다른 질문부터 물어야 한다. "당신은 어떤 부류의 지도자인가?", "당신은 위험을 무릅쓰는 것을 극도로 싫어하는가?", "당신은 현상 유지에 만족하는가?", "당신은 새로운 영역을 개척하기보다는 기존의 지도를 따르는 편인가?", "미래보다 수지를 맞추는 것에 집중하는 편인가?", "혹시 그렇다면 그 이유가 '비전 따위'를 수립하는 것의 가치를 이해하지 못했기 때문인가?"

만약 그렇다면 당신은 조지 허버트 부시와 같은 관리자와 많은 부분을 공유하는 셈이다. 그렇다고 조바심 내지는 말기를 바란다. 우리가 논의했던 비전 스크립트를 적용하면 당신도 얼마든지 비전을 추구하는 지도자가 될 수 있다. 그 결정은 오직 당신만이 내릴 수 있다.

반대로 당신은 끊임없이 매년 똑같은 일을 반복하고 있는가? 당신은 미래 기회들을 잃을까 걱정하는가? 방향을 파악하고 결정하는 것을 편안하게 생각하는가? 현재보다 미래에 집중하는 편인가? 그렇다면 훌륭하다. 이제 당신 내면의 JFK를 만족시킬 시간이다. 이 책의 도구들이 당신의 달 착륙 프로젝트를 파악하고 실행할 수 있게 도와줄 것이다.

모든 비전 스크립트는 고유하지만 모든 새로운 계획에 예측 가능한 일련의 도전 과제가 있는 건 다 같다. 당신이 사업을 시작하든, 조직 내에서 한 부서를 이끌든, 또는 CEO로 승진하든 상관없이, 당신의 미래를 규정할 비전 스크립트를 수립하기 위해서는 다음의 다섯 단계를 거쳐야만 한다.

1. 일정을 정해라

많은 이가 이 단계를 건너뛴다. 부디 그러지 마라. 필요한 시간을 할애할 때 중요한 일이 일어난다. 이는 당신의 의도를 집중시키고 당신이 무엇을 달성하기를 원하는지를 분명히 할 수 있는 방법이다. 당신의 일정표에 목표를 달성할 기간을 정하고, [질문3] "당신이 원하는 것이 무엇인가"에 답하기 위해 필요한 것을 모두 목록화하라. 새로운 비전을 수립하는 것은 어려운 일이며, 당신에게는 감사할 일보다 해야 할 일이 더 많을 수 있다. '도대체 무슨 수로 한 가지에 더 시간을 낸다는 말이야?' 하고 반문할 수도 있다. 하지만 어떻게 하면 시간을 낼 수 없는지를 물어보는 편이 더 낫다. 비전 스크립터는 당신이 이 시간을 매우 효율적으로 사용할 수 있게 도와줄 것이다.

2. 필요한 인풋을 받아라

내가 아버지에게서 배운 한 가지는 훌륭한 조언자를 옆에 두려는 의지만 있다면 거의 모든 것을 할 수 있다는 것이다. 설득력 있는 비전 스크립트를 만드는 것은 지도자로서 당신의 의무이다. 리더십 팀의 몇몇 구성원을 초대해 함께 비전 스크립트를 작성하거나 이들에게서 피드백을 받을 수 있다면, 그 업무를 덜 힘들게 해낼 수 있을 것이다.

3. 과정을 믿어라

이는 굉장히 중요하다. 대개 뭔가 정말 중요한 일을 할 때, 나는 지점 A에서 지점 B로 가는 방법에 대해 불분명한 아이디어만 있다. 하지만 다음 발을 뗄 때 앞을 밝힐 만큼의 불빛만 있다면 대개는 그것으로 충분하다. 다음 발을 내디딜 때, 다음에 필요한 것이 저절로 나타나거나 그것을 얻는 방법을 알게 되기 때문이다. 그러나 그런 일이 일어날 거라거나 이미 시작됐다고 믿지 않는다면 그런 일은 일어나지 않았을 것이다.

기억해라. 당신은 이제 지도에 나와 있지 않은 새롭고 낯선 영토로 들어갈 것이다. 처음부터 명확한 대답을 모두 얻을 수는 없다. 비전 스크립트를 작성하는 것은 일종의 발견 과정이다. Part 2에 제시됐던 질문들에 대한 답을 점검해보자.

- 당신이 원하는 것은 무엇인가?
- 그것은 분명한가?
- 그것은 영감을 주는가?
- 그것은 실천 가능한가?
- 그것으로 타인을 설득할 수 있는가?

이 질문들에 답을 하면서 당신의 비전은 구체적인 형태를 갖게 될 것이다.

4. 진행 과정에서 변경하라

당신의 비전 스크립트는 한 번으로 끝나는 것이 아니다. 앞에서 말했듯이 당신은 바꿀 수 없는 십계명이 적힌 석판을 들고 산에서 내려온 모세가 아니다. 그것은 십계명이 아니라 당신의 비전이다. 자유롭게 그리고 융통성 있게 다양한 요소들을 바탕으로—당신 팀원들의 인풋을 포함해서—다시 생각하고, 수정하고, 다시 수립할 수 있다.

처음에 작성한 초안이 최종안이 아니라고 해서 당신을 나무랄 사람은 아무도 없다. 하지만 첫 번째 초고를 쓰지 않는다면 결코 두 번째 혹은 세 번째 초안은 쓸 수 없다. 도중에 얼마든지 길을 바꿀 수 있다는 것을 알면, 첫 번째 비전 스크립트 초안을 완벽하게 작성해야 한다는 부담감을 내려놓을 수 있을 것이다.

5. 주저하지 말고 시작해라

어떤 시점에서 당신은 타인에게 당신의 비전을 설득해야만 하고 그러고 나서 그것을 실행할 준비를 해야 한다. 나는 계획을 마무리해놓고도 실행을 주저하는 지도자들을 봤다. 그들은 완벽해지기를 기대하면서 계속 그것을 만지작거린다. 그러한 유혹을 떨쳐버려라. 조지 패튼George Patton 장군은 "지금 맹렬하게 실행되는 좋은 계획이 다음 주에 실행될 완벽한 계획보다 낫다."라고 말했다.[8] 완벽은 지연의 또 다른 표현 방식에 불과하다. 당신에게는 미룰 시간이 없다. 당신의 조직이 당신이 보고 있는 비전을 보기 위해 기다리고 있기 때문이다.

"

당신에게는
미룰 시간이 없다.
당신의 조직이
당신이 보고 있는
비전을 보기 위해
기다리고 있기 때문이다.

"

비전에 기반한 미래

:

우리가 다양한 이야기를 통해서 봤듯이 비전을 추구하는 지도 자들은 죽은 혹은 죽어가는 기업에 생명의 숨을 불어넣는다(예: 마블). 그들은 새로운 최첨단 제품을 혁신한다(예: 애플). 그들은 과거에 존재하지 않았던 비즈니스를 창조한다(예: 에어비앤비). 그들의 문화에 새로운 에너지와 목적을 불어넣기 위해 직원들 에게 필요한 방향과 중심점을 제시한다(예: 마이크로소프트).

나는 기업가와 경영인의 삶을 살면서, 비전을 리더십에서 없어서는 안 될 중요한 요소라고 생각해왔다. 한때 비전을 잃 었을 때 나는 사업에 실패했다. 이후 비전은 여러 차례 나를 앞 으로 나아가게 했고, 내가 할 수 있다고 생각했던 것보다 더 많 은 것을 성취하게 해주었다.

이제 다시 나의 질문으로 돌아가보자. 당신은 준비가 됐는 가? 당신이 원하는 방향으로 당신의 팀원들을 이끌고 가야 한 다는 사실에 흥분되는가? 당신과 당신의 조직을 위해 준비된 미래로 활력이 넘치는 당신의 팀을 보고 싶지 않은가? 당신은 그 일을 할 수 있다. 이제 당신이 비전을 가지고 조직을 이끌어 승리할 차례다. 기다리는 것이 안전하다고 느낄 수도 있다. 그 러나 기다림은 비전을 죽인다. 다음에 당신은 당신의 조직을 어디로 데려갈 것인가?

감사의 말

누구나 자신의 창작물이 독창적이라고 생각한다. 하지만 이미 3천 년 전 솔로몬이 이야기했듯이 "태양 아래 새로운 것은 아무것도 없다." 모든 창작물, 특히 글은 파생적 결과물이다. 나는 이 책에 사용된 참고문헌이나 정보의 출처를 최대한 명확히 밝히기 위해서 최선을 다했다. 하지만 직접적인 인용 이외에도 나의 생각은 오랜 시간에 걸쳐 무수히 많은 사람들로부터 받은 영향의 결과물이기도 하다.

나는 오랜 시간 다니엘 하카비, 단 므브, 아이린 뮤싱, 댄 설리번 같이 무수히 많은 비즈니스 코치들과 일할 수 있는 특권을 누렸다. 그들은 내가 운영한 회사들의 비전선언문 작성에 도움을 주거나 선언문에 들어갈 문구들을 알려주었다. 그들이 내 삶에 미친 영향이 적다고 말하기 어렵다. 오늘날 나의 성공에 그들의 역할이 컸다.

또한 수많은 작가도 비전에 대한 내 생각에 영향을 미쳤다. 그들은 존 아쿠프, 잭 캔필드, 짐 콜린스, 스티븐 코비, 이안 모르간 크론, 조 디스펜자, 레이 에드워드, 제이슨 프라이드, 딘 그라지오시, 베른 하니쉬, 나폴리언 힐, 루이스 호위스, 패트릭 렌치오니, 브루스 H. 립튼, 존 맥스웰, 스투 맥라렌, 브라이언 마일즈와 샤논 마일즈, 단 밀러, 도날드 밀러, 칼 뉴포트, 에이미 포터필드, 스킵 프리차드, 데이브 램지, 토니 로빈슨, 앤디 스탠리, 팀 타소폴로스, 제프 워커 등이다. 이 작가들이 모두 비전에 관한 책을 쓴 것은 아니지만, 그들은 모두 좀 더 매력적이고 더 나은 미래에 대한 확실한 비전으로 나에게 많은 영감을 준다.

이 책은 리서치 팀과의 공조가 없었다면 절대 세상에 나올 수 없었을 것이다. 밥 데모스가 나를 인터뷰했고, 내가 블로그, 팟캐스트, 워크숍에서 공유했던 다양한 프레임워크들을 조사한 다음, 이 책의 원고 초안을 썼다. 이후 마이클 하얏트&컴퍼니의 콘텐츠 최고 책임자 조엘 밀러가 이 원고의 틀을 잡고 다듬고 수정했다. 두 사람 모두 이 책이 현재 모습이 될 때까지 지칠 줄 모르고 최선을 다해주었다. 나는 몸을 사리지 않은 두 사람의 노고에 무한한 감사를 드린다. 수석 콘텐츠 크리에이터 중 한 명인 레리 월슨 역시 리서치에 많은 도움을 주었다.

또한 드와이트 베이커, 브라이언 보스, 마크 라이스, 패티 브링크스, 그리고 밥 반스를 포함한 베이커 북스Baker Books 출판팀에도 감사의 말을 전한다. 이 책은 우리가 함께 팀으로 작업해서 세상에 나온 4번째 작품이다. 나는 이들과 파트너로 일했다는 사실이 더할 나위 없이 행복하다. 그들은 최고의 전문가로 책이 세상에 나오기까지 나에게 유익한 피드백과 지원을 아낌없이 보내줬다. 그들은 대형 출판사의 네트워크와 배급 능력, 그리고 소형 출판사의 가족적 분위기와 세심함을 보여주었다. 나를 끝까지 믿어줘서 정말 감사하다는 말을 그들에게 전하고 싶다.

얼라이브 리터러리 에이전시Alive Literary Agency의 브라이언 노먼 또한 우리 출판팀에 없어서는 안 될 중요한 인물이다. 우리가 함께해온 지난 수년간 그는 가장 믿을 만한 조언자로서 나와 출판사 베이커의 협업을 지지했다. 그는 완벽한 미들맨으로 우리의 상생관계를 강조했다.

내 아내 케일은 나의 배우자 그 이상의 의미를 갖는다. 그녀는 나의 가장 친한 친구이자 가까운 동맹이며, 가장 훌륭한 치어리더다. 그녀는 내게 좀 더 분명하고 간결하며 좀 더 매력적으로 말하고 글을 쓰라고 조언한다.

비즈니스 액셀러레이터BusinessAccelerator®의 고객들에게도 특별한 감사의 말을 전하고 싶다. 지난 수년간 내가 코칭 워크숍에서 비전에 대해서 이야기했을 때, 내게 이 주제로 글을 쓰고, 내 생각을 정리해서 책으로 내라고 제일 처음 요청한, 아니 요구한 사람들이 바로 그들이다. 내가 직업인으로 하는 그 어떤 일도 그들과 함께 시간을 보내는 것만큼 보람된 일은 없다. 그들의 성장과 변화를 보는 것이 지금 내가 이 일을 하는 이유다.

마지막으로 마이클 하얏트&컴퍼니의 나의 팀에 깊은 감사의 말을 전한다. 그들은 내가 이제껏 함께 일한 팀 중 최고다. 그들은 내가 최선을 다할 수 있도록 끊임없이 내게 동기를 부여한다. 그들과 함께하는 작업은 즐거움 그 자체다. 나의 팀원 코트니 베이커, 수지 바버, 버브 보이어, 마이크 번스, 오라 코르, 수잔 콜드웰, 채드 캐논, 앨리샤 커리, 트레이 두나반트, 앤드류 포켈, 나탈리 포켈, 메간 그리어, 제이미 헤스, 아담 힐, 마리사 하얏트, 짐 켈리, 사라 맥엘로이, 존 미세, 조엘 밀러, 메간 하얏트 밀러, 리니 머피, 차레 프라이스, 맨디 리비에치오, 테사 로버트, 다니엘 로저스, 데이드라 로메로, 닐 사무드레, 샤나 스미스, 자로드 소우자, 블레이크 스트라톤, 에미 탄케, 베카 터너, 엘리자베스 화이트, 레리 윌슨, 카일 와일리, 데이브 얀코위액에게 진심어린 감사의 말을 전한다.

질문 ❶ 당신은 지도자인가, 관리자인가?

1   John F. Kennedy, remarks in the Assembly Hall at the Paulskirche in Frankfurt, June 25, 1963, https://www.jfklibrary.org/ass et-viewer/archives/JFKWHA/1963/JFKWHA-199/JF KWHA-199 .

2   Craig Allen, *Eisenhower and the Mass Media* (Chapel Hill: University of North Carolina Press, 1993), 163.

3   John F. Kennedy, "Special Message to the Congress on Urgent National Needs," delivered before the joint session of Congress, May 25, 1961, https://www.jfklibrary.org/asset-viewe r/archives/JFKPOF/034/JFKPOF-034-030.

4   Yanek Mieczkowski, *Eisenhower's Sputnik Moment* (Ithaca: Cornell University Press, 2013), 268.

5   J. D. Hunley, ed., *The Birth of NASA* (Washington, DC: NASA History Office, 1993), xxvi.

6   Roger D. Launius, "Public Opinion Polls and Perceptions of US Human Spaceflight," *Science Direct*, PDF accessed June 11, 2019, https://www.sciencedirect.com/science/article/abs/pii/S0265964603000390.

7   Kennedy, "Special Message to the Congress on Urgent National Needs."

8   Robert Ajemian, "Where Is the Real George Bush?," *Time*, January 26, 1987, http://content.time.com/time/magazine/article/0,9171,96342,00.html.

9   Margaret Garrard Warner, "Bush Battles the 'Wimp Factor,'" *Newsweek*, October 19, 1987, https://www.newsweek.c om/bush-battles-wimp-factor-207008.

10   Stephen Knott, "George H. W. Bush: Campaigns and Elections," MillerCenter.org, retrieved February 18, 2019, https://millercenter.org/president/bush/campaigns-and-ele ctions.

11   Seth Godin, *Tribes* (New York: Penguin Group, 2008), 137.

12   Noel Tichy and Ram Charan, "Speed, Simplicity, Self-Confidence: An Interview with Jack Welch," *Harvard Business Review*, September–October 1989, https://hbr.org/1989/09/speed-simplicity-self-confidence-an-interview-with-jack-welch.

13   Warren Bennis, *On Becoming a Leader* (Philadelphia: Basic Books, 2009), 42.

14   Bill Jerome and Curtis Powell, *The Disposable Visionary* (Santa Barbara: Praeger, 2016), xv.

15   Sheryl Sandberg, "The Scaling of Vision," Stanford Technology

Ventures Program, April 22, 2009, https://ecorner.stanford.edu/video/the-scaling-of-vision.

16 You might, for instance, have contracts or investment requirements that make a longer time frame necessary. Similarly, the complexity or scope of your business might require more long-range visioneering.

17 Jeffrey A. Kottler, *What You Don't Know About Leadership but Probably Should* (New York: Oxford University Press, 2018), 11.

18 Bonnie Hagemann, Simon Vetter, and John Maketa, *Leading with Vision* (Boston: Nicholas Brealey, 2017), xiv.

19 Heriminia Ibarra, *Act Like a Leader, Think Like a Leader* (Boston: Harvard Business Review Press, 2015), 43. Curiously, Ibarra adds that "women are more likely than men to rate a shortfall on this dimension" (195). If that's true, it strikes me as a powerful opportunity and source of competitive advantage for women leaders who excel at vision, or desire to do so. See Herminia Ibarra and Otilia Obodaru, "Women and the Vision Thing," *Harvard Business Review*, January 2009, https://hbr.org/2009/01/women-and-the-vision-thing.

20 Suzanna Bates, *All the Leader You Can Be* (New York: McGraw-Hill, 2016), 45.

질문 ❷ 비전은 어떤 차이를 만드는가?

1 Yogi Berra, *The Yogi Book* (New York: Workman, 2010), 132.

2 "George Eastman," Kodak.com, https://www.kodak.com/US/en/corp/aboutus/heritage/georgeeastman/default.htm.

3 Claudia H. Deutsch, "At Kodak, Some Old Things Are New Again,"

New York Times, May 2, 2008, https://www.nytimes.com/2008/05/02/technology/02kodak.html.

4 Mary Elaine Ramos, "Kodak: The Biggest Corporate Casualty in the Digital Age?," *International Business Times*, January 25, 2012, https://www.ibtimes.com.au/kodak-biggest-corporate-casualty-digital-age-1292792.

5 Robert Strohmeyer, "The 7 Worst Tech Predictions of All Time," *PCWorld*, December 31, 2008, https://www.pcworld.com/article/155984/worsttechpredictions.html.

6 David Sheff, "The Playboy Interview: Steve Jobs," *Playboy*, February 1985, http://reprints.longform.org/playboy-interview-steve-jobs.

7 Brent Schlender and Rick Tetzeli, *Becoming Steve Jobs* (New York: Crown, 2015), 408.

8 Sheff, "The Playboy Interview: Steve Jobs."

9 Schlender and Tetzeli, *Becoming Steve Jobs*, 58.

10 Caroline Cakebread, "People Will Take 1.2 Trillion Digital Photos This Year—Thanks to Smartphones," *Business Insider*, August 31, 2017, https://www.businessinsider.com.au/12-trillion-photos-to-be-taken-in-2017-thanks-to-smartphones-chart-2017-8.

11 Hunter Schwarz, "How Many Photos Have Been Taken Ever?," *BuzzFeed*, September 24, 2012, https://www.buzzfeed.com/hunterschwarz/how-many-photos-have-been-taken-ever-6zgv.

12 See this article at Quote Investigator: https://quoteinvestigator.com/2012/09/27/invent-the-future.

13 Linda Musthaler, "30 Years Later, Compaq Leaves a Legacy That Benefits You," *NetworkWorld*, November 9, 2012, https://www.networkworld.com/article/2161331/30-years-later-compaq-leaves-a-

NOTE

323

legacy-that-benefits-you.html.

14 Musthaler, "30 Years Later, Compaq Leaves a Legacy That Benefits You."

15 Saul Hansell, "Compaq to Buy Digital Equipment for $9.6 Billion," *New York Times*, January 27, 1998, http://movies2.nytimes.com/library/cyber/week/012798digital-side.html.

16 Musthaler, "30 Years Later, Compaq Leaves a Legacy That Benefits You."

17 Hansell, "Compaq to Buy Digital Equipment for $9.6 Billion."

18 Dave Farquhar, "Why Did Compaq Fail?," *Silicon Underground*, March 15, 2018, https://dfarq.homeip.net/why-did-compaq-fail.

19 Scott Pendleton, "Compaq's Ride from Casualty to Conqueror of the PC Market," *Christian Science Monitor*, February 14, 1995, https://www.csmonitor.com/1995/0214/14081.html.

20 Farquhar, "Why Did Compaq Fail?"

21 Mikey Campbell, "Jawbone Reportedly Shuttering Business Amidst Financial Turmoil, New Health Startup to Rise from Ashes," AppleInsider.com, July 6, 2017, https://appleinsider.com/articles/17/07/06/jawbone-reportedly-shuttering-business-amidst-financial-turmoil-new-health-startup-to-rise-from-ashes.

22 Reuters, "Jawbone's Demise a Case of 'Death by Overfunding' in Silicon Valley," CNBC.com, July 10, 2017, https://www.reuters.com/article/us-jawbone-failure/jawbones-demise-a-case-of-death-by-overfunding-in-silicon-valley-idUSKBN19V0BS.

23 "Fitness Wearables Maker Jawbone Goes into Liquidation," News.com.au, July 11, 2017, https://www.news.com.au/finance/business/technology/fitness-wearables-maker-jawbone-goes-into-liquidation/

news-story/737dc3e64dd0907c021c0a40f841f652.

24 Carmine Gallo, "Steve Jobs: Get Rid of the Crappy Stuff," *Forbes*, May 16, 2011, https://www.forbes.com/sites/carminegallo/2011/05/16/steve-jobs-get-rid-of-the-crappy-stuff/#68a927f57145.

25 Gallo, "Steve Jobs: Get Rid of the Crappy Stuff."

26 Gallo, "Steve Jobs: Get Rid of the Crappy Stuff."

27 Oliver Kmia, "Why Kodak Died and Fujifilm Thrived," Petapixel.com, October 19, 2018, https://petapixel.com/2018/10/19/why-kodak-died-and-fujifilm-thrived-a-tale-of-two-film-companies/.

28 Kmia, "Why Kodak Died and Fujifilm Thrived."

29 James M. Kouzes and Barry Posner, "To Lead, Create a Shared Vision," *Harvard Business Review*, January 2009, https://hbr.org/2009/01/to-lead-create-a-shared-vision.

30 Ibarra, *Act Like a Leader*, 43–44.

31 Heike Bruch and Sumantra Ghoshal, "Beware the Busy Manager," *Harvard Business Review*, February 2002, https://hbr.org/2002/02/beware-the-busy-manager.

32 Carmine Gallo, "18,000 Pages of NASA Archives Uncover JFK's Speech Strategy That Inspired the Moon Landing," *Forbes*, October 11, 2018, https://www.forbes.com/sites/carminegallo/2018/10/11/18000-pages-of-nasa-archives-uncovers-jfks-speech-strategy-that-inspired-the-moon-landing.

33 Jon Reynolds and Ben Medlock, "SwiftKey Is Joining Microsoft," *SwiftKey Blog*, February 3, 2016, https://blog.swiftkey.com/microsoft-acquires-swiftkey.

34 Harry Shum, "Microsoft Acquires SwiftKey in Support of Reinventing Productivity Ambition," *Official Microsoft Blog*, February 3, 2016,

https://blogs.microsoft.com/blog/2016/02/03/microsoft-acquires-swiftkey-in-support-of-re-inventing-productivity-ambition.

35 Ingrid Lunden and Mike Butcher, "Microsoft Confirms SwiftKey Acquisition (for $250M in Cash)," TechCrunch.com, February 3, 2016, https://techcrunch.com/2016/02/03/microsoft-confirms-swiftkey-acquisition-for-250m-in-cash.

36 Aamna Mohdin, "SwiftKey's Co-founder Sold His Shares for a Bicycle—and Missed Out on a Share of $250 Million," Quartz.com, February 4, 2016, https://qz.com/610144/swiftkeys-co-founder-sold-his-shares-for-a-bicycle-and-missed-out-on-a-share-of-250-million.

37 "Henry Ford Changes the World, 1908," EyeWitness to History, www.eyewitnesstohistory.com/ford.htm.

38 Henry Ford, *My Life and Work* (New York: Doubleday, 1923), 73.

질문 ❸ 당신은 무엇을 원하는가?

1 Alan Jackson and David Byers, "Bob Dylan Says Barack Obama Is 'Changin' America," *London Times*, June 5, 2008.

2 Karl Taro Greenfeld, "Blind to Failure," *Time*, June 18, 2001, http://content.time.com/time/world/article/0,8599,2047596,00.html.

3 Michael D'Estries, "A Warming Mount Everest Is Giving Up Its Dead," MNN.com, March 28, 2019, https://www.mnn.com/earth-matters/climate-weather/blogs/warming-mount-everest-giving-its-dead.

4 Christine Wang, "Erik Weihenmayer: The Only Way to Climb Everest Is to Go Do It," CNBC.com, April 4, 2016, https://www.cnbc.com/2016/04/04/erik-weihenmayer-the-only-way-to-climb-everest-is-to-go-do-it.html.

5   Greenfeld, "Blind to Failure."

6   Peter Economy, "5 Essential Questions for Entrepreneurs," *Inc.*, September 5, 2013, https://www.inc.com/peter-economy/5-essential-questions-entrepreneurs.html .

7. Cited in Steven Johnson, *Farsighted* (New York: Riverhead, 2018), 81.

8   Jenny Blake, Pivot (New York: Portfolio, 2016), 55.

9   Newsweek Special Edition, "Michael Jordan Didn't Make Varsity—At First," *Newsweek*, October 17, 2015, https://www.newsweek.com/missing-cut-382954.

10 Newsweek Special Edition, "Michael Jordan Didn't Make Varsity."

11 Roger Connors and Tom Smith, *The Wisdom of Oz* (New York: Penguin, 2014), 115.

12 Rachel Gillett, "How Walt Disney, Oprah Winfrey, and 19 Other Successful People Rebounded After Getting Fired," *Inc.*, October 7, 2015, https://www.inc.com/business-insider/21-successful-people-who-rebounded-after-getting-fired.html.

13 "Celebs Who Went from Failures to Success Stories," CBSNews.com, https://www.cbsnews.com/pictures/celebs-who-went-from-failures-to-success-stories.

14 Burt Nanus, *Visionary Leadership* (San Francisco: Jossey-Bass, 1992), 31.

15 Warren Berger, *The Book of Beautiful Questions* (New York: Bloomsbury, 2018), 173.

16 Berger, *Book of Beautiful Questions*, 173–75.

17 Zach St. George, "Curiosity Depends on What You Already Know," *Nautilus*, February 25, 2016, http://nautil.us/issue/33/attraction/curiosity-depends-on-what-you-already-know.

18 See David C. Robertson, *Brick by Brick* (New York: Crown Business, 2013), 145–50.

19 Herminia Ibarra makes the same point in *Act Like a Leader*, 42.

질문 ❹ 당신의 비전은 명확한가?

1 Beau Lotto, *Deviate* (London: Weidenfeld & Nicolson, 2017), 296.

2 Heiki Bruch and Bernd Vogel, *Fully Charged* (Boston: Harvard Business Review Press, 2011), 88.

3 Hagemann et al., *Leading with Vision*, 55–56.

4 The concrete/abstract distinction is a fairly common way to speak about language. The implicit/explicit distinction is adapted from Michael Polanyi's tacit/explicit distinction. See, e.g., Polanyi's *Personal Knowledge* (Chicago: University of Chicago Press, 1962) and *The Tacit Dimension* (Chicago: University of Chicago Press, 1966).

5 Blake, *Pivot*, 60. Blake is describing personal career visions, but I find her insight applicable to larger organizational visions as well.

6 Karen Martin, *Clarity First* (New York: McGraw-Hill, 2018), 18–26.

7 Proverbs 15:22.

8 Blake, *Pivot*, 56.

9 Martin, *Clarity First*, 30.

질문 ❺ 당신의 비전은 영감을 주는가?

1 Richard Sheridan, *Chief Joy Officer* (New York: Portfolio, 2018), 87.

2 Basharat Peer, "The Girl Who Wanted to Go to School," *New Yorker*,

October 10, 2012, https://www.newyorker.com/news/news-desk/ the-girl-who-wanted-to-go-to-school.

3   Peer, "The Girl Who Wanted to Go to School."

4   Kate Douglas and Anna Poletti, *Life Narratives and Youth Culture* (London: Palgrave Macmillan, 2016), 207.

5   Owais Tohid, "My Conversations with Malala Yousafzai, the Girl Who Stood Up to the Taliban," *Christian Science Monitor*, October 11, 2012, https://www.csmonitor.com/World/Global-News/2012/1011/ My-conversations-with-Malala-Yousafzai-the-girl-who-stood-up-to-the-Taliban.

6   Malala Yousafzai, "Malala's Story," Malala Fund, https://www.malala. org/malalas-story.

7   "Angelina Jolie Donates $200,000 to Malala Fund," *HuffPost*, April 5, 2013, https://www.huffpost.com/entry/angelina-jolie-malala-charityn3019303. "How We Work Grant: The Malala Fund," Bill & Melinda Gates Foundation, https://www.gatesfoundation.org/ How-We-Work/Quick-Links/Grants-Database/Grants/2016/12/ OPP1166109. Katie Reilly, "Apple Is Partnering with Malala's Non-Profit to Educate More Than 100,000 Girls," *Time*, January 22, 2018, https://time.com/5112439/apple-malala-fund.

8   Linda Poon, "Now This Is an Example of Truly Educational Radio," NPR.org, February 18, 2015, https://www.npr.org/sections/goats andsoda/2015/02/18/387027766/now-this-is-an-example-of-truly-educational-radio.

9   Mary Bellis, "Hailing: History of the Taxi," ThoughtCo.com, February 24, 2019, https://www.thoughtco.com/hailing-history-of-the-taxi-1992541.

NOTE

10 Schaller Consulting, "The New York City Taxicab Fact Book," http://schallerconsult.com/taxi.

11 Dan Blystone, "The Story of Uber," Investopedia.com, March 31, 2019, https://www.investopedia.com/articles/personal-finance/111015/story-uber.asp.

12 Hamish McRae, "Facebook, Airbnb, Uber, and the Unstoppable Rise of the Content Non-Generators," *Independent*, May 5, 2015, https://www.independent.co.uk/news/business/com/ment/hamish-mcrae/facebook-airbnb-uber-and-the-unstoppable-rise-of-the-content-non-generators-10227207.html.

13 Duncan J. Watts, *Everything Is Obvious* (New York: Crown, 2011).

14 "Monthly Number of Uber's Active Users Worldwide from 2016 to 2018 (in Millions)," Statista.com, retrieved April 1, 2019, https://www.statista.com/statistics/833743/us-users-ride-sharing-services.

15 Kathryn Gessner, "Uber vs. Lyft: Who's Tops in the Battle of U.S. Rideshare Companies," Second Measure, July 19, 2019, https://secondmeasure.com/datapoints/rideshare-industry-overview. See also Greg Bensinger and Chester Dawdon, "Toyota Investing $500 Million in Uber in Driverless-Car Pact," *Wall Street Journal*, August 27, 2018, https://www.wsj.com/articles/toyota-investing-500-million-in-uber-in-driverless-car-pact-1535393774.

16 Press Release, "Apple Reinvents the Phone with iPhone," Apple.com, January 9, 2007, https://www.apple.com/newsroom/2007/01/09Apple-Reinvents-the-Phone-with-iPhone/.

17 Press Release, "Apple Reinvents the Phone with iPhone."

18 Stephanie Buck, "11 Hilarious Naysayers Who Criticized the First iPhone 10 Years Ago," Timeline.com, January 6, 2017, https://

PC World Editors, "The iPhone: Lots to Love, but Flaws Too," *PC World*, June 30, 2007, https://www.pcworld.com/article/133639/article.html.

20 Connie Guglielmo, "10 Years Ago Today: Remembering Steve Jobs Make iPhone History," CNET.com, January 9, 2017, https://www.cnet.com/news/iphone-at-10-apple-steve-jobs-make-iphone-history-remembering/.

21 Seth Porges, "The Futurist: We Predict the iPhone Will Bomb," Techcrunch.com, July 6, 2007, https://techcrunch.com/2007/06/07/the-futurist-wepredict-the-iphone-will-bomb.

22 Press Release, "Apple Celebrates One Billion iPhones," Apple.com, July 27, 2016, https://www.apple.com/newsroom/2016/07/apple-celebrates-one-billion-iphones.

23 "Nobody loved it . . ." is a line I've heard attributed to gospel music impresario Bill Gaither.

24 David Sax, *The Revenge of Analog* (New York: Public Affairs, 2016).

25 See Nassim Nicholas Taleb's discussion in *Fooled by Randomness*, 2nd ed. (New York: Random House, 2005).

26 Aly Juma, "5 Lessons from the Wright Brothers and the Power of Purpose," *Art Plus Marketing*, November 7, 2017, https://artplusmarketing.com/5-lessons-from-the-wright-brothers-and-the-power-of-purpose-a9f49af89330.

27 See, for instance, chap. 2 of Israel M. Kirzner's *Competition and Entrepreneurship* (Chicago: University of Chicago Press, 1978).

28 Sheridan, *Chief Joy Officer*, 89.

NOTE

331

질문 ⑥ 당신의 비전은 실현 가능한 것인가?

1 "Evelyn Berezin: 2015 Fellow," Computer History Museum, https://www.computerhistory.org/fellowawards/hall/evelyn-berezin. Emphasis added.

2 Matthew G. Kirschenbaum, *Track Changes* (Cambridge: Belknap, 2016), 149–55. See also Robert D. McFadden, "Evelyn Berezin, 93, Dies; Built the First True Word Processor," *New York Times*, December 10, 2018, https://www.nytimes.com/2018/12/10/obituaries/evelyn-berezin-dead.html; and Jack Schofield, "Evelyn Berezin obituary," *Guardian*, December 19, 2018, https://www.theguardian.com/technology/2018/dec/19/evelyn-berezin-obituary.

3 Gwyn Headley, "Why Is This Woman Not Famous?," *From Harlech & London*, December 20, 2010, http://fotolibrarian.fotolibra.com/?p=466.

4 From a July 17, 2013, comment Berezin left on Headley's post.

5 Michael Schrage, "R&D Won't Succeed If It Ignores the CEO's Vision," *Harvard Business Review*, April 13, 2015, https://hbr.org/2015/04/rt-succeed-if-it-ignores-the-ceosvision.

6 Tommy Caldwell, *The Push* (New York: Viking, 2017), 179.

7 Caldwell, *The Push*, 194.

8 Heike Bruch and Sumantra Ghoshal, "Beware the Busy Manager," *Harvard Business Review*, February 2002, 63.

9 Brent D. Peterson and Gaylan W. Nielson, *Fake Work* (New York: Simon Spotlight, 2009).

10 Meng Zhu, "Why We Procrastinate When We Have Long Deadlines," *Harvard Business Review*, September 4, 2018, https://hbr.org/2018/08/why-we-procrastinate-when-we-have-long-deadlines.

11 In *Free to Focus*, I show you how to protect this time using my Ideal Week planning tool.

12 Caldwell, *The Push*, 316.

13 Jennifer Riel and Roger L. Martin, *Creating Great Choices* (Boston: Harvard Business School Press, 2017), 5.

14 Riel and Martin, *Creating Great Choices*, 5–8.

15 Jennifer Luna, "Jane Chen: Be Courageous Because You Will Fail," Insights by Stanford Business, July 31, 2017, https://www.gsb. stanford.edu/insights/jane-chen-be-courageous-because-you-will-fail. See also Karen Weise, "Jane Chen: A Simple, Effective Way to Reduce Infant Mortality," *Bloomberg Business Week*, April 11, 2016, https://www.bloomberg.com/features/2016-design/a/jane-chen.

16 Helmuth von Moltke, *Moltke on the Art of War*, ed. Daniel J.Hughes (New York: Presidio, 1993), 92.

17 Megan Hyatt Miller, "How to Nail Your Goals with This Simple Secret," MichaelHyatt.com, May 27, 2016, https://michaelhyatt.com/ nail-your-goals.

18 Caldwell, *The Push*, 233.

19 Laurie Beth Jones, The Path (New York: Hyperion, 1996), 86.

20 Andre Lavoie, "How to Engage Employees through Your Company Vision Statement," *Entrepreneur*, March 21, 2017, https://www. entrepreneur.com/article/290803.

21 Bill Murphy Jr., "Working with Millennials? Gallup Says Everything You Think You Know Is Wrong," *Inc.*, May 12, 2016, https://www. inc.com/bill-murphy-jr/working-with-millennials-gallup-says-everything-you-think-you-know-is-wrong.html.

22 Richard Fry, "Millennials Are the Largest Generation in the U.S.

Labor Force," *Pew Research Center*, April 11, 2018, https://www.
pewresearch.org/fact-tank/2018/04/11/millennials-largest-generation-
us-labor-force.

23 "How Millennials Want to Work and Live," Everwise.com, February
8, 2017, https://www.geteverwise.com/company-culture/how-
millennials-want-to-work-and-live.

24 Cited in Scott E. Page, *The Diversity Bonus* (Princeton: Princeton
University Press, 2017), 52.

25 Andre Lavoie, "How to Establish a Vision Statement Employees
Will Get Behind," *Entrepreneur*, April 21, 2015, https://www.
entrepreneur.com/article/245249.

질문 ⑦ 당신의 비전은 설득력이 있는가?

1 Guy Kawasaki, *Selling the Dream* (New York: HarperCollins, 1991), 4.

2 Thomas Sowell, "The End of Montgomery Ward," *Controversial
Essays* (Stanford: Hoover Institution Press, 2002), 36–38.

3 Gary Hoover, "General Robert Wood: The Forgotten Man Who
Changed Sears and the World," Archbridge Institute, August 22, 2018,
https://www.archbridgeinstitute.org/general-robert-wood/.

4 Andy Stanley, *Visioneering*, rev. ed. (New York: Multnomah, 2016),
125.

5 Dan Ciampa, "What CEOs Get Wrong about Vision and How to
Get It Right," *MIT Sloan Management Review*, Fall 2017, https://
sloanreview.mit.edu/article/what-ceos-get-wrong-about-vision-and-
how-to-get-it-right/.

6 Lotto, *Deviate*, 296.

7 James 1:19 NIV.

8 https://twitter.com/andystanley/status/103841035108630528.

9 Lou Solomon, "The Top Complaints from Employees about Their Leaders," *Harvard Business Review*, June 24, 2015, https://hbr. org/2015/06/the-top-complaints-from-employees-about-their-leaders.

질문 ⑧ 저항에 어떻게 대처해야 할까?

1 Steven Church, "Mike Tyson's Ear Fixation, and Mine," *Salon*, July 6, 2013, https://www.salon.com/2013/07/05/mike_tysons_ear_fixation_and_mine.

2 Mike Wall, "FAQ: Alan Shepard's Historic Flight as First American in Space," Space.com, May 4, 2011, https://www.space.com/11562-nasa-american-spaceflight-alan-shepard-spaceflight-faq.html.

3 Nick Heath, "NASA's Unsung Heroes," *TechRepublic*, July 20, 2018, https://www.techrepublic.com/article/nasas-unsung-heroes-the-apollo-coders-who-put-men-on-the-moon.

4 Heath, "NASA's Unsung Heroes."

5 John F. Kennedy, address at Rice University on the Nation's Space Effort, September 12, 1962, https://www.jfklibrary.org/learn/about-jfk/historic-speeches/address-at-rice-university-on-the-nations-space-effort.

6 Sheridan, *Chief Joy Officer*, 89.

7 Bob Allen, "NASA Langley Research Center's Contributions to the Apollo Program," NASA.gov, April 22, 2008, https://www.nasa.gov/centers/langley/news/factsheets/Apollo.html.

8 Kirschenbaum, *Track Changes*, 150.

9 Leander Kahney, *Tim Cook* (New York: Portfolio, 2019), 102–6.

10 Ron Adner, "How the Kindle Stomped Sony, or, Why Good Solutions Beat Great Products," *Fast Company*, February 29, 2012, https://www.fastcompany.com/1669160/how-the-kindle-stomped-Sony-or-why-good-solutions-beat-great-products.

11 "The Etiology of Puerperal Fever," *JAMA*, April 15, 1933, https://jamanetwork.com/journals/jama/article-abstract/242574.

12 Irvine Loudon, *The Tragedy of Childbed Fever* (Oxford: Oxford University Press, 2000), 6.

13 Howard Markel, "In 1850, Ignaz Semmelweis Saved Lives with Three Words: Wash Your Hands," PBS, May 15, 2015, https://www.pbs.org/newhour/health/ignaz-semmelweis-doctor-prescribed-hand-washing. See also Ignaz Semmelweis and K. Codell Carter, *Etiology, Concept and Prophylaxis of Childbed Fever* (Madison: University of Wisconsin Press, 1983).

14 Markel, "In 1850, Ignaz Semmelweis Saved Lives."

15 Marc Barton, "Ignaz Semmelweis—'The Saviour of Mothers,'" *Past Medical History*, March 28, 2016, https://www.pastmedicalhistory.co.uk/ignaz-semmelweis-the-saviour-of-mothers.

16 "Dr. Semmelweis' Biography," Semmelweis Society International, http://semmelweis.org/about/dr-semmelweis-biography. See also Tijana Radeska, "The Sad Destiny of Ignaz Semmelweis—'The Savior of Mothers,'" *The Vintage News*, December 4, 2016, https://www.thevintagenews.com/2016/12/04/the-sad-destiny-of-ignaz-semmelweis-the-savior-of-mothers. István Benedek, Ignaz Phillip Semmelweis 1818–1865 (Vienna: H. Bohlau, 1983), 293.

17 W. I. B. Beveridge, *The Art of Scientific Investigation* (New York:

Norton, 1957), 114.

18 Jessie Wright-Mendoza, "The Man Who Invented Modern Infection Control," *JSTOR Daily*, July 21, 2018, https://daily.jstor.org/the-man-who-invented-modern-infection-control.

19 Tim Bradshaw, "Apple Looks to Face Down Watch Critics," *Financial Times*, May 3, 2017, https://www.ft.com/content/b14d479c-2fbe-11e7-9555-23ef563ecf9a.

20 Jerome and Powell, *The Disposable Visionary*, 3.

21 Jerome and Powell, *The Disposable Visionary*, 5.

22 Rachel Hodin, "14 Rejection Letters to Famous Artists," *Thought Catalog*, September 5, 2013, https://thoughtcatalog.com/rachel-hodin/2013/09/14-rejection-letters-to-famous-artists.

23 Arthur T. Vanderbilt, *The Making of a Bestseller* (Jefferson, NC: McFarland & Company, 1999), 60.

24 Glenn Leibowitz, "This Simple Writing Strategy Helped John Grisham Sell Over 300 Million Books," *Inc.*, June 26, 2017, https://www.inc.com/glenn-leibowitz/this-simple-writing-strategy-helped-john-grisham-sell-over-300-million-books.html.

25 Sammy McDavid, "A Time to Write," *Mississippi State Alumnus Magazine*, Winter 1990, http://lib.msstate.edu/grisham/timetowrite.php.

26 Mary Higgins Clark, *Moonlight Becomes You* (New York: Simon & Schuster, 1996), 8.

27 Gordon Tredgold, "31 Quotes to Remind Us of the Importance of Integrity," *Inc.*, January 31, 2017, https://www.inc.com/gordon-tredgold/31-reminders-of-the-importance-of-integrity.html.

28 Jerome and Powell, *The Disposable Visionary*, 84.

29　Bob Sorokanich, "30 Years Ago Today, Chrysler Invented the Minivan, and Changed History," *Gizmodo*, November 2, 2013, https://gizmodo.com/30-years-ago-today-chrysler-invented-the-minivan-and-1457451986.

30　Joel Siegel, "When Steve Jobs Got Fired by Apple," ABC News, October 6, 2011. See also Paul R. La Monica, "Apple Reaches $1,000,000,000,000 Value," CNN.com, August 2, 2018, https://money.cnn.com/2018/08/02/investing/apple-one-trillion-market-value/index.html.

질문 ❾ 너무 늦은 것은 아닐까?

1　Deborah Headstrom-Page, *From Telegraph to Light Bulb with Thomas Edison* (Nashville: B&H Publishing, 2007), 22.

2　Johnny Davis, "How Lego Clicked: The Super Brand That Reinvented Itself," *Guardian*, June 4, 2017, https://www.theguardian.com/lifeandstyle/2017/jun/04/how-lego-clicked-the-super-brand-that-reinvented-itself.

3　Robertson, *Brick by Brick*. I've also drawn here on John Henley, "The Rebirth of Lego," *Taipei Times*, March 29, 2009, http://www.taipeitimes.com/News/feat/archives/2009/03/29/2003439667 and RichardFeloni, "How Lego Came Back from the Brink of Bankruptcy," *Business Insider*, February 10, 2014, https://www.businessinsider.com/how-lego-made-a-huge-turnaround-2014-2.

4　Steve Denning, "Peggy Noonan on Steve Jobs and Why Big Companies Die," *Forbes*, November 19, 2011, https://www.forbes.com/sites/stevedenning/2011/11/19/peggy-noonan-on-steve-jobs-

and-why-big-companies-die.

5   Cited in Keith Sawyer, *Zig Zag* (San Francisco: Jossey-Bass, 2013), 21.

6   Brian Chesky, "Airbnb: The Story No One Believed," YouTube, May 17, 2014, https://www.youtube.com/watch?v=1bAT44QPPHw.

7   Chesky, "Airbnb: The Story No One Believed."

8   Theodore Schleifer, "Airbnb Sold Some Common Stock at a $35 Billion Valuation, but What Is the Company Really Worth?," *Vox*, March 19, 2019, https://www.vox.com/2019/3/19/18272274/airbnb-valuation-common-stock-hoteltonight.

9   Jason Koebler, "10 Years Ago Today, YouTube Launched as a Dating Website," *Vice*, April 23, 2015, https://www.vice.com/enus/article/78xqjx/10-years-ago-today-youtube-launched-as-a-dating-website.

10 Koebler, "10 Years Ago Today."

11 Stuart Dredge, "YouTube Was Meant to Be a Video-Dating Website," *Guardian*, March 16, 2016, https://www.theguardian.com/technology/2016/mar/16/youtube-past-video-dating-website.

12 Koebler, "10 Years Ago Today."

13 Megan Garber, "Instagram Was First Called 'Burbn,'" *Atlantic*, July 2, 2014, https://www.theatlantic.com/technology/archive/2014/07/instagram-used-to-be-called-brbn/373815.

14 Kurt Carlson, "Using Consumer Problems to Find Blue Oceans," *Forbes*, January 6, 2016, https://www.forbes.com/sites/kurtcarlson/2016/01/06/using-consumer-problems-to-find-blue-ocean.

15 Don Reisinger, "Instagram Is 100 Times More Valuable Than It Was When Facebook Bought It," *Fortune*, June 26, 2018, https://irving.fortune.com/2018/06/26/instagram-facebook-valuation.

16 Sheila Farr, "Starbucks: The Early Years," *HistoryLink*, February 15, 2017, https://historylink.org/File/20292.

17 Sawyer, *Zig Zag*, 20.

18 Sawyer, *Zig Zag*, 21.

19 Starbucks Corp., "Annual Financials for Starbucks Corp.," Market Watch.com, retrieved May 22, 2019, https://www.marketwatch.com/investing/stock/sbux/financials.

20 Watts, *Everything Is Obvious*, 177.

21 Brad Kelechava, "VHS vs Betamax: Standard Format War," *American National Standards Institute*, May 5, 2016, https://blog.ansi.org/2016/05/vhs-vs-betamax-standard-format-war.

22 Watts, *Everything Is Obvious*, 178.

23 Priya Ganapati, "June 4, 1977: VHS Comes To America," *Wired*, June 4, 2010, https://www.wired.com/2010/06/0604vhs-ces.

24 Jennifer Saba and Yinka Adegoke, "Time Warner's Bewkes Skeptical of Netflix Plan," *Reuters*, December 1, 2010, https://www.reuters.com/article/us-media-summit-timewarner/time-warners-bewkes-skeptical-of-netflix-plan-idUSTRE6B10A520101202.

25 Greg Sandovel, "Blockbuster Laughed at Netflix Partnership Offer," CNET.com, December 9, 2010, https://www.cnet.com/news/blockbuster-laughed-at-netflix-partnership-offer.

26 Steve Fuller, "Netflix—Statistics & Facts," Statista.com, retrieved May 14, 2019, https://www.statista.com/topics/842/netflix.

27 "Highest Rated TV Networks among Consumers in the United States as of April 2018," Statista.com, retrieved May 14, 2019, https://www.statista.com/statistics/860060/favorite-tv-network.

28 Bijan Stephen, "Netflix Finally Tied with HBO for Total Wins

at the 2018 Emmys," *Verge*, September 18, 2018, https://www. theverge.com/2018/9/18/17873636/netflix-hbo-primetime-networks-breakdown-tie-emmys-2018.

29 "Netflix Revenue 2006–2019," *Macrotrends*, retrieved May 14, 2019, https://www.macrotrends.net/stocks/charts/NFLX/netflix/revenue.

30 Gillian Flaccus, "Oregon Blockbuster Outlasts Others to Become Last on Earth," Associated Press, March 18, 2019, https://www.apnews.com/e543db5476c749038435279edf2fd60f.

31 Connie Guglielmo, "A Steve Jobs Moment That Mattered: Macworld, August 1997," *Forbes*, October 7, 2012, https://www.forbes.com/sites/connieguglielmo/2012/10/07/a-steve-jobs-moment-that-mattered-macworld-august-1997.

32 Nick Whigham, "The Forgotten Microsoft Deal That Saved Apple from Bankruptcy," *New Zealand Herald*, August 5, 2018, https://www.nzherald.co.nz/business/news/article.cfm?c_id=3&objectid=12101418.

33 Justin Bariso, "It Only Took Steve Jobs 5 Words to Give the Best Career Advice You'll Hear Today," *Inc.*, November 27, 2017, https:/www.inc.com/justin-bariso/20-years-ago-steve-jobs-revealed-single-word-that-led-to-apples-great-success.html.

34 Zameena Mejia, "Steve Jobs: Here's What Most People Get Wrong about Focus," CNBC.com, October 2, 2018, https://www.cnbc.com/2018/10/02/steve-jobs-heres-what-most-people-get-wrong-about-focus.html.

35 Walter Isaacson, "The Real Leadership Lessons of Steve Jobs," *Harvard Business Review*, April 2012, https://hbr.org/2012/04/the-real-leadership-lessons-of-steve-jobs.

36 Guglielmo, "A Steve Jobs Moment That Mattered."

37 Paul R. La Monica, "Apple Reaches $1,000,000,000,000 Value," CNN. com, August 2, 2018, https://money.cnn.com/2018/08/02/investing/apple-one-trillion-market-value/index.html.

38 Jeff Bezos, "Amazon 2017 Annual Report," https://ir.aboutamazon. com/static-files/917130c5-e6bf-4790-a7bc-cc43ac7fb30a.

39 Jeff Bezos, "2016 Letter to Shareholders," https://ir.aboutamazon. com/static-files/e01cc6e7-73df-4860-bd3d-95d366f29e57.

40 Bezos, "2016 Letter to Shareholders." For a deep dive into what makes Amazon such a dynamic company under Bezos's leadership, see Steve Anderson's book, *The Bezos Letters* (New York: Morgan James, 2019).

41 Kurt Badenhausen, "The World's Most Valuable Brands 2018," *Forbes*, May 23, 2018, https://www.forbes.com/sites/kurtbadenhausen/2018/05/23/the-worlds-most-valuable-brands-2018.

42 Philip Elmer-Dewitt, "Microsoft in the Steve Ballmer Era," *Fortune*, May 27, 2010, https://fortune.com/2010/05/27/microsoft-in-the-steve-ballmer-era.

43 Kurt Eichenwald, "Microsoft's Lost Decade," *Vanity Fair*, July 24, 2012, https://www.vanityfair.com/news/business /2012/08/microsoft-lost-mojo-steve-ballmer.

44 Tom Warren, "Steve Ballmer's 13 Years as Microsoft CEO Leaves a Mixed Legacy with Little Vision," *Verge*, August 26, 2013.

45 Eichenwald, "Microsoft's Lost Decade."

46 David Seidman, "What Were Some of the Key Mistakes Microsoft Made under the Leadership of Steve Ballmer?," *Quora*, February 4,

2018, https://www.quora.com/What-were-some-of-the-key-mistakes-Microsoft-made-under-the-leadership-of-Steve-Ballmer.

47 David Lieberman, "CEO Forum: Microsoft's Ballmer Having a 'Great Time,'" *USA Today*, April 29, 2007, https://usatoday30 .usatoday.com/money/companies/management/2007-04-29-ballmer-ceo-forum-usatN.htm.

48 Eichenwald, "Microsoft's Lost Decade."

49 Satya Nadella and Greg Shaw, *Hit Refresh* (New York: Harper-Collins, 2017), 66–67.

50 Harry McCracken, "Satya Nadella's Microsoft Vision Is Strikingly Different from Steve Ballmer's Microsoft Vision," *Technologizer*, July 10, 2014, https://www.technologizer.com/2014/07/10/satya-nadella-microsoft.

51 Jordan Novet, "How Microsoft Bounced Back," CNBC, December 3, 2018, https://www.cnbc.com/2018/12/03/microsoft-recovery-how-satya-nadella-did-it.html.

52 Rachel Layne, "Microsoft Reaches $1 Trillion Market Value for the First Time," *CBS News*, April 25, 2019, https://www.cbsnews.com/news/microsoft-1-trillion-market-value-reached-today.

53 Helen Edwards and Dave Edwards, "One Out of Every 10 American Companies Is a 'Zombie,'" *Quartz*, December 5, 2017, https://qz.com/1141732/one-in-every-10-american-companies-is-a-zombie.

54 Sara Estes, "The Persistence of Vinyl," The Bitter Southerner, retrieved March 18, 2019, https://bittersoutherner.com/united-record-pressing#.XS4KkHspBPY.

55. Bill Rosenblatt, "Vinyl Is Bigger Than We Thought. Much Bigger," *Forbes*, September 18, 2018, https://www.forbes.com/sites/

billrosenblatt/2018/09/18/vinyl-is-bigger-than-we-thought-much-bigger.

56 Estes, "The Persistence of Vinyl."

57 Ryan Lambie, "How Marvel Went from Bankruptcy to Billions," *Den of Geek!* April 17, 2018, https://www.denofgeek.com/us/books-comics/marvel/243710/how-marvel-went-from-bankruptcy-to-billions.

58 Lambie, "How Marvel Went from Bankruptcy to Billions."

59 Ben Fritz, *The Big Picture* (Boston: Houghton, 2018), 63.

60 Box Office Mojo, retrieved March 23, 2019, https://www.boxofficemojo.com/franchises/chart/?id=ironmanfranchise.htm. See also Amy Kaufman, "'Iron Man 3' Makes $1 Billion Worldwide, $300 Million Domestically," *Los Angeles Times*, May 17, 2013, https://www.latimes.com/entertainment/envelope/cotown/la-et-ct-box-office-iron-man-3-makes-billion-dollars-20130517-story.html.

61 David Goldman, "Disney to Buy Marvel for $4 Billion," CNN.com, August 31, 2009, https://money.cnn.com/2009/08/31/news/companies/disneymarvel.

62 Scott Mendelson, "Box Office: 'Black Panther' Sinks 'Titanic,' Tops $1.3 Billion, Wins 'Black Jeopardy,'" *Forbes*, April 9, 2018, https://www.forbes.com/sites/scottmendelson/2018/04/09/box-office-black-panther-sinks-titanic-passes-1-3-billion-wins-black-jeopardy.

63 Jonathan Berr, "'Black Panther' Merchandise Is Also Striking Gold," *CBS News*, March 6, 2018, https://www.cbsnews.com/news/black-panther-merchandise-is-also-striking-gold.

64 "The Biggest Business Comebacks of the Past 20 Years," *Fast Company*, March 17, 2015, https://www.fastcompany.com/3042431/

the-biggest-business-comebacks-of-the-past-20-years.

65 "'Avengers: Endgame' Leaves Box Office Records in the Dust," FoxNews.com, April 28, 2019, https://www.foxnews.com/entertainment/avengers-endgame-box-office record.

66 Craig Smith, "20 Interesting Flickr Stats and Facts (2019)," Expandedramblings.com, https://expandedramblings.com/index.php/flickr-stats/.

67 Jonathan Dame, "Number of Daily Slack Users Surpasses 10 Million," Search Unified Communications, https://searchunified communications.techtarget.com/news/252456752/Number-of-daily-Slack-users-surpasses-10-million.

68 Tomio Geron, "A Look Back at Yahoo's Flickr Acquisition for Lessons Today," Techcrunch.com, August 23, 2014, https://techcrunch.com/2014/08/23/flickrs-acquisition-9-years-later/.

69 "A Sad Announcement from Tiny Speck," GlitchtheGame.com, retrieved May 14, 2019, https://www.glitchthegame.com/closing/.

70 Knowlton Thomas, "Seven Interesting Facts You Probably Didn't Know about Canadian Entrepreneur Stewart Butterfield," Techvibes.com, January 1, 2015, https://techvibes.com/2015/01/07/facts-stewart-butterfield-slack-2015-01-07.

71 In fact, the name stands for "Searchable Log of All Conversation and Knowledge." Megan Hernbroth, "Slack, the Newly-Public Chat App Worth about $20 Billion, Has a Hidden Meaning behind Its Name," *Business Insider*, June 20, 2019, https://www.businessinsider.com/where-did-slack-get-its-name-2016-9.

72 Alex Hern, "Why Slack Is Worth $1Bn: It's Trying to Change How We Work," *Guardian*, November 3, 2014, https://www.theguardian.

com/technology/2014/nov/03/why-slack-is-worth-1bn-work-chat-app. See also Knowlton Thomas, "Slack Is the World's Fastest Startup to Reach $2 Billion Ever," Techvibes.com, April 26, 2015, https://techvibes.com/2015/04/25/slack-the-worlds-fastest-startup-to-reach-2-billion-in-history-2015-04-24.

73 Holden Page, "Slack's Startup Investments as It Preps for Direct Listing," CrunchbaseNews.com, May 14, 2019, https://news.crunchbase.com/news/slacks-startup-investments-as-it-preps-for-direct-listing/.

질문 ⑩ 당신은 준비가 됐는가?

1 George Bernard Shaw, *Back to Methuselah*, Part 1, Act 1.

2 Derek Thompson, "The Mysterious Death of Entrepreneurship in America," *Atlantic*, May 12, 2014, https://www.theatlantic.com/business/archive/2014/05/entrepreneurship-in-america-is-dying-wait-what-does-that-actually-mean/362097. Edward C. Prescott and Lee E. Ohanian, "Behind the Productivity Plunge: Fewer Startups," *Wall Street Journal*, June 25, 2014, https://www.wsj.com/articles/behind-the-productivity-plunge-fewer-startups-1403737197. Stephen Harrison, "Start-Ups Aren't Cool Anymore," *Atlantic*, December 5, 2018, https://www.theatlantic.com/business/archive/2018/12/milennial-start-up/567793. Leigh Buchanan, "American Entrepreneurship Is Actually Vanishing. Here's Why," Inc.com, May 2015, https://www.inc.com/magazine/201505/leigh-buchanan/the-vanishing-startups-in-decline.html. Noah Smith, "America's Startup Scene Is Looking Anemic," Bloomberg.com, June 7, 2018,

https://www.bloomberg.com/opinion/articles/2018-06-07/america-s-startup-scene-is-looking-anemic.Dan Kopf, "The US Startup Is Disappearing," *Quartz*, June 20, 2018, https:/qz.com/1309824/the-us-startup-company-is-disappearing-and-thats-bad-for-the-economy. "Dynamism in Retreat," Economic Innovation Group, February 2017, https://eig.org/dynamism.

3   Buchanan, "American Entrepreneurship Is Actually Vanishing."

4   Erika Andersen, "It Seemed Like a Good Idea at the Time: 7 of the Worst Business Decisions Ever Made," *Forbes*, October 4, 2013, https://www.forbes.com/sites/erikaandersen/2013/10/04/it-seemed-like-a-good-idea-at-the-time-7-of-the-worst-business-decisions-ever-made.

5   Bloomberg, "Netflix Looks Like a Loser. But Here's Why It's Probably a Winner," *Fortune*, August 8, 2017, https://fortune.com/2017/08/15/netflix-looks-like-loser-feels-like-winner.

6   Melanie Warner, "Can Amazon Be Saved? Jeff Bezos Writes a New Script. Too Bad for Investors It Is More Fiction Than Fact," *CNN Money*, November 26, 2001, https://money.cnn.com/magazines/fortune/fortune_archive/2001/11/2314112/index.htm.

7   Arthur C. Clarke, *Profiles of the Future* (New York: Harper, 1962), 1.

8   Neil D. Shortland, Laurence J. Alison, and Joseph M. Moran, *Conflict: How Soldiers Make Impossible Decisions* (New York: Oxford University Press, 2019), 27.